AF549952

So machte ich mich eines Morgens vor Sonnenaufgang auf die Füße und trat den weitesten Weg an, den ich bis dahin unternommen hatte. Ich genoss zum ersten Male das Morgengrauen im Freien und sah die Sonne über nachtfeuchten Waldkämmen aufgehen. Ich wanderte den ganzen Tag, ohne müde zu werden, kam durch viele Dörfer und war wieder stundenlang allein in gedehnten Waldungen oder auf freien heißen Höhen, mich oft verirrend, aber die verlorene Zeit nicht bereuend, weil ich fortwährend in meinen Gedanken beschäftigt war und zum ersten Male, durch mein stilles Wandern bewegt, von der ernsten Betrachtung des Schicksals und der Zukunft erfüllt wurde.

GOTTFRIED KELLER: DER GRÜNE HEINRICH

Walter Arnold

Wo selbst die Wege nachdenklich werden

Von den ergangenen Gedanken großer Dichter & Philosophen

Fotografien: Bettina Fischer

Husum

Titelbild: Carl Friedrich Lessing: Flache Landschaft mit Wanderer, 1834
Abbildung Rückseite: Bettina Fischer: Auf dem Mont Ventoux

Bibliografische Information der Deutschen Nationalbibliothek

Die Deutsche Nationalbibliothek verzeichnet diese Publikation in der Deutschen Nationalbibliografie; detaillierte bibliografische Daten sind im Internet über http://dnb.dnb.de abrufbar.

Gesamtherstellung: Husum Druck- und Verlagsgesellschaft
Postfach 1480, D-25804 Husum – www.verlagsgruppe.de

ISBN 978-3-96717-149-5

Inhalt

Du bist glücklich, weil du gehst.
Tomas Espedal

Vom Kopf auf die Füße gestellt – Hinweg

*Was geht morgens auf vier Beinen,
mittags auf zwei Beinen und
abends auf drei Beinen?*

Ödipus und die Sphinx, attische Kylix des Ödipus-Malers, um 470 v. Chr.

Der Sage nach hat der griechische Königssohn Ödipus sich zu Fuß auf den Weg nach Theben begeben, um die Stadt von der Sphinx zu befreien, die unerbittlich Menschenopfer von den Einwohnern fordert. Nur der Bezwinger dieses Mischwesens aus Löwenkörper und Frauenkopf, Adlerschwingen und Schlangenschwanz, das somit alle tierischen Arten der Fortbewegung verkörpert, vermag dem Schrecken ein Ende zu setzen, und zwar durch die Lösung des Rätsels, das die Sphinx ihren Herausforderern aufgibt. Es geht dabei um Macht oder Untergang, um Leben und Tod, aber auch und nicht zuletzt um das Wesen des Befragten selbst. Alle Wagemutigen sind bisher daran gescheitert und wurden Opfer des Untiers. Jetzt ist die Sache an Ödipus. Souverän liefert er die Antwort: *der Mensch*.

Jeder Mensch geht. Das Gehen ist seine natürliche Fortbewegungsweise, der aufrechte Gang, kaum bestritten, ein Alleinstellungsmerkmal seiner Spezies. Das vierbeinige Krabbeln am Morgen seines Lebens dient der Hinführung zum Gehen, zu dem er sich bald erhebt, um es fortan als seine wichtigste Fortbewegungsart zu nutzen. Das dritte Bein, die klassische Gehhilfe am Lebensabend, der Stock, verhilft ihm dazu, den zwar gebeugten, aber noch aufrechten Gang so weit wie möglich fortsetzen zu können.

Nach des Rätsels Lösung durch Ödipus stürzt sich die Sphinx in einen Abgrund. Der Sieger wandert weiter nach Theben und erhält dort zum Lohn die Königsherrschaft, nicht wissend, dass er zuvor Laios, den eigenen Vater und Vorgänger auf dem thebanischen Thron, getötet hat – vermutlich mit seinem Wanderstab. Dies geschah an einem Engpass, an dem der unerkannte Ödipus sein Wegerecht gegenüber dem unerkannten Laios behauptete: ein Statuskampf auch zwischen Fahren und Gehen. Laios befahl seinem Wagenlenker weiterzufahren, so dass eines der Räder – oder war es ein Pferdehuf? – Ödipus' Fuß traf. Da schlug Ödipus zu.

Es handelte sich bereits um die zweite Fußverletzung, die der Vater dem Sohn zugefügt hatte. Die Erfüllung des Delphischen Orakelspruchs, der eigene Sohn werde ihn töten und die Mutter heiraten, versuchte Laios dadurch zu vereiteln, dass er Ödipus kurz nach der Geburt in die Wildnis aussetzte – nicht ohne zuvor dessen Füße mit einem Nagel durchbohrt und gefesselt zu haben. Das Krabbeln wurde so unmöglich, das Gehen auf Dauer behindert. Als Findelkind wurde der Säugling vom kinderlosen korinthischen Königspaar an Sohnes statt aufgenommen. Es gab ihm den Namen Ödipus, übersetzt: »Schwellfuß«.

Als dem heranwachsenden Ödipus zu Ohren kam, er sei nicht der wahre Sohn des Herrscherpaares von Korinth, befragte er das Delphische Orakel nach seiner Herkunft. Statt Aufklärung erhielt er die verhängnisvolle Prophezeiung, die auch seinen leiblichen Eltern verkündet wurde. Um seinem Schicksal zu ent-gehen, verließ Ödipus den Hof und begab sich auf Wanderschaft mit den genannten Folgen. Eine weitere ist die Konfrontation des mythischen Helden mit sich selbst.

Denn mit des Rätsels Lösung: *der Mensch,* wird unausgesprochen ein weiteres Rätsel berührt und eine weitaus schwierigere und bedeutendere Frage gestellt: *Was ist der Mensch?* Sie benennt bis heute das Hauptprojekt der Philosophie. Immanuel Kant sieht sie als Quintessenz der Fragen: *Was kann ich wissen? Was soll ich tun? Was darf ich hoffen?* – Halb mythischen, halb philosophischen Anstoß dazu liefert das *Erkenne dich selbst,* der oberste Sinnspruch des Delphischen Orakels, der Wahlspruch des Sokrates und der „abgründigste aller Imperative".[1] Mythisch und damit noch vorphilosophisch wird die Aufgabe, das Rätsel Mensch zu lösen, an Ödipus exemplifiziert. Nach Ausbruch der Pest in Theben zwingen Herrschernöte Ödipus sich selbst zu erforschen. Das Orakel fordert die Aufklärung der Tötung des Laios. Der ahnungslose Ödipus muss sich selbst als Täter entlarven. Damit wird er sich als Mensch in seiner Unzulänglichkeit, Verblendung und Schuld erkennen, aber auch als Mensch, der zur Einsicht und zu moralischem Handeln fähig ist. So erlangt er Weisheit und muss gleichwohl tragisch, wenn auch heroisch scheitern.[2]

Das *Erkenne dich selbst* der griechisch-römischen Antike (und ähnlich auch die Lehre aus dem alttestamentarischen Sündenfall) meint somit: Erkenne, dass du nicht wie Gott und schicksallos bist, sondern nur ein Mensch, deinem von den Göttern bestimmten Schicksal verfallen und sterblich. Erkenne deine Grenzen, aber auch deine Möglichkeiten, so dass du in rechter Weise für dich Sorge tragen kannst, um glücklich zu sein. Die Selbsterkenntnis verbindet sich mit der *Selbstsorge* zur Lebenskunst, deren Endziel in der Glückseligkeit besteht. Selbstsorge bedeutet hier nicht nur die Befriedigung eigener leiblicher und seelischer Bedürfnisse, sondern auch soziale Verpflichtung und gewinnt damit eine ethische und politische Dimension, wie der Ödipus-Mythos zeigt. Ihren begrifflichen und philosophischen Ursprung findet das Projekt der Selbstsorge bei Sokrates und Platon. Als Thema der antiken Philosophie bleibt es für etwa eintausend Jahre präsent, bis das Christentum die Selbstsorge an die Seelsorge durch Geistliche delegiert. Klerikale Bevormundung machte fortan dem Einzelnen seinen Anspruch auf Autonomie streitig. Erst mit der Renaissance – im Ansatz bereits bei Petrarca, ausgeprägt bei Montaigne – wird Selbstsorge wieder thematisiert und nach einer Unterbrechung durch den Rationalismus erneut philosophisch bearbeitet – namentlich durch Kant, Schopenhauer, Kierkegaard, Nietzsche und Heidegger.[3]

Bemerkenswert ist, dass die Mehrzahl der genannten Philosophen zu den bekennenden Wanderern und Spaziergängern gehört, die im Folgenden vorgestellt werden. Schon deshalb ließe sich vermuten, dass das Gehen die Selbsterkenntnis fördert, die Selbstsorge unterstützt und einen Beitrag zum Glück leistet.

Es ist ebenfalls bemerkenswert, wie eng das Motiv des Gehens in diesen europäischen Mythos vom denkenden und sich selbst erkennenden Menschen Ödipus eingebunden ist. Der zusammengefasste Befund lautet: Das Baby Ödipus wird an den Füßen gefesselt. Ein Fuß wird dabei verstümmelt. Die Behinderung gibt dem Kind den Namen »Schwellfuß«. Ein Fuß wird von Laios' Wagen überrollt. – Ödipus begibt sich mehrfach auf Wanderschaft: zum Delphischen Orakel, auf die Flucht vor seinem Verhängnis, zur Sphinx nach Theben und zuletzt in die Verbannung. Das Gehen ist sogar Thema des Rätsels.

Das mag reiner Zufall sein. Aber vielleicht soll bereits hier, in sagenhafter Vorzeit, ein Zusammenhang zwischen Gehen und Selbsterkenntnis aufscheinen, ohne diesen als kausal zu benennen. Schließlich wird in einer der frühesten bekannten bildlichen Darstellungen der Begegnung von Ödipus und der Sphinx das

Detail des Wanderstocks nicht vergessen.[4] Diesen wird der Rätsellöser später noch einmal gebrauchen müssen. Denn vielleicht ist es gerade die Behinderung des Ganges, die Ödipus geistig anspornt und seine Klugheit als Überkompensation seiner „Organminderwertigkeit"[5] deutbar macht. Durch seine körperliche Einschränkung, die im antiken Griechenland Anlass zu Diskriminierung bietet, sowie seinen Namen »Schwellfuß« ist der Königssohn unabweisbar stigmatisiert. So entwickelt er eine Klugheit, die ihn zum Herrscher befähigt und seine Einsicht fördert: eine schreckliche Einsicht in ein Verhängnis, das seine Selbstsorge und Fürsorge für die Gemeinschaft anfangs scheinbar gelingen, letztlich aber tragisch scheitern lässt, ein Verhängnis, das er als schuldhaft Handelnder annimmt, dessen Einsicht ihn zur Selbstblendung führt und in die selbstgewählte Verbannung schickt – als blinder Wanderer, der sich mit seinem Stab seinen letzten Weg bahnt.

Nach seiner Aussetzung als Kleinkind und seiner Flucht aus Korinth wird Ödipus zum dritten Male Exilant. War seine Wanderschaft ursprünglich der Versuch, seiner Bestimmung zu entkommen, wird sie nun zum Bußgang für seine vorherbestimmte Schuld. Nach ziellosem Umherschweifen mit seinen Töchtern Antigone und Ismene findet Ödipus schließlich Aufnahme bei Theseus in Athen. Dort stirbt er. Der heilige Hain von Kolonos bietet ihm seine letzte Ruhestätte. Im Erkennen und im Handeln triumphierend und zugleich grandios scheiternd kann Ödipus als Archetypus eines wandernden Intellektuellen gelten.

* * *

„Den 20. [Januar 1778] ging Lenz durch's Gebirg. Die Gipfel und hohen Bergflächen im Schnee, die Täler hinunter graues Gestein, grüne Flächen, Felsen und Tannen.

Es war nasskalt; das Wasser rieselte die Felsen hinunter und sprang über den Weg. Die Äste der Tannen hingen schwer herab in die feuchte Luft. Am Himmel zogen graue Wolken, aber alles so dicht, und dann dampfte der Nebel herauf und strich schwer und feucht durch das Gesträuch, so träg, so plump. Er ging gleichgültig weiter, es lag ihm nichts am Weg, bald auf-, bald abwärts. Müdigkeit spürte er keine, nur war es ihm manchmal unangenehm, dass er nicht auf dem Kopf gehn konnte."[6]

Jakob Michael Reinhold Lenz (1751–1792) um 1777

Jahrtausende nach dem mythischen Ödipus tritt als ein weiteres Beispiel eines wandernden Intellektuellen Jakob Michael Reinhold Lenz in Erscheinung. Diesmal handelt es sich nicht um einen brillanten rationalen Problemlöser, sondern um einen höchst sensiblen Schmerzensmann. Der Vormärz-Dichter Georg Büchner hat den Sturm-und-Drang-Dichter Lenz mit einer postum erschienenen berühmten Erzählung gleichen Titels porträtiert. Lenz befand sich in einer Lebensphase, die von Geisteskrankheit überschattet war. Sein Zustand paranoider Schizophrenie hatte sich krisenhaft zugespitzt und äußerte sich in Panikattacken und Suizidversu-

Georg Büchner (1813–1837)
Skizze von Alexis Muston, um 1835

chen. Als eine Form der Selbstsorge suchte Lenz Linderung beim elsässischen Pfarrer und Menschenfreund Johann Friedrich Oberlin, der ihn am Ziel seiner Fußreise von der Schweiz nach dem Vogesendorf Waldersbach (bei Büchner: Waldbach) im Jahre 1778 für knapp drei Wochen bei sich aufnahm. Oberlins Aufzeichnungen bilden die Quelle für Büchners Novelle.

Büchner beschreibt, wie Lenz teilnahmslos seinem Weg durch eine unwirtliche Natur folgt, die als ein Spiegel seines eingetrübten Seelenzustandes gelesen werden kann.[7] Der Erzähler diagnostiziert, „die Welt, die er hatte nutzen wollen, hatte einen ungeheurn Riss; er hatte keinen Hass, keine Liebe, keine Hoffnung, eine schreckliche Leere, und doch eine folternde Unruhe, sie auszufüllen. Er hatte *Nichts*."[8] Erholung, ein aufheiterndes Naturerlebnis oder heilende Selbsterfahrung wurden ihm beim Gehen nicht zuteil. Jedoch machte das Gehen in der Landschaft etwas mit dem Gehenden. So trieb es Lenz während seines Vogesenaufenthalts wiederholt in die Natur.

„Da stürzte er halb wahnsinnig nieder, dann jagte es ihn auf, hinaus in's Gebirg.

Wolken zogen rasch über den Mond; bald alles im Finstern, bald zeigten sie die nebelhaft verschwindende Landschaft im Mondschein. Er rannte auf und ab. In seiner Brust war ein Triumph-Gesang der Hölle. Der Wind klang wie ein Titanenlied, es war ihm, als könne er eine ungeheure Faust hinauf in den Himmel ballen und Gott herbei reißen und zwischen seinen Wolken schleifen; als könnte er die Welt mit den Zähnen zermalmen und sie dem Schöpfer in's Gesicht speien; er schwur, er lästerte. So kam er auf die Höhe des Gebirges, und das ungewisse Licht dehnte sich hinunter, wo die weißen Steinmassen, und der Himmel war ein dummes blaues Aug, und der Mond stand ganz lächerlich drin, einfältig. Lenz musste laut lachen, und mit dem Lachen griff der Atheismus in ihn und fasste ihn ganz sicher und ruhig und fest."[9]

Wie der Wanderer Ödipus, so der Wanderer Lenz: Ihre inneren Konflikte zeigen sich als Kampf mit der Gottheit. Die wechselseitige Wirkung von seelischem Befinden und Landschaftswahrnehmung veranschaulicht Lenz' Krise. Belegt wird dies auch durch die bereits zitierte Bemerkung: „...nur war es ihm manchmal unangenehm, dass er nicht auf dem Kopf gehn konnte."

Assoziativ und Büchners Weltbild gemäß lässt sich dieser Gedanke mit Karl Marx' Anspruch verbinden, seinen Philosophenkollegen Georg Wilhelm Friedrich Hegel und dessen System „vom Kopf auf die Füße" gestellt zu haben. Hatte doch Hegel formuliert: „Solange die Sonne am Firmamente steht und die Planeten um sie herum kreisen, war das nicht gesehen worden, dass der Mensch sich auf den Kopf, d.i. auf den Gedanken stellt und die Wirklichkeit nach diesem erbaut."[10] Marx hält dagegen, nicht die göttliche „absolute Idee" verwirkliche sich in der Welt, sondern das materielle Sein bestimme das Bewusstsein. Hegels Idealismus, der repräsentativ für die Denkrichtung seiner Zeit stand, wird von Marx materialistisch geer-

Werner Herzog beim Versuch, auf dem Kopf zu gehen?

det und damit vermeintlich überwunden, mit anderen Worten: Der geistige Überbau (Kopf) wird auf eine materielle Basis (Füße) gegründet.[11] Lenz' Verhängnis ist in diesem Sinne nicht mehr göttlichen Ursprungs wie bei Ödipus, sondern ein psychisches Phänomen, dessen Ursache sich in den Lebensumständen des Protagonisten findet. Für Lenz' kranke Seele liefert das Auf-dem-Kopf-gehen das widersinnige Bild einer Einrenkung seiner aus den Fugen geratenen, verkehrten Welt. Diese blieb sein Verhängnis, sein »materieller« Gang durch's Gebirg konnte daran zwar nichts ändern, aber in gewisser Weise doch zur Selbsterkenntnis führen, in Büchners Formulierung: „sein Dasein war ihm eine notwendige Last."[12]

Der historische Lenz wurde 14 Jahre nach seinem Aufenthalt bei Oberlin, am 4. Juni 1792, in einer Moskauer Straße tot aufgefunden. Er starb in seinem 42. Lebensjahr. Von seinem Grab fehlt jede Spur. Georg Büchner starb – keine 24 Jahre alt – an Typhus und wurde in Zürich begraben. Seine Erzählung *Lenz* erschien zwei Jahre nach seinem Tode.

* * *

Mit dem Gehen fängt der Mensch an. Der aufrechte Gang verschafft Umschau und Weitsicht und macht ihn – da »freihändig« – handlungsfähig. Er fördert auf diese Weise das Denken und die Selbstsorge und fordert dazu heraus, sich den Rätseln der Welt und der eigenen Existenz zu stellen. Gleichwohl wird bisweilen behauptet, sogar körperliche Statik könne intellektuelle Dynamik bewirken. Der Dichter Gottfried Benn hat in seinem Prosafragment *Roman des Phänotyp* ein literarisches Projekt entworfen, das er charakterisiert als einen „Roman im Sitzen. Ein Held, der sich wenig bewegt, seine Aktionen sind Perspektiven, Gedankengänge sein Element. Das erste Wort schafft die Situation, substantivische Verbindungen, die Stimmung, Fortsetzung folgt aus Satzenden, die Handlung besteht in gedanklichen Antithesen."[13] Das Werk als Strom des Bewusstseins sollte sich allein aus den Gedanken selbst und den Impulsen ihres Mediums, der Sprache, speisen. Dem Anti-Geher Benn gelang es allerdings nicht, sein Projekt zu verwirklichen.

Im Roman *Oblomow*, der 1859 veröffentlicht wurde, zwingt der Autor Iwan Alexandrowitsch Gontscharow seinen titelgebenden Helden nahezu völlig in die Horizontale: „Das Herumliegen war für Ilia Iljitsch weder eine Notwendigkeit, wie für einen Kranken oder für einen Menschen, der schlafen möchte, noch eine Zufälligkeit, wie für einen Müden, noch ein Genuss, wie für einen Faulpelz: es war sein normaler Zustand."[14] Oblomow verbringt – träumend und grübelnd – die meiste Zeit seines Lebens im Bett oder auf dem Sofa und stirbt früh. Oblomows Lethargie ist jedoch nicht wörtlich zu nehmen. Bei dem Werk und seiner

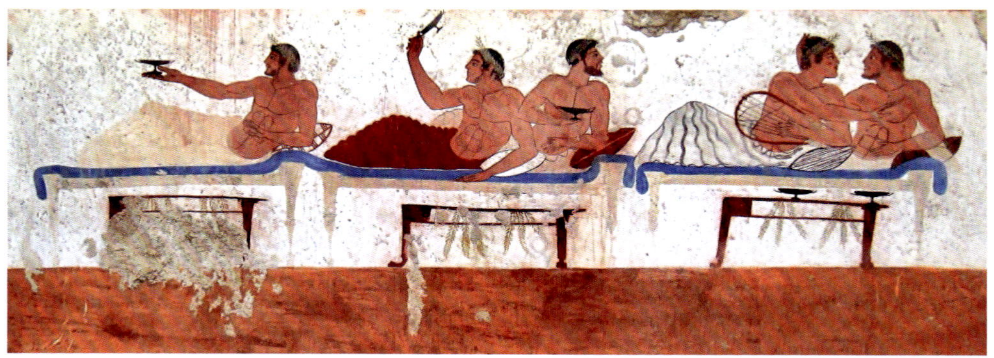

Fresko am Sarkophag des Tauchers, Paestum, ca. 475 v. Chr.

Hauptfigur handelt es sich um eine Satire auf einen typischen Russen seiner Zeit, wie ihn der Autor begreift.

Das dem Geist freien Lauf gewährende Liegen, wenn es denn maßvoll und im rechten Augenblick stattfindet, wird bereits seit der Antike geschätzt. Die Symposiasten, Teilnehmer von Trink*gelagen*, wie Platon und Xenophanes sie beschreiben,[15] machten es sich zum Denken (und anderen Vergnügungen) auf der Kline bequem, angefeuert von Rede und Gegenrede und nicht zuletzt – Dionysos zu Ehren – vom Wein. Der Existenzphilosoph Karl Jaspers verrichtete seine geistige Arbeit auf einer Liegestatt, was vorrangig gesundheitliche Gründe hatte. Legendär ist Sigmund Freuds Couch. Ihre horizontale Benutzung zur »archäologischen« Abtragung von Erinnerungsschichten seiner Patienten fand ausschließlich unter Anleitung und Kontrolle des Psychoanalytikers statt.

Die ausgewählten Beispiele zeigen: Stehen, Sitzen oder Liegen können das Gehen in seiner bewusstseinserweiternden Wirkung nicht ersetzen, auch wenn der Mathematiker, Physiker und Philosoph Blaise Pascal grundsätzlich vor zu viel Aktionismus warnt, indem er resümiert: „Alles Unheil dieser Welt geht davon aus, dass die Menschen nicht still in ihrem Zimmer sitzen können." Er räumt jedoch ein: „Zu unserer Natur gehört die Bewegung, die vollkommene Ruhe ist der Tod."[16] Diese Einsicht reicht ebenfalls zurück bis in die Antike. Sie blieb seither unwidersprochen und findet ihren unmittelbaren Ausdruck im Gehen, das bis auf Weiteres als eine der förderlichsten Bewegungsformen für den denkenden Menschen gelten kann.

* * *

Wie münden Fußwege in Denkwege? Wie wirkt das Gehen auf unser Denken, Erleben und Empfinden? Antworten geben prominente Persönlichkeiten aus Philosophie und Literatur, ergänzt von Einblicken in ihr Leben und ihre Gedankenwelt. Pfade und Orte, wo sich Rousseau und Kierkegaard, Nietzsche und Robert Walser, Heidegger und andere auf den Weg gemacht, ihre Inspirationen erhalten und ihre Ideen gedacht haben, zeigen aktuelle Fotografien. Hinweise auf »Philosophenwege« mögen einladen, ihren Fuß- und Denkwegen nachzugehen.

Einzig von der Begierde getrieben, diese ungewöhnliche Höhenregion mit eigenen Augen zu sehen –

Francesco Petrarca auf dem Mont Ventoux

Mit diesen Worten beginnt Francesco Petrarca einen berühmt gewordenen Brief an seinen Beichtvater Dionigi di Borgo San Sepolcro.[17] Darin wird beschrieben, wie der Verfasser zusammen mit seinem Bruder und einem Begleitteam das »Basislager« im provenzalischen Malaucéne an der Nordseite des ca. 1910 Meter hohen Mont Ventoux verlässt und am 26. April 1336 den Berg besteigt. Der 32jährige Diplomat, Geistliche und Gelehrte, der es zu einem der bedeutendsten und einflussreichsten italienischen Dichter seiner Zeit und weit darüber hinaus bringen sollte und sich vier Jahre später auf dem Kapitol in Rom in eigener Regie zum *poeta laureatus* krönen ließ, schrieb angeblich noch am selben Tag seine Eindrücke nieder. Auf diese Weise wird zum ersten Mal eine Bergbesteigung aus rein touristischem Interesse dokumentiert, und zwar als ein ästhetisches Landschaftserlebnis. Für spätere Gleichgesinnte gilt Petrarca somit als Urvater des Alpinismus und sein Brief als „Geburtsurkunde dieser modernen Landschaftserfahrung"[18]. Der Philosoph Joachim Ritter hat das Besondere daran anhand Petrarcas Bergbesteigung herausgearbeitet: „Landschaft ist Natur, die im Anblick für einen fühlenden und empfindenden Betrachter ästhetisch gegenwärtig ist: Nicht die Felder vor der Stadt, der Strom als »Grenze«, »Handelsweg« und »Problem für Brückenbauer«, nicht die Gebirge und die Steppen der Hirten und Karawanen (oder der Ölsucher) sind als solche schon »Landschaft«. Sie werden dies erst, wenn sich der Mensch ihnen ohne praktischen Zweck in »freier« genießender Anschauung zuwendet, um als er selbst in der Natur zu sein. Mit seinem Hinausgehen verändert die Natur ihr Gesicht. Was sonst das Genutzte oder als Ödland das Nutzlose ist und was über Jahrhunderte hin ungesehen und unbeachtet blieb oder das feindlich abweisende Fremde war, wird zum Großen, Erhabenen und Schönen: es wird ästhetisch zur Landschaft."[19] In den Worten des Kunstvermittlers Bazon Brock ist dies der Beginn der Renaissance: „Nämlich die Entdeckung von Landschaft als einem Stück Natur, das von Wahrnehmungen, vom Erleben und Handeln der Subjekte überformt wird. Petrarca unterwarf sich einer im Mittelalter für völlig sinnlos gehaltenen Anstrengung, sich

Francesco Petrarca (1304–1374)

John Muir lässt grüßen...

selbst in der Natur zu erleben, die Natur als Projektionsfläche seiner Gedanken und Empfindungen zu nutzen. So entdeckte er, was heute selbstverständlich ist, die Landschaft als Beziehungsverhältnis von Subjekt auf Natur."[20]

Die Epistel über den Aufstieg auf den Mont Ventoux, die Petrarca erst siebzehn Jahre später in seiner Sammlung *Familiarium rerum libri* veröffentlicht hat, machte Epoche. Denn hier sucht jemand nicht nur Wege in ein bisher kaum betretenes geografisches Terrain. Er findet auch den Weg in eine neue Zeit, nämlich den Übergang von der geistigen Welt des Mittelalters in die moderne sinnliche Welt der Neuzeit. In einem Akt der Welterfahrung erschließt sich ihm ein Weg zu sich selbst. Damit bezeugt Petrarca die Entstehung des modernen Subjekts beim Wandern.

In Petrarcas Brief – ein Sprachkunstwerk mit komplexem Verweisungszusammenhang – verbinden sich dieses neue ästhetische Naturerlebnis und seine geistigen Folgen mit der autobiografischen Darstellung dieser Erfahrung. Die unmittelbare Begegnung mit einer Landschaft findet ihren – wenn auch nur scheinbar – unmittelbaren Ausdruck im Schreiben.

Was entdeckt Petrarca über das bloße Landschaftserlebnis hinaus an sich selbst? Der norwegische Schriftsteller Karl Ove Knausgård bemerkt in seinem Roman *Kämpfen*: „Auf zwei Beinen gehen ist die markanteste Besonderheit unserer Art. Es prägt nicht nur unsere physische Wirklichkeit, sondern auch unsere mentale, denn wir orientieren uns in der Gedankenwelt, als sei sie topographisch, als sei sie eine Landschaft, durch die wir gehen, von der Tiefe des Unterbewusstseins bis zum Himmel des Über-Ichs, die eine politische Utopie ganz weit links, die andere ganz weit rechts". Er macht zudem darauf aufmerksam, dass einige Gedanken „nur durch große, alpinartige Anstrengungen erobert werden" können.[21] Von Unterbewusstsein und Über-Ich wusste Petrarca noch nicht viel, aber Knausgårds Prinzip würde er teilen. Der beschwerliche Aufstieg zum Gipfel mit seinem Auf und Ab, seinen Irr- und Umwegen wird dem frommen Dichter bald zum Sinnbild für den Pfad zur ewigen Seligkeit. Sein Wandern in der Landschaft prägt seine geistige bzw. geistliche Orientierung auf einer ganz anderen Ebene. Die Anverwandlung seiner Landschaftserfahrung dient ihm als mentale Landkarte für seine Gedanken.

Petrarca zeigt sich bereits hier als Schüler des Kirchenvaters Augustinus, der in seinen *Bekenntnissen* – wohl erstmalig – vom menschlichen Leben als „unserer irdischen Pilgerfahrt [...] nach dem Reiche Gottes"[22] spricht. Dieser Gedanke gibt Petrarca Motivation und Kraft zum Durchhalten beim Aufstieg. Am Ziel – seinem noch ganz diesseitigen Sehnsuchtsort – eröffnet sich ein überwältigendes Panorama. Der Gipfelstürmer beschreibt sein Naturerleben, seine Faszination, seine Ergriffenheit und sein Staunen beim

„Der Berg ruft!" So vernahm es Luis Trenker (1892–1990), die Südtiroler Bergsteiger- und Bergfilmer-Legende, und zwar von John Muir, dem schottisch-US-amerikanischen Naturphilosophen und Naturschützer, der 1873 das Wort prägte, das zum Leitspruch vieler Outdoor-Enthusiasten wurde: „The mountains are calling and I must go". Auf Grund des so beschworenen Berg-Magnetismus scheint es nicht verwunderlich, dass Moses seine Gesetze auf dem Berg Sinai empfing und Jesus seine bedeutendste Predigt ebenfalls auf einem Berg hielt. Aber auch der gewöhnliche Mensch kann der Faszination des Berges erliegen und sich durch ihn verändern. Der erhöhte Standort des Bergwanderers zwischen Himmel und Erde ermöglicht ihm Distanz. Das Nahe und Alltägliche rücken fern, zugleich erscheint Höheres näher – nicht nur im topografischen Sinne. Dimensionen verändern ihre Erscheinung, der gewohnte Selbstbezug und das Verwobensein des Einzelnen mit der ihn umgebenden Lebenswelt lockern und lösen sich, Perspektiven verschieben sich. Naturerleben verdrängt das »Unbehagen in der Kultur«. Erhobensein lässt Erhabenheit empfinden. Es wächst der Überblick, die Dinge ordnen sich neu, die sich öffnende Weite erregt Staunen, bewirkt ein Gefühl der Befreiung und verleitet zu innerer Einkehr, zum Nachdenken und zum Philosophieren.

Arthur Schopenhauer (1788–1860)
Gemälde von Ludwig Sigismund Ruhl (1815)

Einiges davon erfuhr der halbwüchsige Arthur Schopenhauer, der in den Jahren 1803 und 1804 den Pilatus in den Schweizer Alpen und die Schneekoppe im Riesengebirge erklomm. Von einem quasi extraterrestrischen, göttlichen Standpunkt aus vermerkt er in seinem Reisejournal:„Ich finde, dass eine solche Aussicht von einem hohen Berge außerordentlich viel zur Erweiterung der Begriffe beiträgt. [...] Alle kleinen Gegenstände verschwinden, nur das Große behält seine Gestalt bei. Alles verläuft ineinander, man sieht nicht eine Menge kleiner abgesonderter Gegenstände, sondern ein großes, buntes, glänzendes Bild, auf dem das Auge mit Wohlgefallen weilt."* Zugleich deutet sich an, dass der Blick vom Berg seinem Verfasser zum Modell des Erkennens werden wird. Sein Hauptwerk *Die Welt als Wille und Vorstellung* führt dies aus in einem Satz, der an Schopenhauers Lieblingsdichter Petrarca erinnert: „Wenn man, durch die Kraft des Geistes *gehoben* (Hervorhebung: W.A.), die gewöhnliche Betrachtungsart der Dinge fahren lässt, [...] also nicht mehr das Wo, das Wann, das Warum und das Wozu an den Dingen betrachtet; [...] sondern [...] die ganze Macht seines Geistes der Anschauung hingibt, sich ganz in diese versenkt und das ganze Bewusstsein ausfüllen lässt durch die ruhige Kontemplation des gerade gegenwärtigen natürlichen Gegenstandes, sei es eine Landschaft, ein Baum, ein Fels, ein Gebäude oder was auch immer; indem man, nach einer sinnvollen deutschen Redensart, sich gänzlich in diesen Gegenstand *verliert*, d.h. eben sein Individuum, seinen Willen, vergisst und nur noch als reines Subjekt, als klarer Spiegel des Objekts bestehend bleibt; so dass es ist, als ob der Gegenstand allein da wäre, ohne jemanden, der ihn wahrnimmt, und man also nicht mehr den Anschauenden von der Anschauung

Heinrich Heine (1797–1856)
Gemälde von Moritz Daniel Oppenheim (1831)

trennen kann [...], dann ist, was also erkannt wird, nicht mehr das einzelne Ding als solches, sondern es ist die Idee, die ewige Form".** Schopenhauer beschreibt auf diese Weise den Erkenntnisprozess als eine »Wesensschau«, die die Trennung von Subjekt und Objekt überwindet, wie sie gleichfalls von wandernden fernöstlichen Denkern angestrebt wird.*** Ähnlich hat es John Muir erlebt: „Wir sind jetzt in den Bergen, und sie sind in uns".**** Der Dichter Heinrich Heine hingegen legt ausdrücklich Wert auf eine Trennung der Sphären. In seiner *Harzreise*, die ihm durchaus zur Naturschwärmerei Anlass gibt, nutzt er real und sinnbildlich seine Fußwanderung durch das Gebirge und die Besteigung des Brocken dazu, um unechte romantische Gefühlsäußerungen und philisterhafte Engstirnigkeit seiner Mitmenschen zu entlarven und zu verspotten. Im Prolog heißt es:*****

Auf die Berge will ich steigen,
Wo die frommen Hütten stehen,
Wo die Brust sich frei erschließet,
Und die freien Lüfte wehen.

Auf die Berge will ich steigen,
Wo die dunkeln Tannen ragen,
Bäche rauschen, Vögel singen,
Und die stolzen Wolken jagen.

Lebet wohl, ihr glatten Säle,
Glatte Herren! Glatte Frauen!
Auf die Berge will ich steigen,
Lachend auf Euch niederschauen.

* Arthur Schopenhauer: *Die Reisetagebücher*. Hg. v. Ludger Lütkehaus, Zürich 1988, S. 196
** Arthur Schopenhauer: *Die Welt als Wille und Vorstellung*. Erster Band. In ders.: *Sämtliche Werke*. Hg. v. Eduard Grisebach, Leipzig o.J. [1890], S. 244
*** Vgl. im Folgenden die Kapitel zu Kitarō Nishida und Thích Nhất Hạnh, S. 156 ff. –
****John Muir: *My First Summer in the Sierras*, Boston/New York 1911, S. 20
***** Heinrich Heine: *Die Harzreise*. In: *Sämtliche Schriften*, Bd. 3. Hg. v. Klaus Briegleb, Frankfurt/Main 1981, S. 103

Rundblick aus der Höhe und verknüpft sein Empfinden mit persönlichen Erinnerungen und Gedanken an seine italienische Heimat. Das Bergwandern hat nicht nur Petrarcas Empfindungsvermögen erregt, sondern auch seine Einbildungskraft und die Reflexion über sich selbst. So bedenkt er seinen Lebensweg: „Über meinen Fortschritt freute ich mich, meine Unvollkommenheiten beweinte ich und beklagte die allgemeine Wandelbarkeit menschlichen Tuns."[23] Auf dem Gipfel erfährt er schließlich – wenn man ihm glauben darf – den entscheidenden Impuls zur Selbstsorge: „Ich betrachtete nun eins nach dem anderen voll Staunen; ich genoss bald das Irdische, bald erhob ich nach dem Beispiel des Leibes auch die Seele zum Höheren, und da erschien es mir gut, einen Blick in das Buch der Bekenntnisse des Augustinus zu werfen."[24] Petrarca öffnet eine mitgeführte Taschenausgabe dieser Schrift wie ein Orakel. Die zufällig aufgeschlagene Textstelle korrespondiert kritisch mit der weltzugewandten Sinnenlust des Wanderers und mahnt zu Umkehr und innerer Einkehr. Einer Erweckung gleich richtet der fügsame Leser den nach außen gewandten Blick wenig später nach innen auf das eigene Seelenheil und der Bergwanderer beschließt schweigend abzusteigen.[25]

Aber nicht das Bekehrungserlebnis, nicht der Rückfall in den Zustand weltabgewandter mittelalterlicher Religiosität, nicht die Unterwerfung unter religiöse Dogmen machen die Bedeutung des Textes aus, sondern die gleichwohl nur vorübergehende Emanzipation von den Vorstellungen einer Welt, die bloß als Durchgangsstation zu einem höheren Ziel dient, selbst aber nichtig ist. Der Schweizer Kulturhistoriker Jacob Burkhardt hat dies als erster gesehen und kommentiert: „Vollständig und mit größter Entschiedenheit bezeugt [...] Petrarca, einer der frühesten völlig modernen Menschen, die Bedeutung der Landschaft für die erregbare Seele."[26]

Petrarca suchte das „Reisevergnügen"[27]. Er interessierte sich für die sinnlich erfahrbare Welt mit ihren Naturschönheiten um ihrer selbst und seiner selbst willen. Davon erzählt er auch in anderen Briefen und in seiner Lyrik. Sie zeugen von Wanderungen in die Berge bei Carpentras, im Tal der Sorgue und zu ihrer Quelle,[28] an die Ufer der Garonne und in die Pyrenäen. Bei seiner Besteigung des Mont Ventoux begegnet er der Landschaft mit romantischen Empfindungen und billigt ihr und den sie bewohnenden Menschen einen Eigenwert zu. Auch wenn der Autor einknickt vor der Autorität des Kirchenvaters Augustinus, resümiert er sein Gipfelerlebnis zufrieden mit den Worten: „Da ließ ich es mir genug sein". „Solvitur ambulando", die lateinische Sentenz mit dem Sinn: „Es löst sich durch Gehen", mag Petrarcas Erfahrung charakterisieren. Der Sinnspruch wird ebenfalls Augustinus zugeschrieben.

Neben der Entdeckung der Landschaft und des Naturschönen beim Wandern erweist sich Petrarca als früher und wichtiger Wegbereiter der geistigen Wiederbelebung der Kultur der griechisch-römischen Antike, die den Menschen in den Mittelpunkt des Interesses stellt: des Renaissance-Humanismus. Sein Brief ist durchwebt von Zitaten und Anspielungen auf antike Autoren, deren Texte er nicht nur gesammelt, erforscht und verwendet, sondern z. T. auch wiederentdeckt hat.[29]

Weltruhm erwarb sich Francesco Petrarca als Dichter. Seine *Canzoniere* wirkten stilbildend als Petrarkismus. Die zahlreichen Sonette, Kanzonen, Sestinen, Balladen und Madrigale widmete er zum Großteil einer sowohl unerreichbaren wie letztlich geheimnisvoll gebliebenen Geliebten Laura, einer schönen verheirateten Frau. Sie war sechs Jahre jünger als der Dichter und starb mit 38 Jahren. Ihre reale Existenz ist nicht belegt. Nach seiner Dichterkrönung zog sich Petrarca aus dem öffentlichen Leben zurück, um sich ganz der Poesie zu widmen. Im Alter von vierzig Jahren schien sein Lebensweg beendet. Zwanzig Stunden soll er leblos auf seinem Bett gelegen haben und es wurden Vorkehrungen getroffen, seinen Leichnam den gesetzlichen Vorschriften entsprechend fristgerecht zu bestatten. Ein Temperaturwechsel erweckte ihn zu neuem Leben, das er weitere dreißig Jahre fortsetzte. Anno 1674 starb der Dichter vom Schlage getroffen über seinen Büchern einen Tag vor seinem siebzigsten Geburtstag. Sein 307. Sonett[30] kann als ein dichterischer Abschied gelesen werden. Es vereint das Motiv der Trauer über die verstorbene Laura – seine „Herrin" – und das der Wanderschaft:

Nicht kann den süßen Blick der Tod verherben;
  Doch kann den Tod ein süßer Blick versüßen.
  Was brauch' ich Andr' um Führung zu begrüßen?
Sie führt mich, die, was gut, mich lehrt' erwerben

Und *Er*, der freudig gab sein Blut im Sterben,
Der Hölle Pforten brach mit seinen Füßen,
Scheint Trost in seinem Tod mir zu erschließen;
Drum komm', o Tod! Mit Freuden will ich sterben!
Und zögre nicht; denn Zeit wohl ist es eben;
Und wär' es nicht, war's Zeit in jener Weile,
Als meine Herrin sich von hier gewendet.
Seitdem war ich nicht *einen* Tag am Leben;
Mir ward Ein Pfad, Ein Ziel mit ihr zu Teile,
Mit ihrem Fuß' hab' ich den Lauf geendet.

Bergsteigen mit Petrarca

Auch heute noch besteigen Wanderer den Mont Ventoux. Von allen Gipfelstürmern wird diesen wohl das intensivste Landschaftserlebnis am Ort zuteil. Die Pfade zum Hochplateau brauchen nicht mehr gesucht zu werden, sondern sind als gut erschlossene und markierte Wanderwege leicht bis mittelschwer begehbar. Beim Aufstieg lassen sich Pflanzen aller europäischen Klima- und Vegetationszonen auf engstem Raum bewundern, obwohl sich der ursprüngliche Bewuchs durch Abholzung und Wiederaufforstung seit Petrarcas Zeit verändert hat und mittlerweile das Gipfelplateau kahl und von hellem Kalksteingeröll bedeckt ist. Seit 1990 ist der Berg als Biosphärenreservat der UNESCO ausgewiesen, um weitere Umweltschäden, z. B. durch Schifahren, zu verhindern.

Mehr noch als bei Wanderern ist der Berg bei Radfahrern beliebt, die sich einzeln oder in Gruppen herausgefordert fühlen, die fast 2000 Höhenmeter zu bezwingen. Eine der sogenannten Königsetappen der Tour de France führt häufig über den Berg. Dabei bezwingt der Höhenzug nicht selten seine Herausforderer, die in Einzelfällen für ihre Strapazen sogar mit dem Leben bezahlen müssen. Eine Autofahrt auf der hervorragend ausgebauten Straße scheint allemal gesünder. Seitdem die seit 1902 eingeführten offiziellen Autorennen am Mont Ventoux abgeschafft sind, dürfen Automobilisten nicht mehr mit Höchstgeschwindigkeit imponieren. Nicht wenige versuchen deshalb mit ihren Luxuskarossen und deren PS- und Dezibelzahlen zu beeindrucken. Anders versuchen Paraglider Aufmerksamkeit zu erregen, indem sie vom Gipfel den Abflug machen. Der Mont Ventoux hat sich somit im Laufe der Jahrhunderte zu einem vielfältigen »Nutzungsobjekt« entwickelt, ganz anders als es sich sein berühmter Erstbesteiger (?) wohl erträumt hätte, der sich seiner Schaulust mit »interesselosem Wohlgefallen« überließ, wie es der Philosoph Immanuel Kant ausdrückte.

Wie auch immer heutige Alpinisten das Hochplateau erreichen, dort lässt sich seit ehedem das Gipfelerlebnis genießen und die Erhabenheit des Rundblicks bewundern. Das Panorama schließt bei guter Sicht die schneebedeckten Alpen, den Flusslauf der Rhône und die Mittelmeerküste ein. Einen Gedenkstein oder eine -tafel für den wegweisenden wandernden Dichter Francesco Petrarca sucht man hier oben allerdings vergebens.

Oben: Aufstieg auf den Berg

Unten: Blick vom Gipfel nach Norden

Vorherige Seite oben: Blick auf den Mont Ventoux
Vorherige Seite unten: Landschaft um den Mont Ventoux

S. 21 und nächste Doppelseite:
Blick nach Osten auf die Alpen

Mein Geist rührt sich nicht, wenn meine Beine ihn nicht bewegen –

Michel de Montaigne auf Chateau Saint Michel de Montaigne

Michel de Montaigne (1533–1592)

Steht Francesco Petrarca am Beginn der Renaissance, befindet sich der Philosoph Michel de Montaigne mehr als 200 Jahre später an deren Ende. Wie Petrarca hatte der Büchernarr Montaigne ebenfalls ein Faible für die Autoren der griechisch-römischen Antike. Jedoch war der Landedelmann aus der Gascogne kein Freund des Spazierengehens oder gar des Wanderns und Bergsteigens. Er litt darunter, dass seine Bediensteten nicht zu ihm aufschauen konnten, denn er war kleinwüchsig. Wahrscheinlich fürchtete er auch, zu Fuß nicht Schritt halten zu können. Überdies waren ihm Transportmittel wie Kutschen, Sänften und Schiffe zuwider, bereitete ihm doch ihre Benutzung Unpässlichkeiten wie beispielsweise „ein irgendwie schwummriges Gefühl im Kopf und Magen".[31] Obwohl er unter »Reisekrankheit« litt, zeigte er sich recht mobil. Dabei bevorzugte er die Fortbewegung zu Pferd, z. B. bei der Jagd und auf ausgedehnten Reisen, aber auch, um nicht mit seinen Bediensteten verwechselt zu werden, die zu Fuß gehen mussten. „Wenn ich im Sattel sitze, steige ich nicht gern wieder ab, denn in dieser Haltung fühle ich mich am wohlsten, ob gesund oder krank."[32] Dass diese von Statusbewusstsein zeugende Ansicht bis ins zwanzigste Jahrhundert ihre Anhänger hatte, zeigen nicht nur die beliebten öffentlich aufgestellten Reiterstandbilder, sondern auch eine private Bemerkung des Dichters und Arztes Gottfried Benn: „Ich finde schon Gehen eine unnatürliche Bewegungsart, Tiere laufen, aber der Mensch sollte reiten oder fahren."[33] Montaigne überbietet diese Forderung mit dem Wunsch: „Hätte ich freilich zu wählen, würde ich, davon bin ich überzeugt, lieber als im Bett zu Pferde sterben, fern von meinem Haus und den Meinen."[34] Zu Lebzeiten hielt sich der erfolgreiche Jurist, angesehene Diplomat und zeitweilige Bürgermeister von Bordeaux jedoch am liebsten in seiner Bibliothek auf. Auch hier blieb er in Bewegung. Er pflegte dort umher zu wandeln.

„Von meiner Bibliothek aus überschaue ich mein ganzes Hauswesen mit einem Blick. Sie liegt über dem Eingangstor, und ich sehe unter mir meinen Garten, meine Stallungen, meinen Innenhof und die meisten Teile meines Anwesens. Da oben blättere ich einmal in diesem, einmal in jenem Buch, ohne Ordnung, ohne Plan: wie es sich eben ergibt. Bald hänge ich im Hin- und Hergehen meinen

Tagträumen nach, bald halte ich meine Hirngespinste fest und schreibe sie auf, wie sie hier nun stehen.

Die Bibliothek liegt im zweiten Stockwerk eines Turms. Das Erdgeschoss wird von einer Kapelle eingenommen, das erste Stockwerk besteht aus einem Schlafgemach mit Nebenraum, wo ich mich oft hinlege, um allein zu sein; und darüber nun befindet sich die Bibliothek, die früher als große Kleider- und Wäschekammer diente und der unnützeste Raum meines Hauses war. Hier verbringe ich die meisten Tage meines Lebens und die meisten Stunden der Tage. Nachts aber halte ich mich dort nie auf. Daneben ist ein recht wohnliches kleines Arbeitszimmer, das wohltuend licht ist und in dem winters Feuer gemacht werden kann. Ich könnte, wenn ich die mit einem Umbau verbundenen Plackereien nicht noch mehr als die Ausgaben fürchtete (und Plackereien lassen mich vor welcher Unternehmung auch immer zurückschrecken), leicht auf jeder Seite und gleicher Höhe eine Galerie anbringen lassen, hundert Schritt lang und zwölf breit, da ich festgestellt habe, dass die dafür erforderlichen Mauern zu andern Zwecken samt und sonders bereits so weit hochgezogen sind, wie ich es benötigte.

Jeder Ort der Zurückgezogenheit braucht einen Wandelgang. Meine Gedanken schlafen ein, wenn ich sitze; mein Geist rührt sich nicht, wenn meine Beine ihn nicht bewegen - wie es allen ergeht, die ohne Buch studieren. [...]

Hier also bin ich ganz zu Hause, hier suche ich ganz mein eigener Herr zu sein und diesen einzigen Winkel sowohl der ehelichen und töchterlichen als auch der gesellschaftlichen Gemeinschaft zu entziehen."[35]

Im Jahre 1571 – an seinem achtunddreißigsten Geburtstag – lässt sich Montaigne vorerst von seinen öffentlichen Ämtern entbinden, um sich ganz seinen Lektüren und Gedanken und damit seiner selbst zu widmen: „Genug nun für andere gelebt – leben wir zumindest dies letzte Stück des Lebens für uns!"[36] Obwohl immer wieder von öffentlichen Aufgaben abberufen, wird er neun Jahre im runden Wehrturm an der Befestigungsmauer seiner Schlossanlage sein Zuhause und seine Freistatt finden. Dann zieht es ihn fort und er bricht zu einer Gesundheits- und Bildungsreise auf.

Was treibt Montaigne in seinem runden Turm, wenn er in seinen Büchern blättert, nachdenkt und schreibt? Welches sind seine Tagträume und Hirngespinste? – Er geht vor allem der skeptischen Frage nach: „Was weiß ich?", eine Frage, die zu seinem Lebensmotto geworden ist. Man kann ihre Wörter auf verschiedene Weise betonen. Das »Ich« hat darin zentrale Bedeutung, denn, so der Autor über seine Gedanken: „Dies hier sind [...] meine persönlichen Überlegungen, durch die ich nicht die Kenntnis von Dingen zu vermitteln suche, sondern von mir."[37] So ließe sich Montaignes Frage ohne weiteres als Maxime umformulieren: »Erkenne dich selbst – und lege davon Rechenschaft ab!«[38] Sein großes Werk der Selbsterforschung und Selbstdarstellung sind seine *Essais* – einhundertundsieben »Versuche«, mit denen er eine neue literarische Gattung begründet. Sie entstehen ab 1572 in einem Zeitraum von zweiundzwanzig Jahren und handeln von Gott und der Welt. Reflexiv und kritisch, „geplant planlos"[39], nämlich bewusst unsystematisch und assoziativ, schweifen sie von einem Thema zum anderen. Ihren Zusammenhalt bringt ihr Verfasser mit einem Satz auf den Punkt: „Ich selber, Leser, bin also der Inhalt meines Buches."[40]

Gleichwohl sind Montaignes *Essais* gespickt mit Zitaten, z. T. aus der Bibel, vor allem aber der antiken Philosophen, die er gern dialektisch gegeneinander ausspielt. Diese Zitatomanie ist zum Wenigsten rhetorisches Geplänkel, das der Konvention einer Beglaubigung des Behaupteten durch Autoritäten geschuldet ist. Montaigne verschafft sich vielmehr eine persönliche Gelehrtenrepublik durch Anverwandlung ihm nahestehender

Denker und ihres Gedankenguts. Dazu dienen ihm auch dreiundfünfzig griechische, lateinische und französische Zitate, die das Deckengebälk seines Turmzimmers[41] zieren, andere schmücken die Wände. Es ist gut vorstellbar, wie der Essayist in einem solchen Ambiente seine gewichtigen Bücher zwischen seinem fünfstöckigen Regal und seinem Lesepult hin und her schleppt, wie er in seinen über eintausend Folianten blättert und Entdeckungen macht, wie er sich an der einen oder anderen Textstelle festliest und sie mit einer weiteren vergleicht. Seine geliebten Bücher, „die beste Wegzehrung, die ich für unsre irdische Reise gefunden habe,"[42] bereiten ihm dennoch Unannehmlichkeiten, „denn während der Geist sich beim Lesen betätigt, bleibt der Körper, dessen Wohlergehen ich auch nie aus dem Auge verloren habe, völlig untätig, so dass er verkümmert und verfällt."[43] Montaigne erwägt deshalb, aus Altersgründen auf das Bücherstudium zu verzichten. Ob er sich wirklich gegen das Lesen entschieden hat, scheint allerdings fragwürdig. Es lässt sich jedoch vorstellen, wie er auch „ohne Buch studieren" mag, sich ohne Fesselung an eine Lektüre von seinen Gedanken treiben lässt, zwischen ihnen hin und her springt, bis er sie schließlich zu Papier bringt und erneut überdenkt. Die freie Struktur seiner Texte wird begünstigt durch die Beweglichkeit seines Geistes und den Bewegungsdrang seines Körpers. Montaigne versteht sich als Peripatetiker. Er braucht zum Denken das Umherwandeln, dessen unbeständiger Verlauf die Bewegung seines Denkens und den Duktus seines Schreibens beeinflusst: „Meine Feder muss Gleichschritt mit meinen Füßen halten", notiert er in einem seiner letzten Essais.[44] Welche Auswirkungen das hat, beschreibt er viel früher: „Ich gehe fortwährend vor und zurück; mein Urteil hält keinen festen Kurs, es schwimmt und schaukelt hin und her [...]. Sehr oft, wenn ich (wie ich es gerne tue) zur Übung und zum Vergnügen eine der meinen entgegengesetzte Ansicht zu vertreten unternehme, macht mein Geist, nachdem er sie aufgegriffen hat, sie sich derart zu eigen, dass ich zum Grund meiner ersten Ansicht nicht mehr zurückfinde und sie deshalb fallen lasse. Ich gerate gleichsam in den Sog jedweder Sache, der ich mich zuneige, bis schließlich mein eigenes Gewicht mich fortreist."[45]

Ein Beispiel dafür liefert sein Lieblingsthema, nämlich die Sterblichkeit. So trägt einer seiner berühmtesten Essais den Titel: „Philosophieren heißt sterben lernen". Montaigne vertritt die Überzeugung: „Wer die Menschen sterben lehrte, würde sie leben lehren."[46] Darum empfiehlt der Verfasser im Umgang mit dem Tod: „[...] bedenken wir nichts so oft wie ihn!"[47] Das gilt freilich nur so lange, bis der Denker es sich anders überlegt hat: „Falls ihr nicht zu sterben versteht – keine Angst! Die Natur wird euch, wenn es soweit ist, schon genau sagen, was ihr zu tun habt, und die Führung der Sache voll und ganz für euch übernehmen; grübelt also nicht darüber nach. [...] Haben wir nicht zu leben gewusst, ist es abwegig, uns sterben zu lehren [...]."[48]

Mit solchem »Hin-und-herschaukeln« in seinen Urteilen widersetzt Montaigne sich nicht nur bewusst den Denk- und Schreibkonventionen seiner Zeit, sondern bringt auch grundsätzlichen Zweifel an unserer Erkenntniskraft zum Ausdruck: „Wir schreiten nicht voran, sondern wandern umher und wenden uns bald hier-, bald dorthin – wir drehen uns im Kreise auf den Spuren unsrer Schritte."[49] Für seine wohl nicht nur metaphorisch gemeinte Erfahrung des Denkens im und als Gehen hat sich Montaigne keinen Wandelgang bauen lassen müssen. Sein Turmzimmer mit einem Durchmesser von sechzehn Schritt erlaubte sicher ein Hin und Her und ein Promenieren im Kreise. Der Weg vom Bücherschrank zum Schreibpult, die Schritte ins angrenzende Arbeitszimmer oder zu einem der drei Fenster, die einen Blick auf das Anwesen und die landschaftliche Umgebung ermöglichten, sowie ein Treppauf-Treppab zwischen Kapelle, Schlafgemach und

Peripatetiker werden die Schüler des Aristoteles genannt. Ob sie mit ihrem Meister wirklich einen Gedankenaustausch im Gehen pflegten, wie ein bisweilen begegnender Gebrauch des Wortes nahelegt, der sich vom altgriechischen Verb περιπατεῖν = »umherwandeln« ableitet, ist nicht belegt, aber ein schöner Mythos. Üblicherweise wurden antike Philosophenschulen nach ihrem Ort benannt. Der Begriff περίπατος bezeichnet die »Wandelhalle« des Lykeion, jenes Gebäudes, in dem sich der Überlieferung zufolge Aristoteles mit seinen Schülern traf. Zurecht könnten jedoch Aristoteles' Lehrmeister Platon und dessen Lehrer Sokrates Peripatetiker genannt werden. Sokrates schweifte, so heißt es, barfüßig durch Athen, um seine Mitmenschen — mit Vorliebe die jeunesse dorée — auf dem Marktplatz oder auf offener Straße durch penetrantes und maieutisches Fragen das Philosophieren zu lehren. Der Denker verstand sich dabei als »Stechfliege« der Athener (Platon: Apologie des Sokrates 30e). Die sokratische Methode meint wortwörtlich den zeugend eindringenden Stachel, der die Denkbewegung in Gang setzt, sowie die Erkenntnis stiftende Geburtshilfe (Maieutik). In mehreren Dialogen Platons liefert das Wandeln, Wandern und Spazierengehen die Begleitung, den Rahmen oder den äußeren Anlass des philosophischen Gesprächs. Im Symposion z. B. wird dies mit den Worten motiviert: „Ist ja doch der Weg nach der Stadt so recht geeignet dazu, um während des Wanderns zu erzählen und zuzuhören." (173 b) Der beim Gehen denkende und sprechende Philosoph setzt sich somit bewusst und Vorbild gebend von dem im Sitzen schreibenden Rhetoriker ab.
Inwieweit Montaigne sich seiner Natur nach als Peripatetiker begriff oder sich dieses durch prominenten Background geadelte Image zulegte, sei dahingestellt.

Bibliothek boten ihm zudem genügend Freiraum, um sein Denken durch Gehen in Bewegung zu setzen. So können Montaignes *Essais* als das literarische Abbild seines Umherwandelns in seinem Turm gelesen werden. Sie münden folgerichtig in ein skeptisch-dynamisches Weltbild:[50]

„Es gibt überhaupt kein Dasein, das beständig wäre – weder das unsere ist es, noch das der Dinge. Samt Verstand rollen und fließen wir wie alle sterblichen Wesen ohne Unterlass dahin. So lässt sich nichts Sicheres von einem aufs andere schließen, befinden sich Urteilender wie Beurteiltes doch in fortwährendem Wechsel und Wandel."[51]

Suchte Petrarca die Erfahrung der äußeren Welt, um schließlich zur eigenen Innerlichkeit zurückzufinden und dort sein Seelenheil zu erlangen, so war Montaignes Projekt die Selbsterforschung, dessen Verwirklichung er seinem schweifenden Geist überließ mit wachem Blick für das, was ihn umgab. Im Gegensatz zum Gipfelstürmer Petrarca, dessen vertikal ausgerichtetes geistiges bzw. geistliches Streben dem Höchsten galt, spielte sich Montaignes intellektuelles Hin- und herschweifen auf horizontaler Ebene ab. Stets war er auf Ausgleich der Gegensätze bedacht, die ihn zur Ataraxie führen sollte, wie sein antikes philosophisches Vorbild Pyrrhon von Elis die Seelenruhe nannte. Als Sinnbild dafür wählte Montaigne die Waage, deren Schalen sich im Gleichgewicht befinden. Dazu ließ er sich eine Schaumünze prägen.

Seine letzten Jahre widmete der Philosoph der fünften Auflage der *Essais*, die er immer wieder veränderte und ergänzte. Sie bilden ein Kompendium der Lebenskunst, das bis heute seine Leserinnen und Leser findet und Influencer veranlasst, dafür zu werben.[52]

Im Spätsommer 1592 ist Montaignes Zeit abgelaufen. Er erkrankt schwer, eine Nierenkolik, eine Mandelentzündung, die ihm das Atmen erschwert, und wohl auch ein Schlaganfall peinigen ihn. Seine letzten drei Tage erlebt er bei vollem Bewusstsein, die Krankheit macht ihn jedoch sprechunfähig. Schreibend verständigt er sich mit den ihn umgebenden Angehörigen und Bediensteten, ein Szenario des Abschieds, das er immer gefürchtet hatte. Ob er sich auch vor dem Tod fürchtete, ob er das Sterben hinreichend gelernt hatte oder ob er sich duldsam in die Obhut der Natur begeben hat? Zu einem letzten Atemzug fern von Zuhause hoch im Sattel seines Pferdes kam es jedenfalls nicht mehr. Am 13. September 1592 stirbt Montaigne im Alter von neunundfünfzig Jahren niedergestreckt auf seinem Bett in seinem Turmzimmer. Jahre zuvor hatte er lapidar kommentiert: „Alle Tage sind zum Tode unterwegs, der letzte – er langt an. Das also sind die hilfreichen Ermahnungen unserer Mutter Natur."[53] Damit hatte es nicht sein Bewenden. Sein Herz verblieb auf seinem Landsitz, seine Gebeine aber wanderten weiter. Nach wechselnden Stationen ruhen sie jetzt womöglich im Musée d'Aquitaine in Bordeaux; hier befand sich vormals ein Feuillantenkloster, in dessen Kirche sein Leichnam einst bestattet wurde.[54] Seine Gedanken hingegen verbreiteten sich über die ganze Welt und finden weiterhin ihren Weg durch die Zeiten.

Michel de Montaignes Bewunderer Friedrich Nietzsche formulierte Jahrhunderte nach dessen Tod folgenden Nachruf: „Dass ein solcher Mensch geschrieben hat, dadurch ist wahrlich die Lust auf dieser Erde zu leben vermehrt worden."[55]

Wandeln in Montaignes Turm

Montaignes Turm ist mittlerweile zu einem Wallfahrtsort geworden, der als solcher beworben und vermarktet wird. Im Rahmen einer Führung erlangen Besucherinnen und Besucher heute Zutritt zur Kapelle des Philosophen, zu seinem Schlafzimmer, seinem Arbeitszimmer und natürlich zu seiner Bibliothek mit den berühmten beredten Deckenbalken, jedoch ohne seine Bücher. Die Besichtigungstour beschließt eine Verkostung der auf dem Anwesen erzeugten Weine mit den Namen „Tour De Montaigne" und „Les Essais".

Wer auf den angebotenen Weingenuss sowie die Aura des Originalschauplatzes verzichten mag, findet eine Animation im Internet, die neben einem virtuellen Besuch der mit Folianten gefüllten Bibliothek auch zu einem zeitlich unbegrenzten und buchstabengenauen Studium der Decke verhilft, wie es am Orte selbst kaum möglich ist.[56]

Decke in Montaignes Turmbibliothek

Montaignes Turm

Ich arbeite stets nur auf meinen Spaziergängen –

Jean-Jacques Rousseau auf der Sankt Petersinsel und auf der Pappelinsel von Ermenonville

An einem heißen Oktobertag des Jahres 1749 begab sich der 37jährige Jean-Jacques Rousseau auf einen Fußmarsch von Paris nach Vincennes. Er wollte seinen Freund Denis Diderot besuchen, der des Atheismus verdächtigt in der dortigen Festung einsaß. Geldmangel zwang Rousseau, auf eine Droschke zu verzichten. Um seine gewohnt hohe Marschgeschwindigkeit zu verlangsamen, kam er auf die Idee, während des Gehens im mitgeführten Journal *Mercure de France* zu blättern. Diese ungewöhnliche Fußwanderung wurde so zu einer der folgenreichsten in der Geschichte des Denkens und blieb auch nicht ohne erhebliche Auswirkungen auf den Verlauf der Weltgeschichte. Rousseau beschreibt das Geschehen in gleich vier Varianten; zuerst in einem Brief an seinen Freund, den Chef der französischen Zensurbehörde Chrétien-Guillaume de Lamoignon de Malesherbes, aus dem Jahre 1762:

Januarius Zick: *Rousseaus Erleuchtungserlebnis* (um 1770/71)

„Ich stoße auf die Frage der Akademie zu Dijon, die zu meiner ersten Schrift Anlass gab. Hat jemals etwas einer schnelleren Eingebung geglichen, so war es die Bewegung, welche in mir vorging, als ich diese Frage las. Auf einmal fühle ich, dass mein Geist von tausend Lichtern geblendet wird, ganze Massen lebhafter Gedanken stellen sich ihm mit einer Gewalt und in einer Unordnung dar, die mich in eine unaussprechliche Verwirrung versetzt; meinen Kopf ergreift ein Schwindel, welcher der Trunkenheit gleicht. Ein heftiges Herzklopfen beklemmt mich, hebt meine Brust empor; da ich gehend nicht mehr atmen kann, lasse ich mich am Fuß eines Baumes am Wege hinsinken und bringe eine halbe Stunde dort in einer Bewegung zu, dass ich beim Aufstehen den ganzen Vorderteil meiner Weste mit Tränen benetzt finde, ohne gefühlt zu haben, dass ich welche vergoss."[57]

Diese Mitteilung machte schnell die Runde und so wurde Rousseaus Erlebnis durch Propaganda in eigener Sache als »Erleuchtung von Vincennes« bekannt, viel zitiert und schon zu Lebzeiten Rousseaus von dem deutschen Maler Januarius Zick ins Bild gesetzt.[58]

Welche Frage hat den Wanderer beschäftigt? Welcher Geistesblitz hat ihn entzündet? Wie konnte jener solche Wirkungen entfalten? Die Preisaufgabe der Académie de Dijon lautete: „Hat der Wiederaufstieg der Wissenschaften und der Künste etwas dazu beigetragen, die Sitten zu läutern oder zu verderben?" Wider Erwarten – die Akademie hatte sich wohl eine Huldigung an den Fortschritt versprochen – beantwortete Rousseau diese Frage negativ. Er schreibt weiter an Malesherbes:

„Ach, mein Herr, wenn ich jemals den vierten Teil alles dessen, was ich unter jenem Baum gesehen und empfunden habe, hätte niederschreiben können, mit welcher Deutlichkeit hätte ich alle Widersprüche des gesellschaftlichen Systems gezeigt, mit welcher Kraft hätte ich alle Missbräuche unserer Einrichtungen dargestellt, mit welcher Einfachheit hätte ich gezeigt, dass der Mensch von Natur aus gut ist, und dass es lediglich von ihren Einrichtungen herrührt, wenn die Menschen böse werden."[59]

Hatte der englische Philosoph Thomas Hobbes hundert Jahre zuvor den Menschen im Naturzustand mit einem Raubtier gleichgesetzt und die Formel geprägt: „Der Mensch ist des Menschen Wolf", vertrat Rousseau die Auffassung, der Mensch sei von Grund auf gut. Es ist nicht die Zivilisation, die den Menschen veredelt und vor sich selber schützt, sondern diese ist es gerade, die den Menschen verdirbt und ihm schadet. Sie beraubt ihn seiner natürlichen Eigenschaften. So führen z. B. Privateigentum und Arbeitsteilung zu Selbstsucht unter den Menschen und untergraben ihre natürliche Freiheit und Gleichheit. Eine Konsequenz daraus ist, man müsse durch eine neue Pädagogik die Kinder gemäß ihrer natürlichen Entwicklung erziehen und vor den schädlichen gesellschaftlichen Einflüssen schützen. Rousseau wird dabei zum Entdecker der Kindheit und räumt auf mit der Vorstellung, Kinder seien bloß kleine Erwachsene. Der Denker brachte auf solche Weise Licht in die dunkle Seite der Aufklärung und übte massiv Zivilisationskritik, die mit dem Appell »Zurück zur Natur« vermeintlich auf den Punkt gebracht wird.[60]

Auf seiner Wanderung nach Vincennes hatte Rousseau seine Erleuchtung gefunden und später womöglich die dazu passende Legende erfunden. Was sein Denken auf der Landstraße blitzartig erhellte, wurde zu seinem Lebensthema, an dem er sich literarisch abarbeitete. Die Auswirkungen waren enorm und epochal: Rousseau erhielt für seine *Abhandlung über die Wissenschaften und die Künste* (1750) den ersten Preis und eine wertvolle Goldmünze. Seine Gedanken wurden intensiv diskutiert und machten ihren Verfasser mit einem Schlag berühmt und zum Liebling der Pariser Salons. Damit genoss er die Anerkennung höchster Kreise und auch bald die des Volkes.

Rousseaus Schriften bewirkten gleichwohl eine gespaltene Öffentlichkeit. Politische und geistliche Obrigkeit ließen seine freigeistigen Werke verbrennen, verfolgten ihren Autor per Haftbefehl und trieben ihn ins Exil. Anstoß erregt hatten vor allem Passagen aus seinem Roman *Émile oder über die Erziehung* und seine Abhandlung *Vom Gesellschaftsvertrag oder Prinzipien des Staatsrechtes* (beide 1762).

Geschmäht wurde Rousseau besonders von Voltaire, seinem geistigen Antipoden und leidenschaftlichen Mitbewerber um die Gunst des Publikums. Der spottete anlässlich Rousseaus *Abhandlung über den Ursprung und die Grundlagen der Ungleichheit unter den Menschen* (1755): „Mein Herr, ich habe Ihr neues Buch gegen das Menschengeschlecht erhalten; ich danke Ihnen dafür. [...] Noch niemand hat soviel Geist leuchten lassen wie Sie in dem Bestreben, uns wieder zu Bestien zu machen, und man bekommt ordentlich Lust, auf allen Vieren zu gehen, wenn man Ihr Werk liest."[61]

Voltaires Sottisen konnten Rousseaus Wirkung nicht verhindern, die bald die seines Widersachers übertraf. Mit seinem Einsatz für Freiheit und Gleichheit, Demokratie und Menschenrechte wurde Rousseau zu einem der Wegbereiter der Französischen Revolution. Indem er dem Gefühl einen höheren Rang einräumte als der Vernunft, kritisierte er die Aufklärung und leitete die Epoche der europäischen Romantik ein. Durch seine Naturverbundenheit kann er als ein Ahnherr der modernen Umweltbewegungen gelten. Seine Tätigkeitsfelder waren Philosophie und Religion, Pädagogik und Politik. Er schrieb Romane und Dramen, verfasste autobiografische Schriften und komponierte Opern. Er beschäftigte sich darüber hinaus mit Musiktheorie und betrieb botanische Studien. Somit wirkte er als einer der vielseitigsten und einflussreichsten Denker und Künstler seiner Zeit und weit darüber hinaus.[62]

Durch seine *illumination* wurde Rousseau – in seinen Worten – „ein anderer Mensch“[63]. Mit einer *réforme* seines Lebens, die auf geistige und materielle Unabhängigkeit bedacht war, strebte er eine weitgehend einfache und naturnahe Lebensweise fernab der Großstadt Paris an – ein Leben in unbedingter Freiheit. Dafür akzeptierte er eine Existenz in Armut, so dass neben dem Schreiben auch das Kopieren von Noten als Mittel des Broterwerbs dienen musste. Diese Lebensform verlieh dem Denker trotz gedanklicher Widersprüche zusätzliches Gewicht durch ihre Konsequenz und Authentizität.

Beginnend mit den altgriechischen Kynikern vom Format eines Diogenes, steht Rousseau in einer Tradition, die sich über Mark Twains literarische Figur des Huckleberry Finn bis hin zu den kalifornischen Blumenkindern der 1960er Jahre verfolgen lässt. Allen gemeinsam ist die provokante Zivilisationskritik und das Streben nach einem freien und vermeintlich natürlichen Leben.

Rousseaus Hang zu radikaler Autonomie und Autarkie machten es seinen einflussreichen Förderern und Gönnern nicht leicht, ihn zu unterstützen. Zudem befremdete der Verfolgte Freunde und Anhänger durch eine ihn zunehmend beherrschende Paranoia. Linderung suchte er im Landleben. Seine wachsende Verbitterung konnte dies nicht aufhalten.

Das meist einsame Wandern und der Spaziergang in der Natur oder in einem künstlich angelegten Landschaftspark, wie Rousseau ihn in seinem Roman *Julie oder Die neue Héloïse* entwirft, spielten eine zentrale Rolle für Rousseaus Selbstsorge. Sein Lebtag war der Uhrmachersohn aus Genf ein leidenschaftlicher Fußgänger. Keine sechzehn Jahre alt stand er nach Streifzügen in der Umgebung seiner Geburtsstadt eines Abends vor verschlossenen Stadttoren und entschied, nicht wieder zurückzukehren. Auf eine entbehrungsreiche Kindheit folgten Jahre des Vagabundierens, oft per pedes. Sie führten ihn nach Stationen in Italien und Frankreich schließlich nach Paris. Auch dort wurde er letztlich nicht sesshaft. Überdies begab er sich nahezu täglich auf Spaziergänge und bekannte, er habe sich nichts Besseres gewünscht, als sein Leben lang zu Fuß zu reisen.

Dass Rousseaus Erleuchtung gerade während einer Fußwanderung stattfand, ist somit nicht zufällig, sondern symptomatisch. Wandern und Spazieren galten Rousseau als die natürliche Art der Fortbewegung. In ihnen zeige sich die Gleichheit unter den Menschen. Wandern und Spazieren wurden dadurch zu einem sozialkritischen Akt, mit dem sich Selbstbehauptung und Abgrenzung »nach oben« gegenüber den statusbewusst in komfortablen und oft luxuriösen Kutschen ausfahrenden Adligen signalisieren ließ. Darüber hinaus sollte das Wandern und Spazieren zu einer Befreiung von Zwängen führen, die der zivilisatorische Fortschritt mit sich bringt.

In seinem Roman *Émile* entwickelt der Erzähler für seinen Zögling ein Erziehungs- und Emanzipationsprogramm, das die Form des Reisens mit einschließt:

„Wir reisen also nicht mit Extrapost, sondern wie einfache Wanderer. Wir denken nicht allein an die beiden Endpunkte unserer Reise, sondern auch an den Weg, der zwischen ihnen liegt. Die Reise selbst gewährt uns Genuss, sitzen wir doch nicht missgestimmt und wie eingepfercht in einem kleinen fest verschlossenen Käfig. Ich kann mir nur eine Art zu reisen vorstellen, die noch angenehmer als das Reisen zu Pferde ist, nämlich die Reise zu Fuß. Man bricht nach Belieben auf, rastet, wenn es einem behagt, und macht größere oder kleinere Tagesreisen, je nach Lust und Laune. Man betrachtet die ganze Gegend; wendet sich bald zur Rechten, bald zur Linken, untersucht alles, was einen ergötzt, und macht an allen Aussichtspunkten halt. Sehe ich einen Fluss, so wandere ich an seinem Ufer entlang; bemerke ich einen Laubwald, so suche ich seinen Schatten; gewahre ich eine Grotte, so lenke ich meine Schritte nach ihr; stoße ich auf einen Steinbruch, so untersuche ich sein Gestein. Überall wo es mir gefällt, weile ich. In demselben Augenblick, wo ich mich zu langweilen beginne, setze ich meinen Wanderstab weiter. Ich bin weder von den Pferden noch vom Postillion abhängig. Ich brauche mich deshalb nicht an die fahrbaren Straßen und bequemen Wege zu binden. Ich komme überall hin, wohin sich ein Mensch den Weg zu bahnen vermag, ich sehe alles, was ein Mensch sehen kann, und da ich lediglich von mir abhängig bin, so genieße ich alle Freiheit, die irgendein Mensch nur genießen kann."[64]

Rousseaus pädagogische Lektion des Natur- und Freiheitsgenusses beim Wandern entwirft hier gleichsam das Ideal des Individualtourismus. Darüber hinaus erscheint ihm die Fußreise – besonders in der Form des Vagabundierens – als adäquate Lebensform:

„Bei der Schilderung meiner Reisen widerfährt mir dasselbe, was mir widerfuhr, als ich sie machte: ich weiß niemals anzukommen. Mein Herz schlug vor Freude, als ich mich meiner lieben Mama näherte, aber ich ging darum nicht schneller. Ich liebe ein gemächliches Marschieren und mache gerne Halt, so oft es mir gefällt. Ein wanderndes Leben passt am besten für mich. Bei schönem Wetter und in schöner Landschaft ohne allen Grund zur Eile zu Fuß zu gehen und am Ende meines Wegs eines angenehmen Zieles gewiss zu sein, das ist von allen Lebensarten die, welche mit meinem Geschmack am meisten übereinstimmt."[65]

Petrarcas Impuls aufgreifend, sich radikal subjektiv der „schönen Landschaft" zu widmen, erweist sich Rousseau nicht nur in solchen Worten als einer der Urväter der Romantik. Die

Jean-Jacques Rousseau (1712–1778)
Radierung nach einem Porträt von Maurice Quentin de La Tour (1764)

unbeschwerte, freie Wanderlust in schöner Natur wird gepriesen, in Abkehr vom trägen und verstockten Philistertum, das in städtischer Enge sein Dasein fristet. (Wäre Joseph von Eichendorffs „Taugenichts" mit von der Partie gewesen, so hätte dieser wohl auch hier ausgerufen: „Mir war es wie ein ewiger Sonntag im Gemüte."[66]) Keine drei Generationen später – das Biedermeier hat die Epoche der Romantik längst abgelöst – werden wieder andere Erziehungsziele populär, die auch den Spaziergang reglementieren:

„Wenn die Kinder artig sind,
Kommt zu ihnen das Christkind;
Wenn sie ihre Suppe essen
Und das Brot auch nicht vergessen,
Wenn sie, ohne Lärm zu machen,
Still sind bei den Siebensachen,
Beim Spaziergehn auf den Gassen
Von Mama sich führen lassen,
Bringt es ihnen Gut's genug
Und ein schönes Bilderbuch."

Die Belohnung für solch angepasstes Verhalten besteht selbstreferenziell in dem höchst vergnüglichen Meisterwerk schwarzer Pädagogik *Der Struwwelpeter*.[67]

Die von Rousseau empfohlene freie, genussvolle naturnahe Lebensweise fern urbaner Zivilisation und wenig bedrängt von gesellschaftlichen Konventionen lässt den Autor zu sich selbst kommen; das bedeutet vor allem Befriedigung einer großen Neugier, Inspiration für die eigene Gedankenwelt, Impulse zu Unabhängigkeit und Wagemut im Denken und schließlich Steigerung des Empfindungsvermögens bis hin zu Verschmelzungs- und Allmachtsfantasien:

„Niemals habe ich so viel gedacht, nie bin ich von der Tatsache meines Daseins, meines Lebens und, wenn ich so sagen darf, meines Ichs so erfüllt gewesen, als auf meinen einsamen Fußwanderungen. Das Gehen hat etwas, was meine Gedanken erregt und belebt, wenn ich mich nicht bewege, kann ich kaum denken, mein Körper muss gewissermaßen in Schwung geraten, um auch meinen Geist zum Schwingen zu bringen. Das freie Land, die Aufeinanderfolge so vieler freundlicher Anblicke, die frische Luft, der große Hunger und die Gesundheit, die ich mir stets beim Gehen erwerbe, die Ungezwungenheit des Gasthauses, die Entfernung alles dessen, was mich meine Abhängigkeit fühlen lässt und mich an meine wahre Lage erinnert, befreit meine Seele, verleiht mir eine größere Kühnheit des Denkens und schleudert mich gewissermaßen in die Unermesslichkeit aller Dinge hinaus, um sie ohne Zwang und Furcht nach meinem Gefallen zu wählen, zu verbinden und mir anzueignen. Ich walte dann als Herr über die ganze Natur, mein von Gegenstand zu Gegenstand schweifendes Herz vereinigt sich mit denen, die ihm gefallen, wird gewissermaßen eins mit ihnen, umgibt sich mit bezaubernden Bildern und stärkt sich; durch beseligende Gefühle."[68]

Mag Rousseau bei seinen Bemerkungen zum Reisen, Wandern und Spazierengehen den Eindruck von Mußestunden vermitteln, so darf dies nicht als Müßiggang im Sinne einer heute üblichen Form des »Chillens« verstanden werden, sondern muss im ursprünglichen antiken Wortsinne gelten, nämlich als σχολή, wie sie noch im Begriff Schule steckt, als eines Studiums, für das jemand Muße besitzt bzw. für das ihm »Freizeit«, also Freistellung von allen Verpflichtungen, gewährt wird. Darin liegt die Voraussetzung für ein assoziativ sich entfaltendes kreatives Gedankenspiel, das er Träumerei (rêverie)[69] nennt.

Dass jemand, der sich auf solche Weise seinem Gedankenfluss hingibt, auch beim Spazierengehen oft nicht umhin kann, sich die ihm begegnenden Dinge zu „ordnen, auszuwählen und [...] anzueignen"[70], nämlich aus geologischem Interesse Steine zu klopfen, zu botanisieren und andere – wie er es nennt: „maschinenmäßige" – Tätigkeiten zu verrichten, thematisiert Rousseau in seiner Dialogschrift, dem autobiografischen Selbstgespräch: *Rousseau richtet über Jean-Jacques* (verfasst in der ersten Hälfte der 1770er Jahre, postum veröffentlicht 1780):

„J. J. ist untätig, träge, wie alle Betrachtenden es sind. Diese Trägheit liegt aber nur in seinem Kopf. Er denkt nur unter Anstrengungen, wird vom Denken ermüdet, er erschrickt vor allem, was ihn, in welchem Grade auch immer, dazu zwingt, und wenn er auf ein „Guten Morgen!" antworten muss, das mit einer gewissen Wendung gesagt wurde, so quält ihn das schon. Indessen ist er doch lebhaft und in seiner Art arbeitsam. Gänzlichen Müßiggang kann er nicht ertragen, seine Hände, seine Füße, seine Finger müssen immer etwas zu tun haben, der Körper muss in Bewegung sein und nur sein Kopf in Ruhe bleiben. Daher seine Vorliebe fürs Spazierengehen. Da ist er in Bewegung, ohne genötigt zu sein, zu denken. In der Träumerei ist man nicht tätig. Die Bilder prägen sich dem Gehirn ein, setzen sich darin ohne Zutun des Willens wie im Schlaf zusammen: man lässt das alles seinen Gang gehen und genießt, ohne zu handeln. Wenn man aber anhalten, die Gegenstände festhalten, sie ordnen, zusammensetzen will, so ist das etwas anderes; man tut von dem Seinen etwas hinzu. Sobald Denken und Überlegung sich einmischen, so ist die Meditation keine Ruhe mehr, sie ist dann ein beschwerliches Geschäft, und das ist die Mühe, die J. J. Furcht einjagt und deren bloßer Gedanke ihn niederschlägt und träge macht. Nie habe ich ihn träge gefunden als bei Arbeiten, wo der Geist wirken muss, so gering die Wirkung auch war. Er geizt weder mit seiner Zeit noch mit seiner Mühe, er kann nicht müßig bleiben, ohne zu leiden, gerne würde er sein Leben damit zubringen, in einem Garten zu graben, um nur nach Gefallen träumen zu können, aber die schrecklichste Strafe wäre es für ihn, es in einem Sessel zu verbringen und sein Gehirn damit zu ermüden, Nichtigkeiten zu erfinden [...].

Es ist unglaublich, wie sehr die Trägheit im Wollen ihn unterjocht. Das zeigt sich sogar in seinen Spaziergängen. Er wird denselben Spaziergang so lange wiederholen, bis irgendein Grund ihn unumgänglich zwingt, ihn zu verändern. Seine Füße tragen ihn von selber dorthin, wohin sie ihn schon einmal getragen haben. Er mag immer gerne geradeaus gehen, weil sich das tun lässt, ohne dabei nachzudenken. In dieser Weise würde er immer träumend bis nach China gehen, ohne es zu merken und ohne sich zu langweilen. Darum gefallen ihm lange Spaziergänge, Gärten[71] aber liebt er nicht, weil am Ende jeder Allee eine kleine Wendung nötig ist, umzukehren und seinen Weg noch einmal zu gehen, und wenn er in Begleitung ist, so folgt er, ohne nachzudenken, den anderen, um nicht über seinen Weg nachdenken zu müssen; auch hat er noch nie einen Weg behalten, den er nicht alleine gegangen ist. [...]

Er hat nie nötig, etwas in Ordnung zu bringen, etwas vorherzusehen, sich Sorgen über irgendetwas zu machen, er braucht keinen Geist zu verschwenden, er ist alle Tage und jeden Tag er selbst und gehört sich selbst, und am Abend, wenn er sich entspannt und spazieren geht, verlässt seine Seele ihre Ruhe nur, um sich süßen Regungen zu überlassen, ohne dass er mit seiner Person dafür bezahlen und ohne dass er die Bürde der Berühmtheit mit glänzenden und gelehrten Unterhaltungen tragen müsste, die die Qual seines Lebens ausmachen würden, ohne seiner Eitelkeit zu schmeicheln. [...]

Ich habe also J. J. ganz den Beschäftigungen ergeben gesehen, die ich Ihnen geschrieben habe, immer auf einsamen Spaziergängen, wenig denkend, viel träumend, fast maschinenmäßig arbeitend, und ausführlich mit den ähnlichen Dingen beschäftigt, ohne ihrer überdrüssig zu werden, kurz, fröhlicher, zufriedener, sich besser bei einem so automatenähnlichen Leben befindend, als es in der ganzen Zeit der Fall war, die er so grausam für sich, so wenig nützlich für die anderen mit dem traurigen Gewerbe eines Schriftstellers zubrachte."[72]

Rousseau verbrachte gleichwohl erhebliche Zeit mit diesem „traurigen Gewerbe", dem er aufgrund seiner Entstehungsbedingungen durchaus Positives abgewinnen konnte: „Ich arbeite stets nur auf meinen Spaziergängen; die Landschaft ist meine Arbeitsstube; der Anblick eines Tisches, des Papiers, der Bücher langweilt mich, die Arbeitsgeräte entmutigen mich; wenn ich mich hinsetze, um zu schreiben, fällt mir nichts ein, und die Notwendigkeit, Geist an den Tag zu legen, bringt mich darum."[73] Ist für Montaigne das ziellose Umherwandeln notwendige Voraussetzung und zugleich Sinnbild für seine Art zu denken, scheinen für Rousseau Spazierengehen und Denken im Sinne von Tagträumen beinahe zu ein und derselben Tätigkeit zu verschmelzen. So behauptet er, „ich kann [...] nur im Gehen nachsinnen, sobald ich stehen bleibe, denke ich nicht mehr, mein Kopf will stets zugleich mit meinen Füßen marschieren" und „auf Spaziergängen, inmitten der Felsen und der Wälder schreibe ich in meinem Gehirn."[74] Das zivilisatorisch entstandene und somit unnatürliche und deshalb eigentlich abzulehnende Schreiben verortet er für sich in der Natur, die ihm quasi während seiner Spaziergänge ihren Text diktiert.[75] So teilt er mit, z. B. auf abendlichen Spaziergängen im Bois de Boulogne die Stoffe zu seinen Arbeiten überdacht zu haben.[76] Das Spazierengehen wird hier zu einem intellektuellen Akt, dem lediglich die nachgeordnete schriftliche Fixierung folgt: „Ich kritzle meine losen, unzusammenhängenden Gedanken auf Papierfetzen, die ich hernach so gut es geht zusammenflicke, und auf diese Weise mache ich ein Buch."[77]

Oft waren es die schlaflosen Nachtstunden, die er mit dem Bedenken und Formulieren der Einfälle während seiner Spaziergänge füllte: „Ich sann mit geschlossenen Augen in meinem Bette nach, drehte und wandte die Sätze in meinem Kopfe unter unglaublichen Qualen um und um, und wann sie dann endlich eine Gestalt angenommen hatten, die mich befriedigte, legte ich sie gewissermaßen, bis ich sie zu Papier bringen konnte, in meinem Gedächtnisse nieder; während ich mich jedoch erhob und ankleidete, verflog alles, und wenn ich dann vor meinem Papier saß, fiel mir fast nichts mehr von alledem ein, das ich kurz vorher geformt hatte."[78] So kam er auf die erfolgreiche Idee, des Morgens, noch im Bette liegend, seine nächtliche Arbeit zu diktieren.[79]

Im Laufe der Zeit gelang es ihm mehr und mehr, seine Mühsal durch Kultivierung oder besser Renaturierung seiner Muße zu kompensieren. Dennoch blieb sein „von Gegenstand zu Gegenstand schweifendes Herz", seine selbstvergessene, von allem äußeren und inneren Zwang befreite Träumerei Rousseaus Ideal, das nur in seltenen Augenblicken uneingeschränkt erlebt wurde. Auf der Flucht vor den Maßnahmen französischer und Schweizer Behörden während seines kurzen Aufenthalts auf der St. Petersinsel im Bieler See vom 12. September bis zum 25. Oktober 1765 schien ihm das auf vollkommene Weise gelungen, denn Rousseau will dort die glücklichsten Stunden seines Lebens genossen haben. Um der Verfolgung durch seine Feinde[80], aber auch durch Paparazzi und Mitglieder seiner Fangemeinde zu entgehen, wird der als exzentrisch geltende Rousseau zum passionierten Aussteiger. Ihren Niederschlag findet diese Episode natürlich wieder im „traurigen Gewerbe" seiner literarischen Arbeit, den *Bekenntnissen* sowie den *Träumereien eines einsamen Spaziergängers*. Die *Träumereien* sind sein letztes Werk, das 1782, vier Jahre nach seinem Tode, unvollendet erschienen ist, ein Dokument der Verbitterung, aber auch des Vermögens, diese Bitternis bisweilen in Glück zu verwandeln.

Eine solche Lebenskunst besteht für Rousseau wie erwähnt unter anderem darin, jegliche Abhängigkeit zu vermeiden und ein selbstbestimmtes und selbstgenügsames, d.h. ein scheinbar natürliches Leben zu führen. Auf einer der Spielkarten, die ihm dazu dienten, während seiner Spaziergänge Notizen zu den *Träumereien* festzuhalten, ist zu lesen: „Ich spreche ganz naiv von meinen Empfindungen, meinen Meinungen, so bizarr, so paradox sie auch scheinen mögen; ich argumentiere nicht und beweise nichts, weil ich niemanden zu überzeugen trachte, sondern nur für mich selbst schreibe."[81]

Die für das erzählende Ich wertvollsten Empfindungen entstehen beim Spazieren oder sind dessen indirekte Folge. Zwei Episoden der *Träumereien* zeugen davon. Rousseau gliedert seinen Text in Abschnitte unter dem Titel *Spaziergänge*, was vor dem Hintergrund des Gesagten mehr als bloß metaphorisch zu verstehen ist. Im *Zweiten Spaziergang* – in Paris – schildert der Autor den Zusammenstoß mit einer Dänischen Dogge, die zu Verletzungen und einer Ohnmacht des Spaziergängers führt. Rousseau berichtet von den unmittelbaren Auswirkungen des Unfalls:

„Es wurde Nacht. Ich gewahrte den Himmel, ein paar Sterne und ein wenig Grün. Diese erste Empfindung hatte etwas Köstliches. Ich spürte zunächst nur durch sie, dass ich überhaupt existierte. Ich gelangte in diesem Augenblick zum Leben, und mir schien, als erfüllte ich alle Dinge um mich herum mit meiner zarten Daseinskraft. Weil ich nur das Gegenwärtige wahrnahm, erinnerte ich mich an nichts. Ich hatte keine klare Vorstellung über meine Person und keinerlei Ahnung, welches Missgeschick mich da getroffen hatte; ich wusste nicht mehr, wer ich war und wo ich war; ich fühlte weder Schmerz noch Furcht noch Unruhe. Ich sah mein Blut fließen, wie ich einen Bach hätte fließen sehen, ohne auch nur daran zu denken, dass dieses Blut irgendetwas mit mir zu tun hatte. In meinem ganzen Wesen fühlte ich eine wunderbare Ruhe, der, sooft ich mich daran erinnere, keines der Vergnügen gleichkommt, die mir je vergönnt waren."[82]

Rousseaus Erlebnis würden wir heute als eine Art Nahtoderfahrung bezeichnen. Indem das Ich sich verliert, indem sein Denken blockiert wird, kommt es zur intensivsten Empfindung seiner selbst. Im *Fünften Spaziergang* – auf der St. Petersinsel, „an irgendeinem lauschigen Plätzchen im Sand des Seeufers" – zeigt sich das ähnlich, aber weniger spektakulär: „Das Rauschen der Wellen und die Bewegung des Wassers waren Vorgänge, die meine Sinne bannten; sie verdrängten aus mir jede andere Bewegung und versenkten meine Seele in eine wonnige Träumerei [...]: nur ein Wasserspiel, aber es genügte, um mir wieder Freude am Dasein zu geben, und ich musste dabei nicht einmal denken."[83]

Solche Erlebnisse sind Folge und zugleich Ursache sozialer Isolation, eine Erfahrung, die den Ausgangspunkt von Rousseaus letztem Werk bildete. Diese Träumereien, die von Rousseaus einsamen Spaziergängen auf der St. Petersinsel und anderswo inspiriert wurden, betonen erneut und endgültig den Zusammenhang von umherschweifendem Gehen und unwillkürlichem Gedankenfluss. Zugleich vermitteln sie Erfahrungen einer (be)glückenden Selbstsorge:

„Nur in diesen Stunden der Einsamkeit, da ich Gelegenheit zum Nachsinnen habe und mich nichts ablenkt oder stört, bin ich ganz und gar ich selbst und gehöre mir allein; nur in diesen Stunden kann ich ehrlicherweise von mir behaupten zu sein, wie die Natur mich wollte. [...] Die Gewohnheit, in mich selbst einzukehren, bewirkte schließlich, dass ich meine Leiden nicht mehr spürte, ja mich kaum noch ihrer erinnerte. Die Quelle des wahren Glücks, so lernte ich durch eigene Erfahrung, liegt in uns selber; und keine Macht der Welt vermag es, jemanden elend zu machen, der glücklich sein will und weiß, wie er es wird. [...] So erlebte ich auf manchen meiner einsamen Wanderungen Verzückungen, ja Ekstasen [...]."[84]

Der Autor gibt die *Träumereien eines einsamen Spaziergängers* als „nur ein formloses Tagebuch [s]einer Träumereien"[85] aus, dabei sind sie kunstvoll stilisiert, nämlich „spaziergängerisch erzählt".[86] Schon zu seinen Lebzeiten erkannte man in Rousseaus Prosa nicht das Werk eines naiven Naturburschen, sondern eines herausragenden Sprachkünstlers,[87] auch wenn der Autor betont: „Ich schreibe meine Ideen so nieder, wie sie kamen, und stifte unter ihnen nicht mehr logische Verknüpfung, als zwischen den Gedanken des Vortages und denen des anderen Morgens zu bestehen pflegt."[88] Obwohl sich Rousseaus Anspruch als idealisiert und seine Realisierung sich oft als nur scheinbar »natürlich« erweisen, gelingt es dem Philosophen gleich seinem Vorbild Montaigne mit seiner Darstellung eine Form zu finden, die dem Ursprung seiner Gedanken entspricht: betont subjektiv, erlebnisinspiriert, assoziativ schweifend, repetitiv, unbekümmert um Folgerichtigkeit und Folgen... und jederzeit autonom.

Gleiches muss für Rousseaus Spaziergänge gesagt werden. Sie entsprechen nicht durchgängig dem plan- und mühelosen Schweifen, als das sie oft erscheinen mögen und sollen, sondern bilden zu einem Gutteil das Resultat wohlorganisierter Kopf- und Handarbeit. Der

Autor kommt nicht umhin, sich mit kleinen oder größeren Vorhaben auf den Weg zu machen, wie dem Botanisieren, dem sich Rousseau zwar mit Lust und Eifer, aber keinesfalls gedankenlos, nur „automatenähnlich" bzw. „maschinenmäßig" oder gar ziellos überlässt. Anhand des mitgeführten Buchs *Systema Naturæ* Carl von Linnés bestimmt er Pflanzen, die auf dem Weg zu finden sind, und „examiniert" sie „sorgfältig".[89] Auf der St. Petersinsel hat er sich zum Ziel gesetzt, auf diese Weise deren gesamte Flora zu erfassen. Dabei geht er methodisch reflektiert vor und vermittelt die daraus gewonnenen Erfahrungen und Prinzipien auch didaktisch.[90] Darüber hinaus widmet er sich rein gedanklichen Aufgaben. So heißt es beispielsweise im *Vierten Spaziergang* seiner *Träumereien*, er habe beschlossen sich über sein „eigenes Verhältnis zur Lüge zu befragen".[91] Bei einer solchen Untersuchung unterscheidet Rousseau einerseits „scharfes Nachdenken" (force de réfléchir) und „Überlegungen" (méditations) sowie andererseits die „Freude [...], mit unserer Seele zu plaudern" (la douceur de converser avec mon âme) – denn dabei „stellen sich eine Menge reizvoller Betrachtungen ein" (contemplations charmantes).[92]

Rousseaus Beschreibungen seiner Spaziergänge erwecken nicht selten den Eindruck der Erlösung von einer unbändigen Neugier und einem geradezu zwanghaften Tatendrang. Die dabei erlebten Träumereien stellen sich ein, sobald er seinen Kopf gewähren und seine Gedanken sich völlig ohne Druck und Steuerung, ohne äußere und innere Abhängigkeit entwickeln lässt, in Rousseaus Worten: „wie die Natur mich wollte."[93] So mag er auch seine »Erleuchtung von Vincennes« erlebt haben. „Träumerei entspannt und erfreut mich, Grübelei ermüdet und betrübt mich."[94] Es sind die Aktionsformen Aktiv und Passiv, die den Unterschied ausmachen, gedankliche Intention und Konstruktion auf der einen, Intuition und Inspiration auf der anderen Seite. Den willentlich herbeigeführten „Strapazen der geistigen Ar-

Kreatives Gehen nennt der irische Neurowissenschaftler Shane O'Mara das Gehen „als Ansporn zum Denken und damit zum Schreiben, weil es [...] den einfachen, raschen und gründlichen Wechsel zwischen verschiedenen Geisteszuständen erlaubt."* O'Mara unterscheidet dabei zwischen dem aktiven Exekutivmodus und dem Defaultmodus (Ruhezustand). Im Exekutivmodus wird die Aufmerksamkeit fokussiert. Dabei werden Details verarbeitet, z. B. beim Botanisieren. Im Defaultmodus hingegen lassen wir unsere „Gedanken wandern, rufen wiederholt autobiographische Erinnerungen ab und ziehen den Fokus [der] Aufmerksamkeit von der unmittelbaren Umgebung ab", geben uns also dem hin, was Montaigne und Rousseau »Träumereien« (rêveries) nennen. Diese bilden einen erheblichen und „notwendige[n] Teil der mentalen Haushaltsführung", wie experimentelle Forschungen belegen. Denn das „Gedankenwandern" fördert kreative Problemlösungen und wird wiederum von körperlichen Aktivitäten, besonders dem Gehen, Wandern und Spazieren angeregt. Dabei begünstigt das Gehen „Assoziationen zwischen weit auseinanderliegenden Hirnarealen – denn nur so können neue und interessante Ideen entstehen." Was Philosophen wie Montaigne, Rousseau, Kierkegaard, Nietzsche und viele andere an sich erfahren haben, nämlich die Belebung ihres Denkens, ihres Empfindungsvermögens und ihrer Kreativität durch das Gehen, ist heute wissenschaftlich erwiesen. Somit darf allgemein als Empfehlung gelten, auf diese Weise zur Steigerung der Denk- und Handlungsfähigkeit und damit letztlich zum Lebensglück beizutragen.

* Shane O'Mara: *Das Glück des Gehens. Was die Wissenschaft darüber weiß und warum es uns so guttut*, Hamburg 2020, S. 165 ff.

Lustwandeln nennt Karl Gottlob Schelle das Spazieren in seiner Schrift *Die Spatziergänge oder die Kunst spatzieren zu gehen* aus dem Jahre 1802.* Schelle, der Altphilologe und erste Promenadologe, empfiehlt im Anschluss an Rousseau das einsame Lustwandeln im Freien. Einerseits geht es ihm dabei um die Eindrücke der Natur auf das Gemüt, die dann „wohltätig" seien, wenn diese „den Geist und Körper [...] erquicken". Damit ist das Empfinden des Naturerlebnisses als z. B. „mächtig und bezaubernd" gemeint und zugleich eine vom Naturobjekt losgelöste sich einstellende allgemeine Befindlichkeit wie das Gefühl der Freiheit, der Ruhe, der Heiterkeit etc., gegebenenfalls aber auch der Melancholie. Andererseits verdient neben der äußeren auch die innere Natur Aufmerksamkeit, nämlich „seinem eigenen Genius sich zu überlassen und mit sich selbst zu leben", was durch das Spazieren in besonderer Weise begünstigt wird. D. h.: „Lustwandeln im Freien, wo die Naturgegenstände die Tätigkeit des Geistes sanft anregen und sie durch ihren Wechsel in einem angenehmen Spiel erhalten, befördert den Umgang mit sich ungemein [...]." Allerdings: „Wer gar kein solches Bedürfnis empfände, wäre ein gemeiner, gehaltloser Mensch." „Um von den Reizen des Lustwandelns gerührt zu werden und ein Geistesbedürfnis darnach zu gewinnen, bedarf man eines Grades von Bildung, eines Kreises von Ideen, die nicht jedermann besitzt; und sehr natürlich kann daher ein gemeiner Taglöhner nicht das angenehme Vergnügen eines Spazierganges empfinden." In Ergänzung zu Rousseau muss für Schelle zur Natur noch die „Menschheit" treten, gemeint ist das dem Menschen Wesensmäßige: „Natur und Menschheit, erstere in ihren mannigfaltigsten Szenen, letztere in ihrer heitersten Gestalt, sind der Schauplatz und die Gegenstände des Lustwandlers."

* Karl Gottlob Schelle: *Die Spatziergänge oder die Kunst spatzieren zu gehen*, Leipzig 1802. S. 8, 40, 46, 72 ff.

beit" stellt er den als positiv empfundenen unwillkürlichen Gedankenfluss gegenüber, dem er sich passiv überlässt. Der erscheint als Wirkung des Spazierengehens und spiegelt es gewissermaßen auf der Bewusstseinsebene ab.

Aufgrund seiner differenzierten Betrachtungen kann Jean-Jacques Rousseau als erster Theoretiker des Spazierens und der sie begleitenden Bewusstseinszustände gelten und damit als Vorläufer einer Promenadologie, wie sie sich dann z. B. mit Karl Gottlob Schelles *Die Spatziergänge oder die Kunst spatzieren zu gehen* (1802) herausgebildet hat und von Lucius Burckhardt als Spaziergangswissenschaft Ende des 20. Jahrhunderts erneuert wurde.[95] Seine Erfahrungen der Selbstbefreiung, der geistigen Entfaltung und des höchsten rauschhaften Glücks beim Spazierengehen in der Natur erwirbt Rousseau im Selbstversuch und im Dienst der Selbsterkenntnis. Diese Absicht hat er seinen *Träumereien* als Programm vorangestellt: „[W]as bin ich selbst? Das bleibt mir noch zu ergründen."[96] Damit ist gemeint, sowohl die eigene als auch die allgemeine Natur des Menschen zu begreifen, also am urphilosophischen Projekt des *Erkenne dich selbst* zu arbeiten. „Leser, ich denke gern an mich selbst", notiert er in *Mein Bildnis* und fährt fort: „Eine neue Art, den Menschen zu dienen, sehe ich darin, dass ich ihnen das getreue Bild eines von ihnen vor Augen halte, damit sie sich selbst kennen lernen."[97] Seine Beobachtungen dazu formuliert er anschaulich und genau. Die Ergebnisse liefern einerseits gültige Bausteine zu einer Phänomenologie des Spaziergangs sowie einer philosophischen Anthropologie, andererseits enthalten sie praktische Hinweise zu einer positiven Lebensgestaltung, nämlich das Glück in sich selbst zu finden, und zwar in den erinnerungswürdigen Augenblicken seliger Selbstempfindung ohne Gedankenarbeit. So wünscht er sich kurz vor dem erzwungenen Ende seines Aufenthalts auf der St. Petersinsel und seiner Ausweisung aus dem Schweizer Exil: „Eins nur: Man lasse mir die Freiheit, mit ein paar Büchern zuweilen in einem Garten zu spazieren, dann will ich zufrieden sein."[98]

Letztendlich ist der Umgang mit der Natur und das Zurück zur ihr, wozu das Spazierengehen zählt, eher eine (Lebens-)Kunst als ein intuitiver Rückfall in etwas scheinbar Ursprüngliches. »Natur« in diesem Sinne verstanden bildet eine Art Komfortzone zwischen Wildnis und Zivilisation. Ein Beispiel gibt Rousseau im elften Brief seines Romans *Julie oder Die neue Héloïse* (1761), der zum Jahrhundert-Bestseller in ganz Europa wurde. Der Autor bzw. seine Figur Julie lässt darin einen Park nach englischem Vorbild anlegen. Die Beschreibung dieses Parks vermag wie eine landschaftsgärtnerische Unterweisung zu wirken, Natur und Wildnis auf kunstvolle Weise nachahmend zu gestalten und, wie es heißt, in ein „Elysium" zu verwandeln, das „den Genuss der Promenade vergönnt, welche doch der Zweck ist, wegen dessen man Gärten unterhält."[99] Somit wird auch das Spazierengehen zu einer Inszenierung des Natürlichen in einer eigens dafür geschaffenen Natur-Kulisse. „Die gewundenen Wege, in ihrer scheinbaren Unregelmäßigkeit, sind mit Kunst so angelegt, dass möglichst viel Raum zum Umherwandeln gewonnen ist, [...] ohne unbequeme und zu häufige Biegungen zu machen".[100] Der Genuss an einer so gestalteten Promenade ist der freie und unbeschwerte Genuss der Natur (bzw. ihrer Simulation) in Abgrenzung zur höfischen Praxis des Promenierens. Diese Form des Lustwandelns fand auf den abgezirkelten Wegen der barocken französischen Parkanlagen statt, z. B. auf den von André Le Nôtre für Ludwig XIV. geschaffenen in Versailles. Dort ging es neben der Gartenarchitektur, die den Spaziergänger staunen ließ und ihrem königlichen Besitzer Prestige verlieh, im Wesentlichen und stets unter dem Vorzeichen der Etikette um ein exklusives Sehen und Gesehenwerden von Personen höheren Standes.

Im Landschaftspark nach englischem Vorbild spazierte es sich hingegen »demokratischer«. Rousseaus literarischer Entwurf eines solchen Landschaftsgartens in *Die neue Héloïse* lieferte das Vorbild für den Park von Ermenonville, mit dessen Bauarbeiten zwei Jahre nach Erscheinen des Romans begonnen wurde. Der Besitzer Marquis René Louis de Girardin war ein Anhänger des Philosophen und verwirklichte einen Teil von dessen Ideen, z. B. die Erziehung seiner Kinder nach den Anregungen des *Émile*. Als Ideenträger für die dem Menschen von der Natur gegebenen Rechte auf Freiheit und Gleichheit diente ihm der als naturnah konzipierte Landschaftsgarten. Dieser stand folgerichtig nicht mehr exklusiv dem spazieren gehenden Adel zur Verfügung, sondern wurde von Girardin der Öffentlichkeit zugänglich gemacht. Ein Zeitgenosse Girardins, der bedeutende deutsche Gartentheoretiker Christian Kai Lorenz Hirschfeld beschreibt den Landschaftspark von Ermenonville in seinem ursprünglichen Zustand ausführlich und nicht ohne Begeisterung. Er spricht von einem „reinen Muster der verschönerten Natur", einem „vortrefflichen Park, der Spaziergänge für viele Stunden enthält".[101]

Nach jahrelangen vergeblichen Versuchen war es Girardin gelungen, seinen Freund nach Ermenonville zu locken. So begab sich Rousseau auf seine letzte Reise. Am 20. Mai 1778 traf der 65jährige in Ermenonville ein. Von Krankheit gezeichnet machte er seine frühmorgendlichen Spaziergänge durch den Park. Häufig hielt er sich im sogenannten »Garten Julies« auf, wo er wie die Protagonisten seines Romans die Vögel fütterte, „sich also vollkommen in die Nachahmung seiner Fiktion integrierte."[102] Um Girardin seinen Lebensunterhalt nicht schuldig zu bleiben, botanisierte er mit einem der Söhne des Marquis und gab einer Tochter Musikunterricht. Bisweilen traf er sich mit den Bewohnern des Dorfes.

Girardin wollte seinen Freund in Anlehnung an dessen Roman *Die neue Héloïse* in einem für ihn zu bauenden Schweizer Chalet namens »Le petit Clarens«[103] einquartieren. Doch sollte es nicht mehr dazu kommen. Am 2. Juli 1778 wird Girardin durch Schreie aufgeschreckt. Er findet den leblosen Rousseau am Boden liegend. Neben ihm seine Frau Thérèse, blutüberströmt. Die Autopsie des Leichnams – von Rousseau testamentarisch angeordnet – stellt eine Ansammlung von Flüssigkeit im Gehirn fest sowie eine angebrochene Stirn, möglicherweise verursacht durch einen Sturz, der von einem Schlaganfall herbeigeführt wurde. Bald ranken sich Spekulationen um den Tod des berühmt-berüchtigten Denkers, die rasch ins Kraut schießen. Die einen vermuten Suizid aus Verbitterung über seine Lebensumstände, andere sprechen von Mord aus Hab- und Machtgier, um in den Besitz seiner wertvollen Manuskripte zu gelangen oder um ihn als politischen Gegner unschädlich zu machen. Als philosophischer Querdenker, der das anerkannte Menschenbild verwarf, als politischem Provokateur, der die bestehende Gesellschaftsordnung in Frage stellte, durfte es ihm nicht besser ergehen als z. B. missliebigen Kritikern totalitärer Regime heute. Sogar Rousseaus Erzrivale Voltaire geriet in Verdacht, mit der Zarin Katharina II. an einem Mordkomplott beteiligt gewesen zu sein, obwohl er zum Zeitpunkt von Rousseaus Ableben bereits mehr als vier Wochen tot war.[104]

Marquis de Girardin ließ Jean-Jacques Rousseau zwei Tage nach dessen Tod auf der Pappelinsel seines Parks bestatten – ein für den Denker scheinbar endgültiges »Zurück zur Natur«. Sein Grabmal, ursprünglich von einer großen Schmuckurne bekrönt, wurde 1780 durch den heute noch vorhandenen Sarkophag ersetzt. Der Ort entwickelte sich alsbald zu einer Wallfahrtsstätte. Unter den zahlreichen prominenten Besuchern weilten hier in Gedenken an den Philosophen die Königin Marie-Antoinette, der Revolutionär Maximilien de Robespierre, der Dichter Friedrich Schiller, der spätere Kaiser Napoleon Bonaparte, der preußische Feldmarschall Gebhard Leberecht von Blücher und nicht zuletzt der Philosoph Martin Heidegger. 15 Jahre nach Rousseaus Tod – die Französische Revolution hatte das Land erschüttert und auch die Parkanlagen in Ermenonville verwüstet – schlug der Nationalkonvent die Aufnahme des Verstorbenen ins Panthéon vor. Girardin wehrte sich gegen die Exhumierung, jedoch vergeblich. Unter großer Anteilnahme der Bevölkerung wurden Rousseaus sterbliche Überreste zu den Klängen seiner Oper *Der Dorfwahrsager* (1753) nach Paris überführt und zusammen mit denen Voltaires in der nationalen Ruhmeshalle beigesetzt. Dort ruhen sie noch heute._

In Rousseaus nachgelassenen Aufzeichnungen findet sich – wenn man so will – ein vorweggenommener Nachruf auf die eigene Person: „...mein gesamtes Leben war kaum etwas anderes als eine lang währende Träumerei, durch meine täglichen Spaziergänge in Kapitel unterteilt."[105]

Spazieren mit Rousseau in der »Natur«: auf der St. Petersinsel...

Die Sankt Petersinsel im Bieler See lernte Rousseau bei einem Spaziergang mit einem Freund kennen und erkor sie sich zu seinem Exil. Der verfolgte Rousseau erlebte sie als einen Ort der Freiheit, wo er sich der Naturschwärmerei, seinen Träumereien, seinen Spaziergängen und botanischen Studien hingeben konnte. Der Ruhm des Philosophen zog bereits während seines kurzen Aufenthaltes Bewunderer an, die sich mit Booten auf das kleine Eiland übersetzen ließen. Nach seinem Tode entwickelte sich ein Rousseau-Tourismus mit berühmten Reisenden wie Johann Wolfgang von Goethe, Kaiserin Josephine Bonaparte und Königen von Preußen, Schweden und Bayern. Der Besucherstrom hält bis heute an, allerdings scheint das Interesse, sich beim Spazieren, Radeln, Segeln und Baden dem eigenen Naturgenuss zu widmen, deutlich ausgeprägter, als den Spuren des einsamen Inselbewohners aus dem 18. Jahrhundert zu folgen. Rousseaus Charakterisierung der Sankt Petersinsel ist noch heute im großen und ganzen gültig:

„Die inmitten des Bieler Sees gelegene Insel Saint Pierre, welche man in Neuchâtel die Insel Mothe nennt, hat einen Umfang von ungefähr einer halben Stunde, auf dieser kleinen Fläche jedoch bringt sie alle zum Leben hauptsächlich notwendigen Erzeugnisse hervor. Sie umfasst Äcker, Wiesen, Obstgärten, Waldungen, Weinberge, und das Ganze hat dank der mannigfachen, hügligen Bodenbildung eine um so angenehmere Lage, als die einzelnen kleinen Landschaften nicht alle auf einmal sichtbar sind, sondern sich vielmehr durch die überraschende Abwechslung gegenseitig in ihren Reizen steigern und die ganze Insel für größer erscheinen lassen, als sie in Wirklichkeit ist. Eine sehr hoch aufsteigende Terrasse bildet den nach Gleresse und Bonneville zu gelegenen westlichen Teil der Insel. Diese Terrasse ist mit einer langen Allee bepflanzt, welche in der Mitte von einer großen Halle unterbrochen wird, in die während der Weinlese sonntags das Volk von allen benachbarten Ufern zusammenströmt, um zu tanzen und sich zu vergnügen. Auf der ganzen Insel befindet sich nur ein einziges, aber geräumiges und bequemes Haus, das vor allen Winden geschützt in einer Vertiefung gelegen ist [...].

Fünf- oder sechshundert Schritte vor der Südseite der Insel liegt ein zweites, bei weitem kleineres, unbebautes und ödes Eiland, das einst von seiner größeren Schwester durch Stürme losgerissen worden zu sein scheint und auf seinem Kiessande nur Weiden und Knöterich hervorbringt, nichtsdestoweniger aber birgt es einen hochgelegenen, rasigen und ungemein lieblichen Hügelkopf."[106]

Die einstmals nur einen halben Quadratkilometer große Insel hat sich durch Absenkung des Wasserspiegels und unter Einschluss des südlichen Eilands zu einer Halbinsel gewandelt und sich dadurch um ein Mehrfaches vergrößert. Die ursprünglichen Konturen sind z. T. nicht mehr deutlich erkennbar. Aus Rousseaus Zeit findet sich ein bewaldeter Hügel an der Nordwestseite, dessen Südosthang wie ehedem als Weinberg genutzt wird. Er läuft in Weideflächen aus. Ein »Chloster«, dessen Gebäudeteile bis ins 11. Jahrhundert zurückreichen, dient heute als Hotel gehobenen Ansprüchen. 1765 beherbergte es Rousseau und seine Frau Thérèse in einer einfachen Kammer, der eine Küche angegliedert war. Beide Räume wurden museal gestaltet und können besichtigt werden. Original sind der Kachelofen und eine Luke im Fußboden. Darin soll der prominente Denker die Flucht vor zudringlichen Besuchern gesucht haben. Der Lieblingsort Rousseaus war ein nahegelegener Pavillon – die von ihm erwähnte „Halle" – aus dem Jahre 1728. Bis ins 19. Jahrhundert fand er als Tanzhaus Verwendung, in dem ständeübergreifend gefeiert wurde.

Rousseau kannte jeden Winkel der Eilands. Abgesehen vom Landzuwachs der St. Petersinsel seit dem 19. Jahrhundert ist somit jeglicher Quadratmeter mit Rousseau verbunden. Gepflegte Wege laden heute zu kurzen oder längeren Spaziergängen ein. Von Erlach gelangt man auf ebener Strecke zu Fuss oder mit dem Fahrrad zum Chloster und die anderen Orte. (Touristen ist der Autoverkehr untersagt.) Linienschiffe zwischen Biel und Erlach laufen die Insel an. Sie ist zudem mit Taxi- oder Privatbooten erreichbar.

...und im Park von Ermenonville

Nur wenig mehr als vierzig Tage, nahezu die gleiche Zeit, die er auf der St. Petersinsel erleben durfte, waren Rousseau als Gast in Ermenonville vergönnt. Auch seine letzte Ruhestätte auf der Pappelinsel im See des Anwesens des Marquis de Girardin erwies sich als nur von kurzer Dauer.

Die 1763 begonnene Anlage eines Parks im englischen Stil – möglicherweise die erste auf dem europäischen Kontinent – fand nicht nur als letzter Wohn- und Begräbnisort Rousseaus über die Grenzen Frankreichs hinaus große Beachtung. Auch die von Rousseau mit inspirierte Gartenkunst, die sich in Ermenonville entfaltete, weckte internationales Interesse. Der Besitzer des Anwesens, René Louis Marquis de Girardin, wirkte als der maßgebliche Schöpfer des Parks. Er hatte zuvor in England verschiedene Landschaftsparks studiert und veröffentlichte 1777 eine wenig später ins Deutsche übersetzte Lehrschrift mit dem Titel *Von Verschönerung der Natur um Landwohnungen.* Neben zweihundert englischen Gartenarbeitern beschäftigte er den angesehenen Landschaftsgärtner und Gartentheoretiker Jean-Marie Morel. Zwischen Girardin und Morel kam es allerdings zu Zwistigkeiten darüber, ob die Gestaltung des Parks eher pittoresk, also nach dem Vorbild idealisierender Landschaftsmalerei, oder noch »natürlicher« wirken sollte; gleich Rousseau lehnte Morel Tafeln mit Inschriften sowie Staffagebauten (»fabriques«) wie Türme, Tempel und künstliche Ruinen ab, auf die Girardin nicht verzichten wollte. Obwohl das Renommee des Parks bald durch Veröffentlichungen wuchs, verlor die Anlage zusehends an Substanz. Ein verheerendes Unwetter und die Vernachlässigung des Landschaftsgartens während der Revolutionszeit richteten Schäden an, die nicht behoben wurden. 1794 verließ Girardin den Ort und der Park verfiel weitgehend. Spätere Besitzer veränderten seine ursprüngliche Gestalt. Zurück blieb der südliche Teil, der jetzige »Parc Jean-Jacques Rousseau«. Anmut und Schönheit machen die heute sehr gepflegte Anlage mit ihrem Zusammenspiel von Rasenflächen, Teichen und bewaldeten Hügeln zu einem Ort des Wohlfühlens und laden zum Spazierengehen und Träumen ein. Hauptattraktion bleibt wie eh und je die »Île de Peupliers«, Rousseaus ehemalige Grabstätte im künstlich aufgestauten »Petit Etang«, die heute nur von dessen Ufern aus betrachtet werden kann.[107] Der Wanderer Friedrich Hölderlin widmete ihr in seiner Ode *An die Ruhe* die Verse: „Denn sieh', es wallt der Enkel zu seinem Grab, / Voll hohen Schauers, wie zu des Weisen Grab, / Des Herrlichen, der, von der Pappel / Säuseln umweht, auf der Insel schlummert."[108]

Aufmerksamkeit unter den Staffagebauten im Park verdient ein »Tempel der modernen Philosophie«. Er ist Michel de Montaigne geweiht, „der alles gesagt hat", wie die Inschrift behauptet.[109] Es handelt sich um eine nach oben hin offene künstliche Ruine, die symbolträchtig der Vervollständigung wartet. Neben bereitliegendem noch ungenutztem »Baumaterial« erheben sich Säulen, die den seinerzeit »modernen« Philosophen von Descartes bis Rousseau gewidmet sind und diese jeweils mit einem Begriff charakterisieren. Für Rousseau wurde naturgemäß das Etikett „naturam" gewählt. Sein prominenter ewiger Widersacher Voltaire muss sich mit einem »ridiculum« begnügen, also mit seiner Rolle als Meister des Spotts. Vielleicht schwingt dabei auch ein »ridiculus« mit, das den Spötter selbst der Lächerlichkeit preisgeben will, zur Genugtuung für Rousseau durch seinen Freund Girardin. Dieser bewohnte ein in Sichtachse der Pappelinsel befindliches Wasserschloss. Es dient heute als Hotel.

Rousseau-Büste

St. Petersinsel

Wiese mit Blick auf den Bieler See

Das Chloster

Der Weinberg
Der Pavillon

Ermenonville

Blick auf »La Grande Rivière«

Das Schloss

Diese Seite: Umgebung des Schlosses
Nächste Doppelseite: Zugang zur »Prairie Arcadienne«

Spazierweg durch den Park

Die künstliche Ruine des »Tempels der modernen Philosophie«

Blick über den „Kleinen Teich" zum Tempel

Nächste Doppelseite: Die Pappelinsel mit Rousseaus Sarkophag

Fahren zeigt Ohnmacht, Gehen Kraft –

Johann Gottfried Seume auf Sizilien

Mit einem Buch ist er auf einen Schlag berühmt geworden. Den Anlass dazu bot ein unglaubliches Vorhaben, ein *Spaziergang nach Syrakus im Jahre 1802*, ausgehend vom Städtchen Grimma in Sachsen und wieder dorthin zurückkehrend. Der wandernde Autor hieß Johann Gottfried Seume und war bei seinem Abmarsch achtunddreißig Jahre alt. Er hatte bereits ein ereignis-, aber auch entbehrungsreiches Leben hinter sich, unter anderem als Sohn eines in Armut fallenden Land- und Gastwirts, den Krankheit, Frondienste und Demütigung das Leben kosteten, sowie als alimentierter Student der Theologie und als unfreiwillig rekrutierter Söldner in Nordamerika. Nach Desertion und Kerkerhaft, Zweitstudium der Jurisprudenz, Philologie, Philosophie und Geschichte bekleidete er eine Stelle als Lieutenant in russischen Diensten, durch die er in polnische Kriegsgefangenschaft geriet. Nach dem Ausscheiden aus dem Militär erhielt er eine Anstellung in der Druckerei seines Freundes Georg Joachim Göschen in Grimma. Als Korrektor bearbeitete Seume die Werke solch bedeutender Autoren wie Iffland, Wieland und Klopstock. Da Seume sich selbst zum Dichter berufen fühlte, beschränkte er sich nicht nur darauf, Fehler in Manuskript, Satz und Druck auszumerzen, sondern entwickelte zusätzlich einigen Ehrgeiz, die Manuskripte darüber hinausgehend zu verbessern, was sich verständlicher Weise nicht alle Autoren ohne Weiteres bieten ließen. So kam es bald zu Beschwerden Klopstocks bei seinem Verleger. Seume wendet sich brieflich an den tadelnden „Verehrungswürdigen Mann" und räumt Versehen ein. Zugleich führt er Klage über Fehler und Inkonsequenzen im Manuskript des Literaturstars und weist nach, dass ein Teil der Beanstandungen auf das Konto des Dichters selbst gehen, denn diese entsprächen der Druckvor-

Johann Gottfried Seume (1763–1810)
nach einer Zeichnung von Johann Chr. Reinhart

lage. Seume resümiert: „Die ganze Nation hält Sie mit Recht für den größten ihrer Dichter und für eine der ersten Zierden des Jahrhunderts; aber die ganze Nation kann nicht glauben, dass Sie unfehlbar sind." Klopstock muss Versäumnisse eingestehen; allerdings kränkt er Seume, da er ihn keiner Antwort würdigt, sondern lediglich seinem Verleger schreibt. Seume fühlt sich bestätigt in seiner Vermutung, in den Augen des bewunderten Klopstock lediglich „ein ganz gewöhnlicher Lohnabeiter [zu] sein" und bloß „eine der schwersten Arbeiten der literarischen Handlangerei gemacht zu haben."[110]

Schließlich schreibt er resigniert: „Da sitze ich in einem alten polnischen Mantel, friere an den Fingern und skandiere Klopstocks zwanzigstes Buch der Messiade, weiß der Himmel zum wievielsten Male." Schon vorher hatte er bemerkt: „Wenn ich so fort korrigiere, fürchte ich nur, mein ganzes Leben wird ein Druckfehler werden; darum werde ich wohl bald das ganze Korrektorwesen radicitus korrigieren müssen."[111] Das tat er dann auch, indem er sich Stiefel anfertigen ließ, seinen Tornister schnallte, den Knotenstock ergriff und sich auf Wanderschaft begab. Für Seume war, wie er selbst bemerkt hat, sein „Gang nach Sizilien [...] vielleicht der erste ganz freie Entschluss von einiger Bedeutung."[112]

Gleichwohl ist Seume nicht der erste und einzige gewesen, der ausschreitende Fußreisen machte. Mönche und Studenten, Pilger und Handwerksburschen, Schausteller und Hausierer gingen weite Strecken zu Fuß. Einer von Seumes Vor-Gängern, der Sturm-und-Drang-Schriftsteller Karl Philipp Moritz schreibt in seinen *Reisen eines Deutschen in England im Jahre 1782*: „[Ich habe] schon so manches Ungemach als Fußgänger erfahren, dass ich beinahe unschlüssig bin, ob ich meine Reise so fortsetzen soll oder nicht. Ein Fußgänger scheint hier ein Wundertier zu sein, das von jedermann, der ihm begegnet, angestaunt, bedauert, in Verdacht gehalten und geflohen wird [...]."[113] Wanderer reisten riskant und waren bis in Seumes Zeit oft nicht gut angesehen, vermutete man in ihnen doch Landstreicher, Spione und anderes gefährliches Gesindel, so dass ihnen nicht selten Stadttore und Wirtshäuser verschlossen blieben oder sie sich mit erbärmlichen Unterkünften zu Wucherpreisen begnügen mussten.

Im Vergleich zu den meisten Fußreisen fallen zwei Unterschiede zu Seumes Unternehmungen auf: die jeweils sensationell längeren Strecken und die völlig selbstbestimmten und neben einem touristischen Interesse scheinbar nahezu zweckfreien Reisen. In der Vorrede zur kurz vor Aufbruch erschienenen Sammlung seiner Gedichte gibt der Verfasser sein Vorhaben der Öffentlichkeit preis und äußert sich zu dessen Gründen: „Freilich habe ich in Italien nichts zu tun, als vielleicht nur der Mediceerin ein wenig auf und in die Händchen und dem Vater Ätna in den Mund zu sehen und eine Idylle Theokrits auf der Landspitze von Syrakus zu lesen: aber ich sehe nicht, warum mir diese Grille nicht eben so lieb sein soll als einem anderen die seinige."[114] Das machte Seumes Projekt suspekt und wirkte subversiv, stellte es doch herkömmliches Nützlichkeitsdenken und Arbeitsethos in Frage. Sein Arbeitgeber und Freund Göschen bemerkt: „Seume will übers Jahr nach Italien. Warum? Das wissen er und die Götter, und ich mag mich nicht darum bekümmern. Er ist ein braver Mann; aber seine Reise scheint mir nicht hinlänglich gerechtfertigt zu sein!"[115]

Motivation, sich auf den Weg zu machen, besaß Seume dennoch genug. Ein Vierteljahr vor seinem Aufbruch schreibt er an seinen Mäzen, den Dichter Johann Wilhelm Ludwig Gleim: „Die Zeit meiner Pilgerschaft rückt immer näher und ich kann nicht [ver]bergen, dass ich mich darauf freue, nach so manchem durchsessenen Jahre wieder etwas auf die Beine zu kommen. Vielleicht tritt auch mein Kopf dabei in bessere Fugen, und die linke Seite [,mein Herz,] erweitert sich. Man versitzt sich in die Länge an Leib und Seele."[116] Später heißt es in einem Brief an Karl August Böttiger, einem der bedeutendsten Intellektuellen der Goethezeit: „Ich will mir bloß kosmisch das Zwerchfell etwas auseinander wandeln ohne einen anderen näheren Zweck".[117] Das Zwerchfell galt in der griechischen Antike als Sitz der Seele. Seumes Bemerkung als eines Kenners des Altertums und seiner Sprachen deutet somit die geplante Wanderung als einen Akt psychischer Befreiung zum Nutzen und Wohl von Geist und Empfindungsvermögen und zur Ertüchtigung des Leibes. Wandern – der Autor benutzt lieber das Wort „spazieren", abgeleitet von lat. spatium gleich Raum – bedeutet ihm „Land gewinnen", „Raum greifen", „das Weite suchen". Es wird ihm zum Mittel der Selbst-

Travel with a cause (TWAC) ist der Name eines australischen Reiseveranstalters, der seine Gewinne wohltätigen Zwecken zur Verfügung stellt. Denn eine Reise ohne – hinreichenden – Grund scheint auch heute noch zu irritieren. Sie darf nicht Selbstzweck sein, sondern muss der Erholung, der Bildung oder anderen Bedürfnissen dienen. *Travel with a cause* dient auch als Motto für eine klimaneutrale »Schokofahrt«, auf der von Freiwilligen in ihrer Freizeit unter fairen, biologischen und nachhaltigen Bedingungen produzierte und gehandelte Schokolade über hunderte von Kilometern mit Lastenfahrrädern von Amsterdam nach Deutschland transportiert wird. Darin wirkt eine geläufige Praxis des Pilgerns nach, und zwar sich den zu absolvierenden Weg zum Ziel beschwerlich zu machen. Auch Seumes »Spaziergang« lässt sich so deuten, allerdings darf dies nicht als dessen Zweck missverstanden werden.
Wandern ohne Grund: „Wenn man spazieren geht: so ist das Spazierengehen selbst die Absicht, und je länger also der Gang ist, desto angenehmer ist er uns", meint der Philosoph Immanuel Kant in seiner Abhandlung *Über Pädagogik.* (Königsberg 1803, S. 54) „Ich gehe um des Gehens willen", schreibt Christine Thürmer in ihrem Buch *Laufen. Essen. Schlafen.* (München 2016, S. 198) Die erfolgreiche Managerin fand im Langstreckenwandern ihr Glück. Sie erlebte dabei, wie sie ein anderer Mensch wurde, empfand Stolz über die Erfahrung der eigenen körperlichen und mentalen Stärke und entsagte in der Folge herkömmlichen Lebensentwürfen wie berufliche Karriere oder Familie, um „verdammt nah dran an der Natur" (S. 133) zu sein. „Vor allem lerne ich, worauf es mir beim *thruhiking* wirklich ankommt: nämlich auf das Draußensein in der Natur und das unkomplizierte, freie Leben auf dem Trail – und nicht auf die spektakuläre Landschaft..." (S. 257) Nach mittlerweile ca. 60.000 km zu Fuß nennt sich die moderne Nomadin „Die meistgewanderte Frau der Welt". (Siehe https://christinethuermer.de) Der Philosoph und Pädagoge Otto Friedrich Bollnow behauptet in seiner Schrift *Mensch und Raum* (Stuttgart 1963, S. 110): „Der Wanderer wandert nicht, um ein bestimmtes Ziel auf dem schnellsten Weg zu erreichen, sondern er wandert um des Wanderns willen. Das Wandern ist Selbstzweck. Das heißt nicht, dass er sich nicht auch ein Ziel setzt, einen Berg zu ersteigen, einen Aussichtspunkt zu besuchen und abends ein Gasthaus zu erreichen, aber diese Ziele dienen nur dazu, seiner Wanderung einen Inhalt zu geben." Damit benennt der Autor eine Form temporärer Lebensgestaltung, zu deren Protagonisten auch Seume gehört.
Nicht immer jedoch lassen sich der Inhalt und der vielleicht nur verborgene Sinn einer Wanderung trennen, gerade dann nicht, wenn das Gehen existenzielle Bedeutung oder den Charakter einer Pilgerschaft annimmt, z. B. wenn es dabei um die Liebe geht wie bei Seume oder um den Tod wie bei Werner Herzog. In Herzogs Reisetagebuch *Vom Gehen im Eis* (München 1978, S. 7) wird bemerkt, dass die Wanderung des Autors – einer Beschwörung gleich – dem Zwecke diene, die Filmhistorikerin Lotte Eisner vor dem Tod zu retten: „Ich ging auf dem geradesten Weg nach Paris, in dem sicheren Glauben, sie werde am Leben bleiben, wenn ich zu Fuß käme." In Patrick Süßkinds Novelle *Die Geschichte von Herrn Sommer* (Zürich 1991, S. 106 ff.) gilt dem Erzähler das immerwährende hastige und rastlose Wandern der Titelfigur als Daseinsausweis eines Mannes, „der sein Leben lang auf der Flucht war vor dem Tod." Herzog »rettet« vorerst das Leben Lotte Eisners, Herr Sommer begeht schließlich Suizid.

sorge und dabei vor allem der Sorge um sein Seelenwohl. So erklärt sich auch Seumes Wortwahl »Pilgerschaft«. Ohne Amt und Würden, für sein Auskommen nur eine öde und demütigende Brotarbeit, die ihn zu körperlicher Trägheit zwang, und schließlich und letztendlich die unglücklich endende Liebe zu einer Leipziger Kaufmannstochter mochten ihn mit dazu bewogen haben, am 6. Dezember 1801 zu seiner Reise aufzubrechen. „Jenen, die mich fragen, warum ich auf Reisen ginge, pflege ich zu antworten, dass ich zwar wusste, wovor ich fliehe, nicht aber wonach ich suche."[118] Diese Worte des 220 Jahre zuvor reitenden Reisenden Michel de Montaigne hätten Seume vor seinen Bekannten womöglich „hinlänglich gerechtfertigt". Im Vergleich zu Montaigne, der nach eigenen Angaben auf seiner Grand Tour sich acht bis zehn Stunden ununterbrochen im Sattel halten konnte, glich Seumes Fortbewegungsweise einer Extremsportart: in 8 $^{1}/_{2}$ Monaten mehr als die Hälfte der rund siebentausend Kilometer Strecke zu Fuß über die Alpen, über Venedig, Bologna und Rom den italienischen Stiefel hinab bis Neapel, mit dem Schiff nach Sizilien, meist fußläufige Umrundung der Insel und Besteigung des Ätna; über Rom und die Schweiz nach Paris und schließlich zurück nach Sachsen. Abgesehen von einigen Etappen mit Schiff, Maulesel und Kutsche bedeutete dies für den Wanderer, der sich kaum eine Pause gönnte, eine immense Tagesleistung, die nicht unbezweifelt blieb. Keinesfalls war sie ein geruhsamer Spaziergang, wie der Titel des Reiseberichts vermuten lässt, und nicht nur eine Laune („Grille"), sondern eine von langer Hand vorbereitete, durchaus beschwerliche und nicht ungefährliche Flucht.[119] Wie dem auch sei, unter romantischer Perspektive betrachtet braucht eine Reise keinen tieferen Grund und keinen höheren Zweck; Neugier, die Lust eines „Menschen, der Menschen studieren will"[120], Fernweh, Abenteuer- und Wanderlust schienen Seume vollkommen genügend und wurden schließlich durch den Erfolg seines Buches legitimiert.

Wenige Jahre später, im Sommer 1805, suchte Seume erneut das Weite. Auch diesmal meldet sich Göschen zu Wort: „Glauben sie ja nicht, Seume habe eine Absicht bei seiner Reise. [...] Er geht, um zu gehen, oder um etwas zu vergehen. Ergehen wird er sich nichts."[121] Wieder trieb ihn Liebeskummer fort. Der mittlerweile über Vierzigjährige fühlte sich zu einer neunzehnjährigen Bankierstochter hingezogen, der er Italienischunterricht gab. Sie aber war bereits einem Berliner Kaufmann versprochen. Als weiterer Reisegrund kann ein Fußleiden gelten, verursacht durch eine Schussverletzung während seiner nordamerikanischen Militärzeit, das er durch „einige hundert Meilen zu Fuß gehen"[122] lindern wollte. Erneut bildete die Diätetik einen wichtigen Antrieb für seine zweite große Wanderschaft. An Böttiger schreibt er: „Zu Ende des Monats denke ich hier wegzutornistern [...]. Ich werde wohl genötigt sein, mich wieder etwas in die Welt hinaus zu werfen zu meinem physischen und moralischen Wohlbefinden."[123] Seume zog es daraufhin nach Norden zur Umrundung der Ostsee. Vorhaben und Reiseroute fanden alsbald in einer Zeitungsmeldung Verbreitung: „Unser wackerer Seume, [...] der Spaziergänger nach Syrakus, ist auf einer neuen Wanderung begriffen. Es riss ihn unwiderstehlich fort. Er musste den Wanderstab ergreifen. [...] Kleine Handexemplare des Pindar und Tacitus sind diesmal seine einzigen Begleiter."[124] Nach solcher Reklame fand auch diese Reise ihren Niederschlag in einem Buch, das der Verfasser *Mein Sommer 1805* betitelte. Bevor Seume seine Erlebnisse auf seinen Wegen durch Polen, Litauen, Lettland, Estland, Russland (St. Petersburg und ein Abstecher nach Moskau), Finnland, Schweden und Dänemark beschreibt, wendet er sich an den „lieben Leser" mit den Worten:

„Diesmal habe ich nur den kleinsten Teil zu

Fuße gemacht, ungefähr nur hundertundfünfzig Meilen. Lieber wäre es mir und besser gewesen, wenn meine Zeit mir erlaubt hätte, das Ganze abzuwandeln. Wer geht, sieht im Durchschnitt anthropologisch und kosmisch mehr, als wer fährt. Überfeine und unfeine Leute mögen ihre Glossen darüber machen nach Belieben; es ist mir ziemlich gleichgültig. Ich halte den Gang für das Ehrenvollste und Selbständigste in dem Manne und bin der Meinung, dass alles besser gehen würde, wenn man mehr ginge. Man kann fast überall bloß deswegen nicht recht auf die Beine kommen und auf den Beinen bleiben, weil man zu viel fährt. Wer zu viel in dem Wagen sitzt, mit dem kann es nicht ordentlich gehen. Das Gefühl dieser Wahrheit scheint unaustilgbar zu sein. Wenn die Maschine steckenbleibt, sagt man doch noch immer, als ob man recht sehr tätig dabei wäre: „Es will nicht gehen." Wenn der König ohne allen Gebrauch seiner Füße sich ins Feld bewegen lässt, tut man ihm doch die Ehre an und spricht nicht anders als: „Er geht zur Armee; er geht mit der Armee, nach der Regel a potiori." Sogar wenn eigentlich nicht mehr vom Gange die Rede sein kann, behält man zur Ehrenbezeigung doch noch immer das wichtige Wort bei und sagt: „Der Admiral geht mit der Flotte und sucht den Feind auf"; und wo die Hoffnung aufhört, spricht man: „Es will nicht mehr gehen". Wo alles zu viel fährt, geht alles sehr schlecht, man sehe sich nur um! Sowie man im Wagen sitzt, hat man sich sogleich einige Grade von der ursprünglichen Humanität entfernt. Man kann niemand mehr fest und rein ins Angesicht sehen, wie man soll; man tut notwendig zu viel oder zu wenig. Fahren zeigt Ohnmacht, Gehen Kraft. Schon deswegen wünschte ich nur selten zu fahren, und weil ich aus dem Wagen keinem Armen so bequem und freundlich einen Groschen geben kann."[125]

Wie vormals Rousseau – und dessen Ansinnen nicht unähnlich – widmet sich Seume hier einer kleinen Philosophie des Wanderns und verweist dabei auf Zusammenhänge, die er „anthropologisch und kosmisch" nennt. Dies meint einerseits ein Interesse, ja mehr noch: eine Lust an den Menschen und ihrer Welt. Begleitet wird dies von einem hohen sittlichen Anspruch an sich selbst: „Wahrheit und Gerechtigkeit werden immer mein einziges Heiligtum sein", formuliert er bereits in der Vorrede des *Spaziergangs*.[126] Andererseits geht es auch um die Voraussetzungen dafür, all dieses zu befriedigen. Der griechische Philosoph Protagoras behauptete vor gut 2 $^1/_2$ Tausend Jahren, der Mensch sei das Maß aller Dinge. Aber worin besteht dessen Maßeinheit? Es sind nicht nur die Kategorien des menschlichen Verstandes und die Größe der menschlichen Gliedmaßen, die sich dafür eignen. Für Seume gehört dazu auch das Gehen als die natürliche Art seiner Fortbewegung. Darin liegt „anthropologisch" die Bedingung „ursprünglicher Humanität". Nur so, in der entschleunigten Bewegung kann menschliche Begegnung von Angesicht zu Angesicht stattfinden, ohne das rechte Maß im Umgang miteinander zu verlieren. Seume entdeckt auf diese Weise und vielleicht als erster die moralische Kraft des Wanderns.

„Kosmisch" hingegen bedeutet für den Kosmopoliten (und Patrioten) Seume die Welt in ihrer Ordnung, Erhabenheit und Schönheit.[127] Diese wird ebenfalls durch Gehen zugänglicher als mittels Vehikeln. Man „sieht [...] mehr" in ruhiger und langsamer Bewegung – und dies scheint nicht nur quantitativ zu gelten. Es ist die Entdeckung der Langsamkeit, die auch heute noch und mehr denn je Bedeutung und Berechtigung besitzt. Das Gehen wird Seume somit zu einer Schule der Achtsamkeit. Dabei werden Distanz durch Nähe ersetzt sowie Hast und Zerstreuung entgegenwirkt, die ihren Ursprung haben in einer Mobilität jenseits des natürlichen menschlichen Maßes.

Auf dem Fundament des Sensualismus eines John Locke[128] formuliert Johann Gottfried

Seume zu Beginn der Industrialisierung bereits im Kern, was der Philosoph Günther Anders *Die Antiquiertheit des Menschen* nennen wird.[129] Damit ist die emotionale und geistige Überforderung des Menschen durch den selbst gemachten technischen Fortschritt gemeint. In diesem Sinne arbeitet auch Seume an dem, was er Aufklärung nennt: „richtige, volle, bestimmte Einsicht in unsere Natur, unsere Fähigkeiten und Verhältnisse, heller Begriff über unsere Rechte und Pflichten und ihren gegenseitigen Zusammenhang."[130] Die praktische Umsetzung dieses Vorhabens lässt sich ablesen an den Reisebeschreibungen des Autors, der nicht nur offenen Sinnes unterwegs ist, sondern auch mit einem Tempo, das der Aufnahmebereitschaft seines Wahrnehmungs-, Empfindungs- und Verstandesvermögens angepasst ist. Die propagierte Entschleunigung hinderte den reisenden Autor allerdings nicht daran, hin und wieder die Vorteile zu genießen, die die Fortbewegung mit einer Postkutsche zu bieten hatte, auch und gerade dann, wenn aus Not auf sie zurückgegriffen werden musste. Vollmundig konnte Seume zu Beginn der ersten Wanderetappe seiner Ostseerundreise behaupten: „Man fühlt sich nie mehr in seiner Kraft, als wenn man geht [...]."[131] Nach einer Gewalttour von 63 Werst an einem Tage – umgerechnet 67 Kilometer – war mit dem Gehen erst einmal Schluss. Bei seinem Anspruch, die „richtige, volle, bestimmte Einsicht in unsere Natur, unsere Fähigkeiten" zu erlangen, hatte sich der Wanderer diesmal übernommen und musste es an den Füßen schmerzlich büßen, was seinen Bewegungsradius per pedes für den Rest der Reise deutlich einschränkte.[132]

Neben Beobachtungen, die sich ebenso in einem typischen Reiseführer finden ließen, richtete sich Seumes touristisches Interesse allerdings nicht vorrangig auf Kunst- und Naturschönheiten, wie es die klassische Bildungsreise verlangte. In Opposition zu Goethe und dessen *Italienischer Reise*[133] versteht sich Seume als „Proletarier" und bekennt: „Städte und Gegenden und Menschen und ihre Pracht anzustaunen, ist eben nicht meine Sache [...], aber wo ich Großes und Gutes sehe, bleibe ich gern mit Achtung stehen. Bis zur Bewunderung steigt meine Seele nur selten."[134] Dennoch folgt Seume den Routen der Grand Tour wie Montaigne und Goethe und sucht Orte auf, die den klassischen Bildungstouristen ebenfalls lockten. Zugleich betrachtet er aufmerksam und mit lebhafter Anteilnahme die sozialen Verhältnisse, in denen ihre Bewohner leben, fahndet nach den politischen und ökonomischen Ursachen davon, um gegebenenfalls deutlich Klage zu führen. Das liest sich in *Mein Sommer 1805* dann so:

„Wenn ich ein deutscher Bauer wäre und sechs Söhne und keine andere Aussicht für sie hätte, als sie, auch unter guten Bedingungen, nach Russland auf das Land zu schicken; bei der Heiligkeit jeder Tugend, ich würde sie alle Sechse niederschießen, ehe ich sie hinschickte und der Stammvater eines Sklavengeschlechts würde. Dass die Regierung ihnen die Freiheit sichert, gibt keine Sicherheit. Der Edelmann hätte sie wenigstens im dritten Gliede schon in den Klauen. Wo das System Sklaverei ist, findet keine Rettung statt. Man geht von der Sklaverei zur Despotie, und von dieser zur Sklaverei. Wo die große Klasse in der Leibeigenschaft zieht, ist kein einziger für die Freiheit seiner Nachkommen sicher. Und wer, auch ohne Nachkommen, nichts für Nachkommen fühlt, gehört zur Sentine der Weggeworfenen."[135]

Das blieb nicht ohne Folgen. Als Johann Gottfried Seumes zweiter Reisebericht 1806 erscheint, wird er in Süddeutschland, Österreich und Russland erst einmal verboten.

Dem Verfasser bleiben noch vier Lebensjahre mit kürzeren Fußreisen. Schwere Erkrankungen im Jahre 1808 – Fuß- (!), Blasen-, Nierenleiden und Gicht – machen ihn berufsunfähig, bringen ihn in finanzielle Bedräng-

C. G. H. Geißler: Johann Gottfried Seume (1808)

nis, ermöglichen ihm jedoch weitere literarische Arbeiten. Große Schmerzen plagen ihn und er spielt wiederholt mit dem Gedanken, seinem Leben ein Ende zu setzen. Freunde unterstützen ihn und finanzieren ihm einen Kuraufenthalt im heute tschechischen Teplitz, wo er bald nach seiner Ankunft stirbt und begraben wird. Die lang ersehnte und endlich gewährte Pension durch den russischen Zarenhof für geleistete militärische Dienste erreicht ihn nicht mehr. Johann Gottfried Seumes Freund Christoph Martin Wieland würdigt den Dichter, Wanderer und Philanthropen mit den Worten: „die Menschheit hat an ihm eine ihrer größten – leider! unerkannten – Zierden verloren!"[136]

Heute werden neben der Redlichkeit und der Humanität seines Charakters zunehmenc die literarische Gestalt und der kreative Gehalt von Seumes Reiseberichten erkannt und anerkannt, obwohl deren Faktentreue hin und wieder den Selbstinszenierungen des Autors weichen musste.[137] Ähnlich seinen Vor-Gängern, den eher verinnerlichten Wandlern und Wanderern Montaigne und besonders Rousseau, machte auch der spazierende Seume – wohlkalkuliert – „mit [s]einen Gedanken tausend Circumherumschweife".[138] Zugleich verspürte er den Antrieb, sich „in die Welt hinaus zu werfen". Mit seinen subjektiven und eigenwilligen Reisebeschreibungen, die auf das persönliche Reiseerlebnis setzen und einen kritischen Blick auf die Alltagswelt sowie die politischen und sozialen Zustände im Reiseland werfen, hat der meinungsstarke Spätaufklärer literarische Nachahmer und bleibende Anerkennung gefunden. Des Wanderers Spuren folgten seit der Epoche der Romantik zahlreiche Gleichgesinnte. Sein Markenzeichen war sein „stattlicher Tornister" aus Seehundfell, von dem er behauptete, er fände „überall so viel Beifall und Liebhaber, dass man mir einige Male sagte, man würde mich bloß meines Tornisters wegen totschlagen."[139] Selbstbewusst wollte Seume nicht für „einen gewöhnlichen Tornistermann"[140] gelten und hat auf diese Weise einiges zum Reise- und Lebensstil des modernen »Backpackers« beigetragen.

Heute noch kann Seumes Art zu reisen als vorbildlich gelten: Er ist gut vorbereitet auf Land und Leute, Sprachkenntnisse inklusive; besitzt Interesse an den Einheimischen, besonders für die soziale Lage der sogenannten kleinen Leute; im Auftreten zeigt er sich bescheiden und freundlich; bei der Fortbewegung und beim Logieren schont er Ressourcen... Sogar für das gemeinschaftliche Reisen lässt sich von Johann Gottfried Seume lernen: „Der Stärkste der Gesellschaft muss sich nach dem Schwächsten richten und der Reichste nach dem Ärmsten."[141] Was das bedeutet, bringt eine typische Bemerkung des Autors zum Ausdruck, der am Ende seines *Spaziergangs nach Syrakus* nicht vergisst, wem er seine Wanderschaft mit zu verdanken hat: „Zum Lobe meines Schuhmachers, des mannhaften, alten Heerdegen in Leipzig, muss ich Dir noch sagen, dass ich in den nämlichen Stiefeln ausgegangen und zurückgekommen bin, ohne neue Schuhe ansetzen zu lassen, und dass diese noch das Ansehen haben, in baulichem Wesen noch eine solche Wanderung mit zu machen."[142]

Seume hat seine Wandertheorie nicht ausgearbeitet. Wichtiger als das Wandern war ihm seine humane aufklärerische Botschaft. Äußerlich wird das daran sichtbar, dass ihn wenigstens zwei seiner Porträts als Wanderer mit Jakobinermütze zeigen, dem Freiheits- und Unabhängigkeitssymbol der Französischen Revolution.

Seumes Sizilien

Dem Sizilienaufenthalt widmet Seume in seinem ersten Reisebericht breitesten Raum. Die sizilianische Reiseroute des Wanderers ist heute fast durchgängig als Landstraße, Autobahn oder Schienenstrang ausgebaut, mit kilometerlangen Tunneln, die dem eiligen Reisenden naturgemäß nur einen flüchtigen Blick auf Stadt, Landschaft und Meer gewähren. Seume wäre vermutlich ungehalten darüber.

Maulesel und Pfade für Tier und Treiber sowie die von Seume registrierten wenigen kutschentauglichen „Fuhrgleise" sind weitgehend verschwunden. Relativ gesehen scheint der so gewonnene landestypische Fahrkomfort sich gleichwohl nur wenig von Seumes Reisebeschwernissen zu Fuß und per Tragtier zu unterscheiden. Denn die meist miserablen Straßenzustände und der anarchische Fahrstil der Insulaner verlangen von den Reisenden höchste Aufmerksamkeit und Nervenstärke. Schmutz und Kot, die der sächsische Spaziergänger seinerzeit in den Städten vorfand, verteilen sich heute gehäuft an den Straßenrändern und Parkplätzen, Drohungen bei Verstößen gegen Ordnungsvorschriften zum Trotz. Der Vielfalt natürlicher Landschaft, die Seume – in noch vorindustrieller Zeit – oft rein erleben durfte, entspricht heute die Vielfalt ihrer Nutzung: landwirtschaftlich, industriell und touristisch.

Wo sich der Wanderer einst wohl fühlte – „In Termini erholte ich mich; hier findet man wieder etwas Menschlichkeit und Bequemlichkeit."[143] – kann man sich auch jetzt noch entspannen, z. B. in den seit der Antike genutzten örtlichen Thermalbädern. Zugleich muss man die eng benachbarten emissionsstarken Kraftwerke, Chemieanlagen und Fabriken sowie die Betriebsamkeit an den Seeterminals und die in alle Richtungen wuchernden Stromleitungen tolerieren. Heutige Langstreckenwanderer werden daran wenig Freude haben. So nahm auch der DDR-Flüchtling und -Rückkehrer Klaus Müller lieber den Zug als den Fußweg, um den Spuren Johann Gottfried Seumes im Jahre 1988 bis nach Syrakus zu folgen.[144]

Obwohl die Strecken, auf denen Seume sich auf Sizilien bewegt hat, nicht exakt bestimmbar sind und ein Rundweg aufs Geratewohl nicht angesagt erscheint, ist die größte italienische Insel mit ihren Naturschönheiten und Kunstwerken zu einem beliebten Wanderziel geworden mit einer Vielzahl von markierten Fußwegen und Tourangeboten, die etwas von dem Flair ahnen lassen, das Seume erlebte.

* * *

Seume landet mit dem Paketboot von Neapel kommend in Palermo an. Am Ort begeistert er sich für die Schätze der königlichen Bibliothek, deren Gebäude bis heute den Namen Biblioteca Nazionale trägt, aber Biblioteca Centrale della Regione siciliana heißt. Seume spaziert am Hafen, wo er „Menschen studieren will", besteigt den Monte Pellegrino und ergeht sich im öffentlichen Park Villa Flora, heute der Park Villa Giulia, den schon Goethe mit der Absicht besuchte, dort „ein vollkommenes Labsal" und angesichts dessen botanischen Reichtums „die Urpflanze"[145] zu finden. Der heutige Besucher muss sich mit einem leicht verwilderten und verwahrlosten Zustand begnügen, obwohl die Anwesenheit von Gärtnern mit lautstarken und Staub aufwirbelnden Laubbläsern und anderen Geräten nicht zu ignorieren ist.

Bald bricht Seume mit dem Maultier nach Agrigent auf, besichtigt die Stadt, besucht die Ruinen der nahen altgriechischen Tempel und macht sich seine Gedanken über deren bis heute nicht geklärte Rätsel, z. B. welchen Gottheiten diese Bauten im Einzelnen gewidmet waren. Zum Erschrecken seines Führers und Maultiertreibers erklettert er das Gesims des sogenannten Concordia-Tempels, um ungesichert in luftiger Höhe zu frühstücken. In der sehr gepflegten kostenpflichtigen sogenannten Valle dei templi unserer Zeit sind solche Aktivitäten durch Absperrungen gehindert und selbstverständlich streng verboten.

In den folgenden Tagen wandert Seume auf Irrwegen an Siziliens Südküste entlang und wird von berittenen Räubern überfallen. Diese wundern sich über den Fußreisenden, halten ihn für mittellos, geben ihm sein zuvor konfisziertes Tagebuch wieder zurück und spenden ihm Wein. Glimpflich davongekommen erreicht Seume endlich sein Ziel: Syrakus.[146]

Das alte Stadtzentrum Ortigia scheint ihm wegen seiner Trümmer wenig interessant, denn: „Syrakus kommt immer mehr und mehr in Verfall".[147] Die Trümmer der antiken Neapolis mit ihrem monumentalen Altar, dem ältesten griechischen Theater der Welt, einem römischen Amphitheater und den Steinbrüchen, wo Gefangene zahlreicher Kriege als Sklaven schuften und ihr Leben lassen mussten, wecken um so mehr sein Interesse. Schließlich kann er sich in Syrakus endlich seiner ersehnten Theokrit-Lektüre am Ursprungsort widmen. Kurioserweise hatte der Wanderer das über tausende Kilometer mitgeschleppte Buch im versiegelten Tornister in Palermo zurückgelassen, so dass er sich mit einem Leihexemplar behelfen musste.

Am Wendepunkt seiner Reise begibt sich Seume auf den Weg nach Norden. Catania ist ihm „der lieblichste Ort, den ich in Sizilien gesehen habe."[148] Von dort aus besteigt er in Gesellschaft launiger englischer Lieutenants singend und scherzend den Gipfel des Ätna. Dabei erlebt er die Höhe als magisch und findet dafür nur die Worte: „Wer kann hier beschreiben?"[149]

Über Taormina, Messina und Cefalù führt Seumes Reiseroute wieder nach Palermo zurück. Der nahe Monte Pellegrino, Goethe nannte ihn das „schönste[...] aller Vorgebirge der Welt"[150], reizt ihn ein zweites Mal zum Besteigen. Der Kalksteinfelsen, der bereits in prähistorischer Zeit besiedelt wurde, ist seit 400 Jahren ein beliebter Wallfahrtsort, gewidmet der heiligen Rosalia, Schutzpatronin Palermos. Seume schreibt:[151]

„Noch einmal habe ich die Promenade auf den Monte Pellegrino gemacht, als ob ich auch ein heiliger Pilger wäre. Mich lockte bloß die Aussicht, wiewohl auch die meisten andern Pilger bloß irgendeine Aussicht locken mag. Das Wetter war mir wieder nicht günstig; ich ließ mich indessen nicht abhalten, und stieg bis ziemlich auf den höchsten Gipfel des Felsenbergs hinauf. [...] Ich ging hinaus bis an die äußerste Spitze, wo eine Kapelle der heiligen Rosalia steht mit ihrem Bilde, das füglich etwas besser sein sollte. Die Fremden aller Länder hatten sich hier verewigt und mir wenig Platz gelassen. Alles war voll, und Stirne und Wange und Busen des heiligen Rosalienmädchens waren beschrieben; es blieb mir also nichts übrig, als ihr meinen Namen auf die Nasenspitze zu setzen."

Das Spöttische täuscht über die tieferen Gefühle und höheren Beweggründe hinweg, die den Wanderer begleiten:[152]

„Ich hatte […] nicht auf den Weg Achtung gegeben; […] so fiel ich auf die Nase, welches mir selbst auf dem Ätna nicht begegnet war, […] die Nase blutete mir. Besser die Nase, als das Herz, dachte ich. Auch dieses war mir wohl ehedem etwas enge gewesen; jetzt war ihm längst wieder leicht. Ich hatte aus Gewohnheit noch ein kleines, niedliches Madonnenbildchen an einer seidenen Schnur am Halse hangen, das mir oft das Prädikat der Katholizität erworben hatte. Das Original hatte mich königlich betrogen. Jetzt nahm ich es unwillkürlich von der linken Seite [‚dem Herzen], nach welcher sich das Idolchen immer neigte, schloss unwillkürlich das Glas auf, nahm das elfenbeinerne Täfelchen heraus und erschrak, als ich es heftig unwillkürlich in zehn Stücke zersplittert zwischen dem Daumen hielt. War das lauter Rache Rosaliens […]? Möge[…] sie sich an niemand bitterer rächen! Ich hielt die Trümmerchen in der Hand; Freund Schnorr [von Carolsfeld] mag verzeihen: er hatte mit Liebe an dem Bildchen gepinselt. Einige Minuten hielt mich Phantasus [der Gott des Traums] noch mit Wehmut am Original; ich saß auf einem Felsenstücke des Erkta [so der alte Name des Monte Pellegrino] und sah es im Geist an der Spree [wohin Seumes Geliebte verheiratet wurde] im goldenen Wagen rollen. Rolle zu! Und so flogen die Stücke mit der goldenen Einfassung den Abgrund hinunter. Ehemals wäre ich dem Bildchen nachgesprungen –; noch jetzt dem Original. Aber ich stieg nun ruhiger den Schneckengang nach der Königsstadt [Palermo] hinab; die rötlichen Wölkchen vom Ätna her flockten lieblich mir vor den Augen. Ich vergaß das Gemälde: möge es dem Original wohl gehen!"

Nach dieser symbolisch-pathetischen Befreiungstat, die wohl mehr Anlass zu seinem Spaziergang gegeben haben mag als die Absicht, in Syrakus den Theokrit zu lesen, wird sich der Spaziergänger vielleicht mit noch größerem Vergnügen der schönen Aussicht und seiner Schwärmerei für die Antike gewidmet haben. Dieses kann der moderne Sizilienreisende noch heute teilen. Seumes Medaillon wird er nicht finden. Vielleicht gehört dessen Rollen vom Felsen ja ins Reich der Fantasie wie nicht wenige andere literarische Zutaten von Seumes Reisebericht.

Nächste Doppelseite: Der Ätna

Linke Seite: Cefalù

Das römische Theater von Taormina

Der Park Villa Giulia (Villa Flora), Palermo

Alte Nationalbibliothek, Palermo

Vorherige Doppelseite: Cefalú

Oben: Quelle der Arethusa, Brunnen auf der Insel Ortigia. Unten: Domplatz, Syrakus

Monte Pellegrino

Der Concordiatempel von Agrigent

Römisches Amphitheater in Neapolis, Syrakus

Nächste Doppelseite: Gipfel des Ätna

Auf dem Fleck Erde, der uns zur Ruhe und Wanderung gegeben ist –

Friedrich Hölderlin auf dem Weg nach Bordeaux und anderswo

Anfang Dezember 1801, vielleicht sogar am sechsten – auf den Tag genau zeitgleich mit Johann Gottfried Seumes Abmarsch nach Syrakus – begibt sich der 32jährige Dichter Friedrich Hölderlin vom württembergischen Nürtingen aus auf den Weg nach Bordeaux. Teils aus Wanderlust, teils wohl auch aus Sparsamkeit und nicht zuletzt, weil er es dank seiner kräftigen körperlichen Konstitution kann, macht Hölderlin die Winterreise durch Frankreich zu Fuß. Er folgt nicht einem Lockruf der Ferne und flieht nicht aus einem sinnentleerten Beruf wie sein sächsischer Dichterkollege, sondern hofft – nach wiederholtem Scheitern als Hauslehrer – auf eine berufliche Anstellung, die ihm ein Auskommen und eine erfüllende Aufgabe ermöglicht. Sein früh formulierter „höchster Wunsch - in Ruhe und Eingezogenheit einmal zu leben - und Bücher schreiben zu können, ohne dabei zu hungern"[153], hat sich bisher nicht erfüllt. So mischen sich in seinen Aufbruch Hoffnung sowie Betrübnis. Die Fremde – immerhin das vor einem Dutzend Jahren von ihm begrüßte revolutionäre Frankreich – verspricht einen glücklicheren Neuanfang. Die durch Freunde vermittelte gut dotierte Stelle als Hofmeister verlangt von Hölderlin den Unterricht der Kinder des wohlhabenden und angesehenen deutschen Konsuls und Weinhändlers Daniel Christoph Meyer und seiner Frau Anne Marie Henriette. Zugleich bedeutet für Hölderlin der Abschied aus Deutschland einen schweren Verlust. „Ich habe lange nicht geweint. Aber", so schreibt er, „es hat mich bittre Tränen gekostet, da ich mich entschloss, mein Vaterland noch jetzt zu verlassen, vielleicht auf immer. Denn was hab' ich lieberes auf der Welt? Aber sie können mich nicht brauchen."[154] Hölderlin nennt es „die Herzens- und die Nahrungsnot"[155], die ihn vertrieben haben. Das Exil sollte allerdings kaum länger dauern als ein halbes Jahr.

Friedrich Hölderlin (1770–1843)
Pastell von Franz Karl Hiemer (1792)

Darf man wie bei Rousseau und Nietzsche das Wandern als einen möglichen Weg zu geistiger Erleuchtung begreifen, führte Hölderlins Fußreise nach Bordeaux und retour zu einer seelischen Verfinsterung. Nur dreieinhalb Monate nach seiner Ankunft machte sich der Dichter wieder auf den Heimweg. Auch für die Familie Meyer kam die plötzliche Verabschiedung ihres Hauslehrers überraschend, schien sich doch das Arbeitsverhältnis für alle Beteiligten zur vollen Zufriedenheit zu gestalten. Aber Hölderlin hatte sich bereits ein Reisevisum besorgt und wollte sofort aufbrechen. Die Freunde, die den Rückkehrer nach Deutschland empfingen, zeigten sich bestürzt über Hölderlins äußerlich verwahrlosten Zustand, der dem eines Bettlers ähnelte. Anzeichen einer beginnenden inneren Zerrüttung waren unübersehbar.

Wie konnte es dazu kommen? Hölderlin wurde als Sohn eines angesehenen Klosterhofmeisters und einer Pfarrerstochter geboren. Als er zwei Jahre alt war, starb sein Vater. Nach Wiederheirat der Mutter verlor Hölderlin im Alter von neun Jahren seinen geliebten Stiefvater. Der weitere Lebensweg des Jungen entwickelte sich erfolgreich. Der begabte Schüler wurde nach dem Besuch der Klosterschulen in Denkendorf und Maulbronn an der renommierten Bildungsanstalt Tübinger Stift angenommen. Hier herrschte ein strenges Reglement, veranlasst und überwacht vom württembergischen Herzog persönlich. Der Druck auf die Zöglinge wurde zusätzlich befeuert von der Opposition gegenüber den Kräften, die durch die Französische Revolution freigesetzt worden waren. Obwohl die Pflichten und persönlichen Einschränkungen durch das Institut ihn stark belasteten, seinem Freiheitsdrang enge Grenzen setzten und er „an der Galeere der Theologie zu seufzen"[156] hatte, zeigte Hölderlin gute Leistungen, besonders in den alten Sprachen und der Poesie. Er teilte sein Zimmer mit sieben weiteren Bewohnern, darunter Friedrich Wilhelm Joseph Schelling sowie Georg Wilhelm Friedrich Hegel. In ihnen fand er Freunde und intellektuelle Mitstreiter. Diese machten später Karriere als Universitätsprofessoren und bedeutende Philosophen des Deutschen Idealismus.

Hölderlin liebte die alten Sprachen und teilte mit Johann Joachim Winckelmann, dem einflussreichen Begründer des Klassizismus in Deutschland, die Auffassung, die Kultur der alten Griechen sei ein Ideal, dem unbedingt nachzustreben sei. Die griechische Mythologie bot ihm Anschauung, die Philosophie Platons vermittelte ihm höchste Ideen dazu. Zudem ließ ihn die Lektüre Baruch Spinozas Gott in der Natur erkennen. Den Natur- und Freiheitsapostel Rousseau stellte Hölderlin neben seine antiken „Halbgötter".[157] Die Ideen der Französischen Revolution begeisterten ihn. Er studierte Kant und Fichte und entwirft um 1796 mit seinen Stiftskollegen und Freunden Hegel und Schelling *Das älteste Systemprogramm des deutschen Idealismus*.[158] Damit verortete er sich in der wegweisenden Philosophie seiner Zeit. Als notwendigen Vermittler dieser neuen Ideen für sein Vaterland sah der Dichter allerdings nicht die philosophische Lehre, sondern die Poesie. Sie sollte den wesentlichen Beitrag zur ästhetischen Erziehung des Menschen zu seinem Besseren leisten.

Wie sein Vorbild Friedrich Schiller fand Hölderlin in dieser Aufgabe seine Berufung. Er veröffentlichte Hymnen und den Roman *Hyperion oder Der Eremit in Griechenland* (1797/99). Trotz Aufmerksamkeit und Anerkennung, die er dafür erhielt, musste er bald einsehen, dass er mit diesem Werk weder „in Weimar im Zirkel der großen Männer, die diese Stadt in sich hat,"[159] Eingang finden noch seinen Lebensunterhalt bestreiten konnte.

Ein weiteres prägendes Ereignis seines Lebens war die unglückliche Liebe zu Susette Gontard. Die ihm seelenverwandte junge Gemahlin eines Frankfurter Bankiers, deren Kinder er unterrichtete, erwiderte seine Liebe. Die im Rahmen der bürgerlichen Gesellschaft aussichtslose Liaison ließ sich nicht verheimlichen. Gerüchte wurden geschürt und provozierten schließlich einen Eklat, der Hölderlin zum augenblicklichen Fortgang aus seiner Anstellung veranlasste und ihn zum Verlassen Frankfurts zwang. Die Liebenden hielten gleichwohl ihre Verbindung aufrecht mit wenigen geheimen Treffen und durch Briefe, die Hölderlin alle acht Wochen zu festgesetztem Tag und Stunde nächtens am Garten des Hauses in Frankfurt auflas. Das erforderte einen wenigstens siebenstündigen Fußmarsch von seinem Wohnort Homburg nach Frankfurt und zurück. Der Dichter gestaltete darüber hinaus in Lyrik und Prosa seine Nähe zu Susette und den geistigen Austausch mit ihr. Er versuchte so auch den Verlust der Geliebten – die oben genannte „Herzensnot" – zu verarbeiten. Wiederholt bediente er sich dabei des Wandermotivs:[160]

„Wohl geh' ich täglich andere Pfade, bald / Ins grüne Laub im Walde, zur Quelle bald. / Zum Felsen, wo die Rosen blühen, / Blicke vom Hügel ins Land, doch nirgend / Du Holde, nirgend find ich im Lichte dich / Und in die Lüfte schwinden die Worte mir / Die frommen [...]

Leb immer wohl! es scheidet und kehrt zu dir / Die Seele jeden Tag, und es weint um dich / Das Auge, dass es helle wieder / Dort wo du säumest, hinüberblicke."

Wie Laura seinerzeit Petrarcas Muse geworden ist, so wurde Susette die Hölderlins. Unter dem Namen Diotima hat sie bleibenden Eingang in seine Dichtung gefunden.[161]

Hölderlin brauchte keine solch äußeren Anlässe, um auf Wanderschaft zu gehen.[162] Er folgte einem Bewegungsdrang, der ihn bis ins Alter mobil hielt, obwohl er während seiner Jahre in geistiger Umnachtung auf ausgedehnte Wanderungen verzichten musste und sich nur in Haus und Garten und nahe seiner Wohnung Bewegung verschaffen konnte. Darin war er rastlos. Im Gehen verwirklichte sich Hölderlins Freiheitsdrang, dessen Hemmnis im Bild des Gehens selbst thematisiert wird:[163]

„Ich duld' es nimmer! ewig und ewig so
Die Knabenschritte, wie ein Gekerkerter
Die kurzen vorgemeßnen Schritte
Täglich zu wandeln, ich duld es nimmer!"

Das Gehen hatte stets etwas Diätetisches für ihn: „Es ist dies sehr nötig für mich, weil ich in meiner Einsamkeit beinahe gezwungen bin zu immerwährender sitzender Beschäftigung, und so leicht etwas Hypochondrie sich einnistet, wenn man nicht auch zuweilen wieder den Geist und den Körper lüftet."[164] Dafür ließen sich Wege finden, z. B. eine Fußreise mit Freunden in die Schweiz, um Naturschönheiten wie den Rheinfall bei Schaffhausen und den Vierwaldstättersee zu besichtigen, den verehrten Johann Caspar Lavater, Pfarrer, Philosoph und Physiognom, in Zürich aufzusuchen und die Aura historischer Schauplätze wie dem Rütli zu erleben.[165]

„Lieber! er schwand so schnell, der köstliche Tag; in der kühlen Dämmerung schieden wir; an den Heiligtümern der Freiheit / Wallten wir dann vorbei in frommer seliger Stille, / Fassten sie tief in's Herz, und segneten sie, und schieden!

Lebt dann wohl, ihr Glücklichen dort! im friedsamen Tale / Lebe wohl, du Stätte des Schwurs! dir jauchz'ten die Sterne, / Als in heiliger Nacht der ernste Bund dich besuchte, / Herrlich Gebirg!"

Wanderschaft wird so zur Pilgerschaft und diese wird vom Dichter in christlicher Tradition als Sinnbild des Lebensweges gedeutet. Dafür findet Hölderlin Anregung genug in der Begehung ihm eher gewöhnlicher und vertrauter Strecken, z. B. von Nürtingen nach Stuttgart und zurück. Diese beglücken ihn: „Ich bin wohl hierher gekommen, etwas müde, wie es immer geht, wenn das Herz voll und bewegt ist, und die Gedanken mächtiger arbeiten, und der Mensch doch auch seinen irdischen Gang gehen soll. Aber könnt' ich doch so die Tage meines Lebens immer wandeln zwischen Himmel und Erde, mit Demut und Glauben geteilt, und so den süßen Schlaf, und die Ruhe, die wir hoffen, verdienen."[166] Keinesfalls wollte er ein „Schustersleben, wo man Tag für Tag auf seinem Stuhle sitzt und treibt, was sich im Schlafe treiben lässt, das bringt den Geist vor der Zeit ins Grab."[167]

An Wanderungen war Hölderlin von Jugend auf gewöhnt. Schon als Knabe zog es ihn zu Fuß in die Stille der Natur nahe seinem Heimatorte Nürtingen am Neckar. Viele Jahre später fließen seine Empfindungen in die Lyrik ein:[168]

„Der Neckar

In deinen Tälern wachte mein Herz mir auf / Zum Leben, deine Wellen umspielten mich, / Und all der holden Hügel, die dich / Wanderer! kennen, ist keiner fremd mir.

Auf ihren Gipfeln löste des Himmels Luft / Mir oft der Knechtschaft Schmerzen; und aus dem Tal, / Wie Leben aus dem Freudebecher, / Glänzte die bläuliche Silberwelle."

Das Wandern ist Hölderlin hier Vergewisserung von Herkunft und Heimat und somit Identität stiftend. Nicht nur der „Wanderer" kennt seine Heimat, sondern die Heimat kennt auch ihn, den „Wanderer". Durch Personifizierung wird die enge Beziehung von Mensch und heimatlicher Natur hervorgehoben. (Str. 1) Das Wandern hilft, dem zu entfliehen, was diese Identität bzw. deren freie Entwicklung gefährdet. Schließlich trägt das Wandern zur Linderung des Kummers darüber bei, was das lyrische Ich als „der Knechtschaft Schmerzen" erleidet. (Str. 2) Der Dichter spielt damit sowohl auf Verhältnisse in den Lehr- und Erziehungsanstalten seiner Jugend an als auch auf die von feudaler Herrschaft geprägten politischen Zustände seiner Zeit, die zueinander in einem ursächlichen Zusammenhang stehen. In der freien Natur findet das lyrische Ich den Ursprung seines Lebens und seine Lebensfreude wieder. In den folgenden Strophen schweifen die Gedanken in eine Ferne, die eine utopische Zukunftsvision meint: das idealisierte antike Griechenland.

„Noch dünkt die Welt mir schön, und das Aug entflieht / Verlangend nach den Reizen der Erde mir, / Zum goldenen Paktol, zu Smyrnas Ufer, zu Ilions Wald. Auch möcht ich / Bei Sunium oft landen, den stummen Pfad / Nach deinen Säulen fragen, Olympion!"[169]

Was heutigen Bildungstouristen als nur ein paar Flugstunden entferntes Reiseziel und als bequeme Station einer Kreuzfahrt erscheint – Izmir, Troja, Kap Sunion, Olympia..., sind dem lyrischen Ich um 1800 noch poetische Fiktionen, ideale Konstrukte, anschauliche Ideen ferner Orte einer vergangenen Zeit, die auf zukünftiges Heil verweisen. Hölderlin beschwört sie im *Hyperion* mit den Worten: „Es wird nur Eine Schönheit sein; und Menschheit und Natur wird sich vereinen in Eine allumfassende Gottheit."[170] Dieses idealisierte Griechenland ist dem Dichter Sinnbild der Humanität. Mittels der Poesie gilt es, dorthin zurückzufinden, was er Heimat oder Vaterland nennt und sich – sowohl fern als auch nah – in ihren Orten (Smyrna, Ilion; in anderen Gedichten Heidelberg und Stuttgart), ihren Flüssen (Paktolos, Neckar oder Main, Rhein und Donau) sowie ihren mythologischen und historischen Gestalten (Diotima oder Rousseau) verkörpert. Darin liegt die Berufung des Dichters. Dieser wird so zum Propheten eines „Leben[s] der Natur", einer „Sphäre des Lebens, worin die ewige Liebe, die allen gemein ist, die Naturen alle zusammenhält", eines „Gottesgeiste[s], der jedem eigen ist und allen gemein", einer „göttlichen Welt", in der es „nicht Herren und Knechte" gibt.[171] Ausgehend von einem Gefühl der Entfremdung in einer Welt, wo kühle Rationalität, Standesunterschiede, Unfreiheit und Krieg herrschen, imaginiert Hölderlin einen mythischen Zusammenhang von Mensch und Menschheit, von Mensch, Gott und Natur und von Wahrem, Gutem und Schönem: die Alleinheit – Ἓν καὶ Πᾶν. Kurz, knapp und vereinfacht: Hölderlin möchte zurück ins Paradies und alle sollen mit. Dessen Name ist nicht Eden, sondern Hellas. Der Weg dorthin führt nur über die Poesie.

Der Dichter lässt Diotima, Hyperions Geliebte, seine Poetik formulieren, darin Philosophisches, Religiöses und Politisches vereinend:

„[I]ch trage ein Bild der Geselligkeit in der Seele; guter Gott! wie viel schöner ists nach diesem Bilde, zusammen zu sein, als einsam! Wenn man nur solcher Dinge sich freute, denk' ich oft, nur solcher, die jedem Menschenherzen lieb und teuer sind, wenn das Heilige, das in allen ist, sich mitteilte durch Rede und Bild und Gesang, wenn in Einer Wahrheit sich alle Gemüter vereinigten, in Einer Schönheit sich alle wiedererkennten, ach! wenn man so Hand in Hand hinaneilte in die Arme des Unendlichen –

O Diotima, rief ich, wenn ich wüsste, wo sie wäre, diese göttliche Gemeinde, noch heute wollt' ich den Wanderstab ergreifen, mit Adlerseile wollt' ich mich flüchten in die Heimat unsers Herzens."[172]

Entsprechend wird am Schluss der Ode *Der Neckar* in Gedanken an den fernen raum-zeitlich entrückten antiken Sehnsuchtsort erneut die sinnlich wahrnehmbare Natur der eigenen Heimat erinnert und ihm gleichgestellt. Fernweh ist Heimweh.

„Zu euch, ihr Inseln! bringt mich vielleicht, zu euch / Mein Schutzgott einst; doch weicht mir aus treuem Sinn / Auch da mein Neckar nicht mit seinen / Lieblichen Wiesen und Uferweiden."[173]

Hölderlin wird das Naturerlebnis auf seinen Wanderungen und Spaziergängen wenigstens als Vorgefühl ersehnter Alleinheit und somit als Inspirationsquelle seines Dichtens und Denkens empfunden haben. Es sind nicht in erster Linie Einzelbeobachtungen, welche er beim Gehen machen, oder gar Studien, welche er dabei treiben könnte, um den Stoff zu seinen Dichtungen zu erlangen. Seinem Freund Christian Ludwig Neuffer gibt er folgende Auskunft über eine siebentägige Fußreise von über 250 Kilometern, die er aus diätetischem Anlass unternommen hatte:

„Ich hätt' auch wohl bälder geschrieben, wenn mich nicht eine vergnügliche Reise in meiner glücklichen Einförmigkeit unterbrochen hätte. Ich war zu Ende des Winters nicht ganz gesund, aus Mangel an Bewegung, vielleicht auch, weil ich die Nektar- und Ambrosialokost, die man in Jena findet, noch nicht genug ertragen konnte; ich half mir durch einen Spaziergang, den ich über Halle nach Dessau, und von da über Leipzig zurück machte. Ich kann Dich nicht mit Reisebeobachtungen plagen, ich mochte das Wesen nie recht leiden, wahrscheinlich, weil ich keine Gabe dazu habe, ich bin meist mit dem Totaleindruck zufrieden und denke auch da, wo mir etwas aufstößt, es sei misslich, so im Vorübergehen ein Urteil zu fällen. Besonders ist unser einem nicht zu trauen, der alle Tage, die Gott gibt, durch eine andre Brille sieht, die ihm, wer weiß woher? aufgesetzt wird."[174]

Der „Totaleindruck" ist es, den Hölderlin auf seinen Wanderungen immer wieder sucht, sinnlich, indem er mit Vorliebe auf „holde Hügel" steigt, um die Aussicht zu genießen, und geistig, um eine verlorene metaphysische Ganzheit wiederzufinden.

„Der Gang aufs Land" befreit, wie der Dichter in einer Elegie gleichen Titels behauptet. Ein gern zitierter Appell daraus lautet: „Komm! ins Offene, Freund!"[175] Die „offene Straße und die offene Welt" sind es, die Hölderlin auf seinen Wanderungen erfährt. Sie geben ihm „mancherlei Gedanken"[176] ein und stimulieren unmittelbar seine lyrische Schöpferkraft: „Auf meinen Spaziergängen reim' ich allemal in meine Schreibtafel"[177]. Dabei geben Rhythmus und Tempo des Gehens den Vers*fuß* seiner Gedichte vor: das elegische Distichon. Mit Berufung auf einen Vers des neunzehnjährigen Poeten: „Ertürmt euch[,] Felsen[!] ihr ermüdet / Nie den geflügelten Fuß des Sängers"[178], betont der Hölderlinforscher Pierre Bertaux: „Wer das Motorische an Hölderlins Dichtung aus den Augen verliert, verkennt an ihr Wesentliches".[179]

Schon in jungen Jahren wandert Hölderlin mit seinen Freunden an Lieblingsorte in der Natur, um zu dichten und die Erträge einander vorzustellen und gemeinsam zu erörtern. Später, nach ersten öffentlichen Erfolgen, bleibt die erhoffte durchschlagende Wirkung der vielfach überarbeiteten Manuskripte jedoch aus. Bereits am *Hyperion* wird deutlich, dass Ort und Zeit der beschworenen „göttlichen Gemeinde" noch nicht gekommen sind und so bald nicht kommen werden. Denn Hölderlins Projekt, „dem Volk einen kollektiven Mythos von sinn- und gemeischaftsstiftender Wirkung zu geben"[180], ist überambitioniert und elitär.[181] Beim zu bildenden Volk verfängt eine ästhetische Erziehung mit dem Angebot eines solchen Narrativs nicht. So bleibt auch Utopie, was *Das älteste Systemprogramm des deutschen Idealismus* von dieser erwartet: „Die Poesie bekommt dadurch eine höhere Würde, sie wird am Ende wieder, was sie am Anfang war – Lehrerin der Menschheit"[182]. In der Folge muss Hölderlin als Dichter selbst eine zunehmende Vereinzelung und Entfremdung erfahren, das Gegenteil dessen, was er zu bewirken erhoffte. Dieses Scheitern lässt ihn im wörtlichen Sinne auswandern. In seiner Ode *Der Main* — eine Vorform von *Der Neckar* — erkennt sich das lyrische Ich als „Ein heimatloser Sänger; denn wandern muss / Von Fremden er zu Fremden"[183].

Hölderlins Fußreisen nach und von Bordeaux sind nur lückenhaft überliefert. Die wenigen vorhandenen Briefe nach Hause dokumentieren nicht einmal die genaue Reiseroute und die Strecken, die er per pedes oder möglicherweise mit der Postkutsche zurückgelegt hat. Für den Hinweg sind belegt: eine zweiwöchige Unterbrechung in Straßburg, wo er auf ein Visum wartet, ein Aufenthalt in Lyon, wo er sich behördlich melden muss, und die lebensgefährliche Etappe, so schreibt Hölderlin nach Hause: „auf den gefürchteten überschneiten Höhen der Auvergne, in Sturm und Wildnis, in eiskalter Nacht und die geladene Pistole neben mir im rauhen Bette". Und er ergänzt: „ — da hab' ich auch ein Gebet gebetet, das bis jetzt das beste war in meinem Leben und das ich nie vergessen werde." So kann der Wanderer resümieren: „Ich bin nun durch und durch gehärtet und geweiht"[184].

In Bordeaux angekommen notiert er Ende Januar 1802 über sein Logis: „Fast wohn' ich zu herrlich." Und weiter: „Der Anfang meiner Bekanntschaft, meiner Bestimmung ist gemacht. Er könnte nicht besser sein. »Sie werden glücklich sein«, sagte beim Empfange mein Konsul. Ich glaube, er hat Recht."[185] Mitte April, am Karfreitag, zweieinhalb Monate später, teilt er mit: „Mir gehet es so wohl, als ich nur wünschen darf! Ich hoffe auch das, was meine Lage mir gibt, allmählich zu verdienen, und einmal, wenn ich in die Heimat wiederkomme, der wahrhaft vortrefflichen Menschen, denen ich hier verbunden bin, nicht ganz unwürdig zu sein."[186]

Ein gutes Vierteljahr nach seiner Ankunft, Mitte Mai, erfolgt die plötzliche Abreise aus Bordeaux. Diesmal hat Hölderlin die behördliche Erlaubnis, die Route über Paris zu nehmen, wo ihm während des Besuchs der Antikensammlung im Musée Napoleon (des späteren Louvre) „das Höchste der Kunst"[187] verständlicher wird. Ende Juni ist er wieder in Nürtingen. Seine ambivalenten Reiseeindrücke auf dem Rückweg — und „mancherlei Gedanken" dabei — beschreibt er ausführlicher als die der Hinreise:[188]

„Ich [...] habe die traurige einsame Erde gesehn; die Hirten des südlichen Frankreichs und einzelne Schönheiten, Männer und Frauen, die in der Angst des patriotischen Zweifels und des Hungers erwachsen sind.

Das gewaltige Element, das Feuer des Himmels und die Stille der Menschen, ihr Leben in der Natur, und ihre Eingeschränktheit und Zufriedenheit, hat mich beständig ergriffen, und wie man Helden nachspricht, kann ich wohl sagen, dass mich Apollo geschlagen.

In den Gegenden, die an die Vendée grenzen, hat mich das wilde Kriegerische interessiert, das rein Männliche, dem das Lebenslicht unmittelbar wird in den Augen und Gliedern und das im Todesgefühle sich wie in einer Virtuosität fühlt, und seinen Durst, zu wissen, erfüllt.

Das Athletische der südlichen Menschen, in den Ruinen des antiken Geistes, machte mich mit dem eigentlichen Wesen der Griechen bekannter; ich lernte ihre Natur und ihre Weisheit kennen, ihren Körper, die Art, wie sie in ihrem Klima wuchsen, und die Regel, womit sie den übermütigen Genius vor des Elements Gewalt behüteten.

Dies bestimmte ihre Popularität, ihre Art, fremde Naturen anzunehmen und sich ihnen mitzuteilen, darum haben sie ihr Eigentümlichindividuelles, das lebendig erscheint, sofern der höchste Verstand im griechischen Sinne Reflexionskraft ist, und dies wird uns begreiflich, wenn wir den heroischen Körper der Griechen begreifen; sie ist Zärtlichkeit, wie unsere Popularität."

Hölderlin streift wachen Sinnes durch die Welt, dabei unterstützt ihn die langsame Gangart des Wanderers, dessen Vorteile auch Seume gepriesen hat. Jedoch ist Hölderlins Wahrnehmung im Vergleich zu Seume nicht in jeder Nuance unmittelbar nachvollziehbar und, wie er selbst einräumt, stark perspektivisch ausgerichtet. Sein idealisierter Begriff des »Griechischen« prägt seine Sicht tiefgreifend und findet sich hier bestätigt: In Südfrankreich entdeckt er gleichermaßen im Vorübergehen sein Griechentum. In der Darstellung wandelt sich das Sinnlich-Konkrete ins Abstrakt-Allgemeine. Dies zeigt sich ebenso in einigen Gedichten, die nach dem Bordeaux-Aufenthalt und der Rückreise geschrieben wurden. Das bekannteste darunter ist die 1803 entstandene Hymne *Andenken* mit ihrem berühmten Schlussvers. Es handelt sich um das wahrscheinlich letzte Gedicht, das Hölderlin vollenden und veröffentlichen konnte. An seiner Deutung haben sich zahlreiche Interpreten versucht, darunter die Philosophen Martin Heidegger, Theodor W. Adorno und Dieter Henrich.

„Andenken

Der Nordost wehet,
Der liebste unter den Winden
Mir, weil er feurigen Geist
Und gute Fahrt verheißet den Schiffern.
Geh aber nun und grüße
Die schöne Garonne,
Und die Gärten von Bourdeaux
Dort, wo am scharfen Ufer
Hingehet der Steg und in den Strom
Tief fällt der Bach, darüber aber
Hinschauet ein edel Paar
Von Eichen und Silberpappeln;

Noch denket das mir wohl und wie
Die breiten Gipfel neiget
Der Ulmwald, über die Mühl',
Im Hofe aber wachset ein Feigenbaum.
An Feiertagen gehn
Die braunen Frauen daselbst
Auf seidnen Boden,
Zur Märzenzeit,
Wenn gleich ist Nacht und Tag,
Und über langsamen Stegen,
Von goldenen Träumen schwer,
Einwiegende Lüfte ziehen.
Es reiche aber,
Des dunkeln Lichtes voll,
Mir einer den duftenden Becher,
Damit ich ruhen möge; denn süß
War' unter Schatten der Schlummer.
Nicht ist es gut,
Seellos von sterblichen
Gedanken zu sein. Doch gut
Ist ein Gespräch und zu sagen
Des Herzens Meinung, zu hören viel
Von Tagen der Lieb',
Und Taten, welche geschehen.

Wo aber sind die Freunde? Bellarmin
Mit dem Gefahrten? Mancher
Trägt Scheue, an die Quelle zu gehn;
Es beginnet nämlich der Reichtum
Im Meere. Sie,
Wie Mahler, bringen zusammen

Das Schöne der Erd' und verschmähn
Den geflügelten Krieg nicht, und
Zu wohnen einsam, jahrlang, unter
Dem entlaubten Mast, wo nicht die Nacht
durchglänzen
Die Feiertage der Stadt,
Und Saitenspiel und eingeborener Tanz nicht.

Nun aber sind zu Indiern
Die Männer gegangen.
Dort an der luftigen Spitz'
An Traubenbergen, wo herab
Die Dordogne kommt.
Und zusammen mit der prächt'gen
Garonne meerbreit
Ausgehet der Strom. Es nehmet aber
Und gibt Gedächtnis die See,
Und die Lieb' auch heftet fleißig die Augen,
Was bleibet aber, stiften die Dichter."[189]

Was hat Hölderlin zum Verlassen Südfrankreichs bewogen, drückt sein Gedicht doch zweifelsfrei ein frohes und sehnsuchtsvolles Andenken aus? War es das Verlangen nach der Familie, den Freunden, dem Vaterland, der Muttersprache, kurz: Heimatsehnsucht? War es die Abneigung gegen die vertragliche Verpflichtung neben der Erfüllung der Hofmeisteraufgaben als »Privatprediger« zu dienen? War es die demütigende Stellung eines Hausangestellten, der zwar seinen geistigen Rang bewiesen hatte und sich zu Höherem berufen fühlen durfte, sich aber in einer von materiellem Besitz bestimmten Welt verdingen musste? Fehlte ihm, wie er in anderem Zusammenhang geäußert hatte, „der freie Gebrauch des Eigenen"?[190] Hatte er sich von einem Land, das eine Revolution gewagt hatte, persönlich mehr „Freiheit, Gleichheit, Brüderlichkeit" versprochen? Oder sind ihm schlicht die Strapazen der Wanderung zu Kopf gestiegen? Man wird es wahrscheinlich nicht mehr erfahren.

Die romantischste und anrührendste aller Erklärungsvarianten, die ebenfalls keine Gewissheit verspricht, geht davon aus, Hölderlin habe bereits in Bordeaux von der tödlichen Krankheit seiner Geliebten Susette Gontard erfahren. Ein heimlicher Briefkontakt zwischen den Liebenden könnte den plötzlichen Aufbruch des Dichters erklären. Hölderlin hätte sogar die Möglichkeit gehabt, Susette ein letztes Mal zu sehen. Dies würde eine Zeitspanne erhellen, von der jede nähere Kenntnis fehlt, nämlich die drei Wochen zwischen Hölderlins Ankunft an der deutschfranzösischen Grenze in Kehl am 7. Juni und seinem Eintreffen in Stuttgart und Nürtingen Anfang Juli. Hölderlin könnte derweil zu Susette nach Frankfurt gewandert sein und sie noch vor ihrem Tod am 22. Juni besucht haben...

Mit Hölderlins Bordeaux-Reise erreicht der Dichter die Peripetie seiner tragischen Existenz. Er wandert in die Katastrophe seines ausbrechenden Wahnsinns und findet wie nach ihm Nietzsche und Robert Walser keinen Weg daraus zurück.

Das Wandern war ihm bis dahin als Unternehmung mit Freunden, als Naturerlebnis, als Befriedigung seines Bewegungsdranges, zur Erhaltung seines körperlichen Wohlbefindens und seelischen Gleichgewichts, als schlichtes Fortbewegungsmittel von Ort zu Ort sowie als gedankliche und dichterische Inspirationsquelle angenehm. Auch als literarisches, vor allem metaphorisches Motiv findet es in seinem Werk häufigen Gebrauch. Darüber hinausgehend hat sich die Bedeutung, die das Wandern für Friedrich Hölderlin besaß, verselbstständigt. Es ist zu einem Symbol für einen geheimnisumwitterten außerordentlichen, aber schließlich scheiternden Lebensweg geworden, der nicht zu dem Ziel führte, das der Dichter in seiner Elegie *Der Wanderer* imaginierte, nämlich die Welt als einem freien und heimatlichen Ort in einer lebensfreundlichen Natur; „auf dem Fleck Erde, der uns zur Ruh' und Wanderung gegeben ist"[191], konnte er nicht glücklich werden.

Für die letzte *Hälfte des Lebens* – so der Titel eines seiner berühmtesten Gedichte – blieb dem Dichter nur der Rückzug in ein kahles Turmzimmer am Neckar in Tübingen. Dort verbrachte er fast vier Jahrzehnte in der Obhut und Pflege der Familie des lesenden Handwerkers Ernst Zimmer, oft rastlos auf- und abgehend, wenn man ihn nicht „im Zwinger vor dem Haus herumwandeln" ließ, wie sein Freund und erster Biograf Wilhelm Waiblinger vermerkt. „Dieser Spaziergang währt meist vier bis fünf Stunden, so dass er müde wird."[192] Hölderlin starb im 73. Lebensjahr unter „Bangigkeit", aber doch „sanft" an einer Erkältung, so seine Betreuerin Lotte Zimmer. Sein Grabstein auf dem Stadtfriedhof trägt Zeilen aus seinem Gedicht *Das Schicksal*: „Im heiligsten der Stürme falle / Zusammen meine Kerkerwand, / Und herrlicher und freier walle / Mein Geist in's unbekannte Land!"[193] Ein zeitgenössischer Nachruf zitiert die letzte Strophe von *Hyperions Schicksalslied*:[194]

„Doch uns ist gegeben,
Auf keiner Stätte zu ruhn,
Es schwinden, es fallen
Die leidenden Menschen
Blindlings von einer
Stunde zur andern,
Wie Wasser von Klippe
Zu Klippe geworfen,
Jahr lang ins Ungewisse hinab."

Als Mutmacher und Trost findet sich an anderer Stelle in seinem *Hyperion* folgender Zuspruch: „Wir bedauern die Toten, als fühlten sie den Tod, und die Toten haben doch Frieden."[195] Hölderlin hat seinen Frieden auf dem Tübinger Stadtfriedhof gefunden.

Nachleben: Bereits im Alter von 21 Jahren wendet sich Hölderlin programmatisch an seine Schwester: „Und sieh! liebe Rike! hätt' ich ein Reich zu errichten... wäre das eines meiner ersten Gesetze – Jeder sei, wie er wirklich ist..."[196] An seinen Freund Neuffer schreibt er fünf Jahre später: „Wir werden doch, was wir werden sollen," und ergänzt: „und so wird Dein Unglück Dich so wenig kümmern, wie meines."[197] Es sind nicht, so glaubt er, die zufälligen Ereignisse, die das persönliche Schicksal prägen, sondern die dem Menschen inne-

Grabstein Hölderlins auf dem Tübinger Stadtfriedhof

wohnenden Anlagen und Bestimmungen höheren Ursprungs, von denen er in seiner Dichtung spricht. Hölderlin entlehnte sein Gesetz der Zweiten Pythischen Ode, Vers 72, seines dichterischen Vorbilds Pindar: γένοι' οἷος ἐσσὶ μαθών, das gewöhnlich übersetzt wird als „Werde, der du bist!" Friedrich Hölderlin ist diese Selbstverwirklichung auf seine Weise gelungen. Er vermochte zwar kein Reich zu gründen, wie es ihm vorgeschwebt hatte, aber doch ein reiches poetisches Werk zu schaffen, in dem er herrschen konnte, das postum intensive Lektüren angeregt und höchste Bewunderung errungen hat, gebraucht und missbraucht wurde. Auf Hegels Philosophie übte er bedeutenden Einfluss aus. Nachgeborene wie z. B. Friedrich Nietzsche und Martin Heidegger, aber auch der Marxist Georg Lukács knüpften an Hölderlins Projekt an — z. T. mit weltgeschichtlich fatalen Folgen, immer dann nämlich, wenn Totalität totalitär wurde.[198]

In »Hölderlins Landschaft«...

heißt ein ausgeschilderter Spazier- und Wanderweg in und um Nürtingen. Hölderlin wuchs nach dem Tode seines Vaters in der Kleinstadt am Nordrand der Schwäbischen Alb auf. Er besuchte dort die Lateinschule, bis er im Alter von 14 Jahren an die Klosterschule im zwanzig Kilometer enfernten Denkendorf wechselte. Von dort wanderte er regelmäßig nach Nürtingen, um seine Mutter zu besuchen. In Nürtingen fand er wiederholt einen Zufluchtsort nach seinen immer nur kurz währenden Anstellungen als Hauslehrer. Die Stadt bildete auch Ausgangs- und Endpunkt seiner Fußreise nach Bordeaux.

»Hölderlins Landschaft«, das sind Hügel, sanft gewelltes Hochplateau, bedeckt von Äckern und charakteristischen Streuobstwiesen und bewaldet mit einer Vielfalt von Laubbäumen. „Holde Höhen" gewähren Ausblicke auf die Schwäbische Alb und auf Dörfer und Städtchen, die sich in den Talniederungen von Bächen und Flüssen angesiedelt haben. Geprägt wird die schöne Gegend vom Neckar.

Der Dichter hat seine geliebte Heimat durchstreift und besungen. Vorzüglich nachvollziehen lässt sich das durch ein Faltblatt der Stadt Nürtingen, das einen zwölf Kilometer langen Rundweg beschreibt ausgehend vom Stadtmuseum, am Galgenbergpark vorbei, zur Schillerhöhe aufsteigend und wieder abwärts durch Hain und Wiesen parallel zum Flüsschen Aich, dieses überquerend zum Ulrichstein, einem Naturdenkmal, das mit der Sage von Herzog Ulrich verbunden ist, die Wilhelm Hauff in seinem Roman *Lichtenstein* gestaltet hat. Hauff inspirierte neben Hölderlin auch Peter Härtling, der seinerseits einen Hölderlin-Roman geschrieben hat. Von der Gemeinde Hardt geht es weiter über Oberensingen zurück nach Nürtingen. Die Routenführung umfasst dabei einen Teil der Strecke Denkendorf – Nürtingen und berührt einige Sehenswürdigkeiten, die in keinem direkten Verhältnis zu Hölderlin stehen. Die Wegbeschreibung wird ergänzt durch geografische und kulturelle Hinweise sowie einer Handvoll Gedichte, die in und für »Hölderlins Landschaft« entstanden sind.[199]

So anmutig und lyrisch gefärbt dieser Wanderweg erscheinen mag, so nüchtern und prosaisch gibt sich heute

der »Hölderlinpfad«...,

der mit seinen ebenfalls ca. zwanzig Kilometern die angeblich kürzeste Strecke zwischen (Bad) Homburg vor der Höhe und Frankfurt am Main bildet, den der Dichter donnerstags in zweimonatigem Abstand gewandert sein soll, um mit seiner Geliebten Susette Gontard heimlich Briefbotschaften auszutauschen; ein Unterfangen, das im Zeitalter allgegenwärtigem WhatsApp-Gebrauchs zum Staunen Anlass gibt. Das Engagement der Liebenden erschöpfte sich immerhin erst nach zwei Jahren. Der Weg, den Hölderlin möglicherweise in nur drei Stunden durcheilte, mag seine Naturschönheiten (gehabt) haben. Heute führt er meist durch ausufernde Stadtlandschaften und der Durchmarsch wird von Autobahnen, Schnellstraßen und einer Bahntrasse gekreuzt. Die Strecke beginnt am ehemaligen Haus des Hölderlinfreundes Isaac von Sinclair beim Schloss Homburg und endet an Goethes Geburtshaus, Großer Hirschgraben 21, in Frankfurt, in der Nähe des Stadtpalais der Familie Gontard, wo sich heute das Hotel Frankfurter Hof befindet. Der Regionalpark RheinMain hat dazu ein Faltblatt mit Detailkarten, Hinweisen auf Landmarken, Erläuterungen und Fotos herausgegeben.[200]

Die vorgestellten Wege mag sich nahezu jeder rüstige Wanderer zumuten. Hölderlins Fußreise nach Bordeaux und zurück bietet dagegen besondere Herausforderungen. Der Kulturwissenschaftler Thomas Knubben hat sich diesen gestellt und im Selbstversuch an 53 Tagen den Hinweg erwandert und kommentiert.[201]

Streuobstwiese bei Nürtingen

S. 94: Weg im Bauernwald
S. 95 oben: Die Alte Linde
S. 95 unten: Der Ulrichstein

»Holde Höhen« um Nürtingen

Das Tübinger Stift

S. 98: Blick auf das abendliche Nürtingen
S. 99: Hölderlinturm in Tübingen

Vorige Doppelseite: Platanenallee auf der Neckarinsel und Hölderlinturm

Bleibt man so am Gehen, so geht es schon —

Søren Kierkegaard in Kopenhagen und am Strand von Gilleleje

„Wenn Johannes zuweilen um Erlaubnis bat, ausgehen zu dürfen, wurde er zumeist abschlägig beschieden; wohingegen der Vater gelegentlich zum Entgelt ihm vorschlug, an seiner Hand die Diele auf und nieder zu spazieren. [...] Der Vorschlag ward angenommen, und es wurde Johannes ganz überlassen zu bestimmen, wo es hingehen sollte. Sie gingen dann aus dem Tore, zu einem nahe liegenden Lustschlösschen, oder hinaus zum Uferstrand, oder umher in den Straßen, alles gemäß dem wie Johannes es wollte; denn der Vater vermochte alles. Während sie so die Diele auf und nieder gingen, erzählte der Vater alles, was sie sahen; sie grüßten die Vorübergehenden, Wagen ratterten an Ihnen vorüber und übertäubten die Stimme des Vaters; die Früchte der Kuchenfrau waren einladender denn je. Er erzählte alles so genau, so lebendig, so gegenwärtig bis zur unbedeutendsten Einzelheit, die Johannes bekannt war, so ausführlich und anschaulich, was ihm unbekannt war, dass er, wenn er eine halbe Stunde mit dem Vater spaziert war, so überwältigt und müde geworden war, als wenn er einen ganzen Tag aus gewesen wäre."[202]

Die Erzählung vom Knaben Johannes ist die Geschichte einer mehrfachen Initiation, einer Initiation in das Spazieren und Flanieren, einer Initiation in die Welt der Fantasie und einer Initiation in die Macht des Erzählens. Hinter dem Knaben Johannes, der zu einem leidenschaftlichen, ja süchtigen Spaziergänger heranwuchs, der einen überlegenen Intellekt entwickelte und zu einem der kreativsten Autoren seiner Zeit wurde, hinter dem Knaben Johannes verbirgt sich der spätere Theologe und Philosoph Søren Kierkegaard, der bis heute bedeutendste und bekannteste Denker Dänemarks.

Johannes Climacus, der Name der Hauptfigur von Kierkegaards gleichnamiger autofiktionaler[203] Erzählung, ist eines der Pseudonyme des Autors. Mit ihnen suchte er sowohl Nähe als auch Distanz zu seinem Publikum und zugleich zu sich selbst. Bereits der ergänzende Titel *De omnibus dubitandum est* – zu Deutsch etwa: *Alles ist zweifelhaft* – weist in diese Richtung. Der Erzähler wertet das beschriebene Kindheitserlebnis als günstig für seine Begabung, sich mit sich selbst zu beschäftigen und den eigenen Gedanken nachzugehen. Wesentlichen Anteil daran hat das Gehen, das fortan Kierkegaards Fantasie beflügelte und ihn – mit durchschnittlich zwanzig Seiten täglich – zum höchst produktiven Schriftsteller machte. Ein fernes Echo solcher imaginierten Spaziergänge durch Kopenhagen in der Diele der väterlichen Wohnung findet sich im Bericht einer Besucherin des mittlerweile über Dreißigjährigen: „Als ich fragte, ob er Gäste erwarte, antwortete er, nein, ich gebe nie eine Gesellschaft, aber manchmal beschließe ich, eine solche zu fingieren, und dann gehe ich zwischen den Zimmern auf und ab und unterhalte in Gedanken meine fingierten Gäste".[204]

Kierkegaard ist immer in Bewegung, immer in Bewegung sind auch seine Gedanken. In der Innenwelt seiner Fantasie darf der »Held« autonom sein, die äußeren Umstände hingegen werden oft genug von einer höheren Autorität bestimmt, der eines strengen allmächtigen Vaters, zuerst des leiblichen, später eines göttlichen. Zu diesen äußeren Umständen, die seine Entwicklung prägten, gehörte, dass Kierkegaard auf väterlichen Wunsch Theologie studieren sollte mit dem Ziel, Pastor zu werden. Der Student nahm es mit den Vorlesungen allerdings nicht so genau, sondern genoss seine Freiheit, nun nicht mehr darum bitten zu müssen, das prachtvolle Haus am Kongens Nytorv in Kopenhagens

Zentrum verlassen zu dürfen. Er zog es vor, als Darsteller seiner selbst täglich ungehindert auf der Bühne von Kopenhagens Plätzen und Boulevards seinen Auftritt zu haben. So stolzierte er mit Freunden »die Route« auf und ab – heute Kopenhagens berühmte Fußgängerzone Strøget – und führte „ein Leben als *flâneur* und *élégant*"[205]. Kierkegaard, der als Gymnasiast von seinen Mitschülern wegen seiner als »uncool« empfundenen Garderobe „Chorknabe" und „Søren Socke" gehänselt wurde, gab sich nun als Dandy, für dessen Ausstaffierung und Unterhaltskosten er ein jährliches Vermögen aufwendete, das größer war als das Salär eines Professors. Die Rechnungen für Buchbestellungen, Schneiderarbeiten, erlesene Modeaccessoires, Eau de Cologne, feinste Rauchwaren, Konditorei- und Theaterbesuche sowie andere Vergnügungen belegen dies, Rechnungen, die zur Schuldenbegleichung am Ende seinem Vater vorgelegt werden mussten. Inwieweit Kierkegaard sein Dandytum lebte und auslebte und dabei subtile Vergeltung gegenüber dem Vater und ehemaligen Mitschülern üben wollte, ob er seinen körperlichen Mangel einer Wirbelsäulenverkrümmung zu kompensieren wünschte oder, nach Vorbildern wie Lord Byron oder Casanova, die passende äußere Lebensform als zukünftiger Literat suchte, Kierkegaard als Dandy war eine Maske, die – wie seine zahlreichen Pseudonyme und seine von ihm sorgfältig für die Nachwelt redigierten Tagebücher – ihren Träger verbergen und ihm zugleich ein Ansehen geben sollte. Nur über Amouren und Bordellbesuche herrscht vollständige Diskretion und es bleibt offen, ob Kierkegaards Erotik über ein bloßes literarisch-theoretisches Interesse hinausging.

Søren Kierkegaard (1813–1855)

Die Erotik lieferte ihm jedenfalls einen Teil des Stoffs für sein erstes großes Werk mit dem Titel *Entweder – Oder*. Es ist 1843 erschienen und machte den Verfasser in Kopenhagen schlagartig berühmt. Kierkegaard veröffentlichte es unter dem Pseudonym Victor Eremita (Der siegreiche Einsiedler). Bereits der Titel, im Original *Enten – Eller*, den Straßenjungen ihm später als Spottnamen gaben, ist eine Verabschiedung vom Dandytum, enthält aber auch das Thema des Buches. Kierkegaard beschreibt eine „ästhetische" Lebensform, die er einer „ethischen" und – in einem späteren Werk – einer „religiösen" gegenüberstellt. Mit „ästhetischer" Lebensform meint der Philosoph nicht die Ausübung eines Künstlerberufs, sondern einen Lebensstil, der auf puren Sinnengenuss ausgerichtet ist und dabei den Reizen des Augenblicks folgt, z. B. das Leben eines Don Juan. Der häufig separat erschienene Teil *Tagebuch eines Verführers* handelt davon. Ausgangspunkt ist die Schaulust des Verführers, bei der das Auge auch als Kampfmittel eingesetzt wird: „Es ist wie beim Fechten; und welche Waffe ist so scharf, so durchdringend, so blitzend in ihrer Bewegung und darum so trügerisch wie ein Auge? [...] Man markiert, man fällt aus. Dazwischen liegt ein Augenblick von unbeschreiblichem Reiz."[206] Die Schauplätze sind Kierkegaard durch seine Spaziergänge vertraut. Sie werden wiederholt durch Kopenhagener Straßen- und Ortsnamen (Store Kjøbmagergade, Østergade, Vestergade, Bleichdamm, Wall, Nørre- und Østerport...) kenntlich gemacht und bieten eine Anzahl lebensvoller Szenen, in denen der Protagonist, den man heute einen Stalker nennen würde, seine Observierungen durchführt. Denn so sieht der Verführer sein weibliches Opfer: „Auf der Straße ist sie wie auf offener See: da wirkt alles stärker, da ist alles geheimnisvoller. Ich gebe hundert Mark für ein Lächeln auf der Straße, aber keine zehn für einen Händedruck im Ballsaal."[207]

Der „ästhetischen" steht die „ethische" Lebensform gegenüber. Sie ist eine vorsorgende, die sich der Verantwortung gegenüber den Mitmenschen verpflichtet weiß, z. B. die Ehe. Indem er sich für die richtige, nämlich »seine«, ihm gemäße, Lebensform entscheidet, erfährt der Mensch Freiheit und gelangt so zur Selbstverwirklichung, eine von den französischen Existenzialisten Mitte des letzten Jahrhunderts popularisierte und heute meist als selbstverständlich erachtete Vorstellung. In späteren Schriften ergänzt Kierkegaard eine dritte Lebensform, die „religiöse". In einer Welt, der ein objektiver Lebenssinn fehlt, ist eine solche intellektuell nicht zu begründen, aber auch aus dem historischen Erscheinen Christi als Sohn Gottes rational nicht abzuleiten. Zur Entscheidung für eine religiöse Lebensform bedarf es des „Sprungs in den Glauben", den jeder für sich selbst wagen muss, ein abrupter Wechsel aus der Welt der Rationalität hin zu einer Religiosität aus Leidenschaft, die über alle Widersprüche des Lebens hinweghilft. Für Kierkegaard ist dieser Sprung „das Wagestück des Herzens, in dem ein Mensch sich hinauswagt und alle Klugheit und alle Wahrscheinlichkeit aus den Augen verliert."[208] Religiöser Glaube erwächst auf diese Weise nicht aus einem Schuldbewusstsein oder einem Gehorsam, das ein Dogma gebietet, sondern entspringt einem Akt der Freiheit. Ein solcher Gedanke musste seinerzeit Ärger geben.

Ein anderes „Wagestück des Herzens", nämlich den Sprung in die Ehe mit der elf Jahre jüngeren Regine Olsen, riskierte Kierkegaard nicht. Vielmehr schickte er seinen Verlobungsring vor Jahresfrist an sie zurück. Gänzlich trennen konnte er sich allerdings nicht von ihr. So blieb Regine zeitlebens „Kierkegaards Muse"[209], die u.a. als Cordelia in seinem *Tagebuch eines Verführers* erscheint. Dieses Dilemma mündete in sein gern zitiertes Mantra: „Heirate, du wirst es bereuen; heirate nicht, du wirst es auch bereuen; heirate oder heirate nicht, du wirst beides bereuen; entweder heiratest du, oder du heiratest nicht, bereuen wirst du beides."[210]

Kierkegaards Entlobung wurde zum Gegenstand des Kopenhagener Klatsches. Kierkegaards Theologie vom „Sprung in den Glauben" hingegen provozierte die Vertreter der protestantischen dänischen Amtskirche aufs heftigste. Denn er stellte das System eines, wie er meinte, in leblosen Ritualen erstarrten und zur obsoleten Institution verkommenen Christentums radikal in Frage. Es kam zu einer erbitterten öffentlichen Auseinandersetzung zwischen der kirchlichen Obrigkeit und ihrem Kritiker mit der Folge, dass dessen Bemühungen um eine Pfarrstelle vergeblich blieben. Generationen später sollten Kierkegaards Schriften jedoch eine andere Wirkung entfalten. So beeinflussten sie u.a. die Philosophen Martin Heidegger, Jean-Paul Sartre und Albert Camus sowie die Theologen Karl Barth, Emil Brunner und Reinhold Niebuhr.

Wie kam es zu solchen Gedanken? Ähnlich Rousseau hatte Kierkegaard als Fußgänger seine Erleuchtung. Sie fällt in gewisser Weise zusammen mit der Einsicht, die auch Rousseaus Leben von Grund auf veränderte. Es ist die Frage: „Was hat das alles mit *mir* zu tun?", eine Frage, die sich beide Philosophen bei der Lektüre der Schriften ihrer respektablen Kollegen stellten.

„Was eigentlich mir fehlt, ist, ins Reine mit mir selbst zu kommen darüber, *was ich tun soll*, [...] nicht was ich erkennen soll, außer soweit ein Erkennen jedem Handeln vorausgehen muss. Es kommt darauf an, meine Bestimmung zu verstehen, zu sehen, was Gott eigentlich will, das *ich* tun soll; es gilt, eine Wahrheit zu finden, die Wahrheit ist *für mich, die Idee zu finden, für die ich leben und sterben* will. Und was nützte es mir dazu, wenn ich eine sogenannte objektive Wahrheit ausfände; [...] wenn ich eine Staatstheorie entwickeln [...] könnte [...], die Bedeutung des Christentums [...], viele einzelne Phänomene erklären zu können, wenn sie *für mich selbst und mein Leben keine* tiefere Bedeutung hätten? [...] Wohl will ich nicht leugnen, dass ich noch einen *Imperativ der Erkenntnis* annehme; und dass durch ihn sich auch auf die Menschen wirken lässt, *aber da muss er lebendig in mich aufgenommen werden, und das ist es*, was ich jetzt für die Hauptsache halte. [...U]m jene Idee zu finden oder besser gesagt mich selbst zu finden, nützt es mir nichts, mich noch mehr in die Welt zu stürzen. Und gerade das war es, was ich vorher tat. [...]

Was mir fehlte, war: [...] etwas, das zusammenhängt mit den tiefsten Wurzeln meiner Existenz, [...] durch die ich sozusagen eingewachsen bin in das Göttliche, daran festhänge, wenn auch die ganze Welt zusammenstürzt. Siehe, *das ist es, was mir fehlt, und dahin strebe ich.*"[211]

Der 22jährige Student der Philosophie und der protestantischen Theologie notierte diese seine Überlegungen am 1. August 1835 in Gilleleje, einem kleinen Fischerdorf an der Nordküste der dänischen Insel Seeland. Der junge Kierkegaard, den die Einheimischen bald „den verrückten Studenten"[212] nannten, befand sich in einer Orientierungskrise. Seine Tagebuchaufzeichnungen bezeugen dies, zeigen ihn aber bereits auf dem Weg zu einem großen Denker. Was heute unmittelbar einzuleuchten scheint, ist als Einsicht nicht unspektakulär. Zwar hatte gut 300 Jahre zuvor der Philosoph Michel de Montaigne einen ähnlich radikalen Subjektivismus vertreten, aber erst mit Kierkegaard setzte sich eine Ich-Philosophie durch, die sich nicht wie bei Descartes, Kant, Fichte und Hegel mit der objektiven bzw. jegliche Erkenntnis überhaupt bedingenden Form des Selbstbewusstseins beschäftigt, sondern das eigene Leben als individuelles Entscheidungsfeld und persönlichen Gestaltungsauftrag begreift und thematisiert. Kierkegaards Parole lautet: „[D]ie Wahrheit ist die Subjektivität" und „Die Subjektivität ist die Wahrheit."[213] Damit rückt der Einzelne in den Mittelpunkt der Betrachtung. Selbstverständlich war das nicht, galten doch über viele Jahrhunderte und z. T. bis heute Kollektive wie die Sippe, der Stand, die Religionsgemeinschaft, das Vaterland u.a. als maßgebliche Werte, während Kierkegaard die freie individuelle Selbstbestimmung des Menschen als Ausdruck seiner Würde versteht.

Mit geschliffen formulierten und im Kern höchst privaten Gedanken begründete Kierkegaard seinen Ruf als Wegbereiter der Existenzphilosophie einer Philosophie, die erst hundert Jahre später in ganz Europa zur vollen Blüte gelangen sollte. Existenzielle Themen dabei sind Angst und Sorge, Verzweiflung, Glaube und Tod.

Von seinem Vater war Kierkegaard zur Erholung nach Gilleleje geschickt worden. Dass dies Not tat, zeigte sich in der großzügig bemessenen Reisekasse, die der steinreiche, aber recht sparsam haushaltende alte Herr seinem Sohn gewährte. Kierkegaard nutzte die Zeit, um die nähere und weitere Umgebung des Ortes zu erkunden, intensiv seinen Gedanken nachzugehen und Tagebuch zu führen. Auf seinen Spaziergängen fand er bald ein Lieblingsplätzchen zum Verweilen und Träumen:

„Wenn man von Keven über Sortebro auf die nackten Felder geht, die entlang dem Strande ziehen, ungefähr eine Viertelmeile nach Norden, kommt man zu dem höchsten Punkt hier, nämlich Gi[l]bjerg. Dieser Punkt ist immer einer meiner Lieblingsstellen gewesen. Und wenn ich hier stand an einem stillen Abend, wenn das Meer mit tiefem, aber stillem Ernst seinen Gesang anstimmte; wenn mein Auge nicht einem einzigen Segler begegnete auf der ungeheueren Fläche, sondern das Meer den Himmel begrenzte und der Himmel das Meer; wenn auf der anderen Seite des Lebens betriebsames Lärmen verstummte, und die Vögel ihr Abendgebet sangen – da stiegen aus den Gräbern für mich die wenigen lieben Toten, oder besser gesagt, es kam mir vor, als wären sie nicht gestorben. Ich fühlte mich so wohl in ihrer Mitte, ich ruhte mich aus in ihrer Umarmung, und es war mir, als wäre ich außer dem Leibe und schwebte in einem höheren Äther mit ihnen – und der heisere Schrei der Möwe erinnerte mich daran, dass ich allein stand, und alles verschwand vor meinen Augen, und ich kehrte zurück mit Wehmut im Herzen, um mich in das Gewühl der Welt zu mischen, ohne doch solche selige Augenblicke zu vergessen."[214]

Wie für Rousseau ist auch für Kierkegaard das Spazieren ein Lebensmittel mit der Wirkung eines Multivitamins. Es regt zu Träumereien an und zeitigt weitere wohltuende Wirkungen. In einem Brief an seine Schwägerin Henriette empfiehlt er es auf folgende Weise:

„Verlieren Sie vor allem nicht die Lust dazu zu gehen: ich laufe mir jeden Tag das tägliche Wohlbefinden an, und entlaufe so jeder Krankheit; ich habe mir meine besten Gedanken angelaufen, und ich kenne keinen Gedanken, der so schwer wäre, dass man ihn nicht beim Gehen los würde [...] – beim Stillsitzen aber, und je mehr man stillsitzt, kommt einem das Übelbefinden nur umso näher. *Allein in Bewegung ist die Gesundheit und das Heil zu finden. Leugnet jemand, dass es die Bewegung gibt: so tue ich wie Diogenes, so gehe ich. Leugnet jemand, dass die Gesundheit in der Bewegung liegt, so gehe ich allen krankhaften Einwänden davon.* Bleibt man so am Gehen, so geht es schon."[215]

Die Worte des Philosophen könnten einem Ratgeber für Wellness- und Fitnessangebote entnommen sein. Sie sind Symptom seines missionarischen Eifers für eine praktische Promenadologie. Auf Henriette dürften solche Empfehlungen wohl eher einen befremdlichen Eindruck gemacht haben, denn Henriette war an den Rollstuhl gefesselt.

Nachdrücklicher, womöglich erfolgreicher predigt Kierkegaard in Form einer Ich-Botschaft das Gehen einem Bekannten:

„[I]ch bitte Sie – dass Sie spazieren gehen, ist das Wichtigste. Ich verstehe mich zwar nicht auf Politik, auf das Spazierengehen hingegen verstehe ich mich von Grund auf. Meine Betrachtung des Lebens ist die des Pastors: »Das Leben ist ein Weg« – darum gehe ich. Wenn ich bloß dazu komme zu gehen, so fürchte ich nichts, nicht einmal den Tod; denn so lange ich gehen kann, entlaufe ich allem. Wenn ich nicht dazu kommen kann zu gehen, fürchte ich alles, insbesondere das Leben; denn wenn ich nicht dazu kommen kann zu gehen, bringe ich nichts zu Gange."[216]

Das Gehen ist für Kierkegaard nicht bloß ein Mittel der Gesundheitsvorsorge und der Psychohygiene, insbesondere seiner Schwermut zu entgehen, unter der er zeitlebens litt. Vielmehr dient es ihm vorzugsweise zur Gedankenfindung und bringt damit seine geistige Arbeit auf den Weg. So wird ihm „das Gehen (im leiblichen Sinne) ein Sinnbild für die geistige Bewegung"[217].

Um ihre volle Wirkung zu entfalten, sollten – à la Rousseau – Spaziergänge idealer Weise in freier Natur stattfinden. Der im englischen Stil angelegte Park von Frederiksberg bei Kopenhagen eignete sich dafür in besonderem Maße. In den Gehpausen – mit einer guten Zigarre im Café Josty sitzend – ergab sich für Kierkegaard zudem die Gelegenheit der Menschenbeobachtung und -begegnung; und „in jenem reizenden Garten, der dem Jüngling glückliche Zerstreuung in der frohen Lustigkeit des Volkes bot, in jenem freundlichen Garten, wo sich nun der Ältergewordene in wehmütiger Erhebung über die Welt, und was der Welt gehört, so heimisch fühlt," will dem Denker der Einfall gekommen sein, sich „als Schriftsteller zu versuchen".[218]

Es war jedoch nicht die wohltuende kultivierte »Natürlichkeit« eines Landschaftsparks, die er vor allem schätzte. Kierkegaard war ein Stadtmensch und bevorzugte das Flanieren auf den Gassen und Straßen. Einer seiner Lieblingswege führte die Niels Juels Gade hinunter zur Christians Brygge und über die Langebro nach Christianshavn. Von dort ließ sich seine Heimatstadt Kopenhagen mit der ab und an nötigen Distanz betrachten. Eine weitere Folge seiner Fußmärsche bestand darin, dass Kierkegaard allein im Oktober 1849 fünfmal seine Stiefel neu besohlt haben soll.

Das Handicap des körperlich eher leichtgewichtigen Denkers bestand jedoch nicht im Materialverschleiß des Schuhwerks, sondern im Risiko, auf den Gassen nicht für sich sein zu können und damit die Frucht seiner Gedankenarbeit und das sie begleitende Vergnügen zu verlieren. Kierkegaard setzt seinen Brief an die Schwägerin fort:

„Ich war an die anderthalb Stunden spazieren gegangen, hatte viel zu denken gehabt und war vermöge der Bewegung mir selbst ein äußerst angenehmer Mensch geworden. Welch ein Glück, und Sie können sich wohl denken, welch eine Sorglichkeit, um womöglich mein Glück nach Hause zu retten. Ich gehe also mit eilendem Schritt, stehle mich sozusagen mit niedergeschlagenem Auge durch die Straßen [...] – geradenwegs gegen einen Mann [...]. Ich war angehalten. Es war ein recht vornehmer Mann, der mich nunmehr mit einer Unterhaltung beehrte. So war denn alles verloren. Nach beendeter Unterhaltung war da für mich nur eines zu tun: statt nach Hause zu gehen von neuem loszugehen."

Kierkegaard findet schließlich eine andere Methode, sich vor dem Verlust dessen zu bewahren, was er während des Spazierengehens gewonnen hatte – seien es Stimmungen oder Gedanken:

„Sofern ich so nach einem Spaziergang, wo ich mir meditierend die Gedanken hole, heimkehrte, überwältigt von Gedanken, jedes Wort fertig es niederzuschreiben [...], in gewissem Sinne schwach, so dass ich kaum gehen konnte (oh, wer mit Ideen zu tun hat, weiß, was er sagen will) – wofern denn ein Armer unterwegs mich ansprach, und ich in meinem Eifer für die Ideen nicht Zeit hatte mit ihm zu sprechen: dann geschah es, wenn ich heimkam, dass alles wie fort war, und ich in die schrecklichste Anfechtung sank, mit dem Gedanken, Gott könne gegen mich tun wie ich gegen diesen Menschen getan. Nahm ich mir hingegen die Zeit mit dem Armen zu reden, auf ihn zu hören: so ist mir dies nie widerfahren, so stand alles fix und fertig, wenn ich heimkam."[219]

Auf Nummer sicher gehend, wurde daheim das gedanklich Ausgearbeitete sogleich zu Papier gebracht, oft ohne Zylinder und Gehrock abzulegen. Für diese Niederschriften und alle weiteren zu notierenden Ideen, die er in peripatetischer Weise beim Auf- und Abgehen in seinen wechselnden Wohnungen entwickelte, standen in jedem Raum Schreibpult, Tinte, Feder und Bögen bereit.

Wie sein Vorbild Sokrates ist Kierkegaard ein Stadtphilosoph. Jener soll gesagt haben: „Die Landschaft und die Bäume wollen mich nichts lehren, wohl aber die Menschen in der Stadt."[220] Seine „liebe Haupt- und Residenzstadt Kopenhagen", die Kierkegaard geringschätzig-liebevoll „Kleinstadt" oder „Krähwinkel" nennt, beherbergte innerhalb ihrer Stadtmauern seinerzeit immerhin 125 000 Einwohner, die meist in beengten und schmutzigen Verhältnissen lebten. Den Wohlhabenden bot sie Schauspiel- und Opernvorstellungen, die Kierkegaard rege besuchte. Vor allem war die Stadt selbst eine Bühne, die rund um die Uhr bespielt wurde und mit herrlichen Kulissen versehen war, die eine stimmungsvolle Atmosphäre schufen. Hier agierten Charaktere und Typen verschiedenen Ranges, deren Händel und Machenschaften der Philosoph mit Interesse und Wohlgefallen betrachtete. Neben diesen Akteuren hatte er selbst gern seinen Auftritt, in jungen Jahren als Dandy, in fortgeschrittenem Alter als Original, allzeit als Flaneur.

Unter dem Titel *Blätter aus dem Tagebuch eines Polizisten* [Gadekommissair] findet sich folgender Tagebucheintrag Kierkegaards, der ein Projekt andeutet, ausgewählte Eindrücke, die er bei seiner Flanerie empfing, zu einem poetischen Stadtporträt Kopenhagens zu vereinigen.[221]

„Ich hätte Lust, unter dieser Überschrift die einzelnen Viertel der Stadt zu beschreiben, über denen sozusagen eine dichterische Stimmung ausgebreitet ist, z. B. den Kohlenmarkt (das ist der Markt, wo am meisten Stimmung ist), Straßenszenen, ein Rinnsteinbrett usw., Fischerboote. Welch vortrefflicher Gegensatz, in dem einen Augenblick seine Gedanken in die unendliche Aussicht über das Wasser bei der Knippelsbrücke hinauseilen zu lassen, im nächsten Augenblick sich darin zu vertiefen, dass man Dorsch und Goldbutt in einer Fischtonne betrachtet. Stets sollten die Personen hineingeschlungen werden, Liebesabenteuer, Dienstmädchen usw. Es ist überhaupt bemerkenswert, welchen gesunden Humor man oft bei Dienstmädchen findet, besonders wenn Sie den Putz der vornehmen Damen durchhecheln. – Ich mache es mir derzeit zum Ziel, jedes Kind, das ich treffe, zum Lächeln zu bringen!"

Kierkegaard hat es unterlassen, die Eindrücke, die er auf seinen Spaziergängen sammeln konnte, zu einem eigenständigen literarischen Werk zu formen. Spuren in seinen Schriften hinterließen sie allemal. Denn neben den Meditationen, denen er auf seinen Spaziergängen anhing, neben der Bühne, die er als Zuschauer und Darsteller schätzte, „dienten ihm Kopenhagens Straßen als *ein* großes Empfangszimmer", wie eine Augenzeugin, seine Cousine Henriette Lund, berichtet.[222] In seiner Wohnung ließ Kierkegaard sich Besuchern gegenüber meist verleugnen. Auf der Straße jedoch ging der Kopenhagener Sokrates häufig auf die Menschen zu, falls er sich nicht bereits zuvor mit ihnen zu einem Spaziergang verabredet hatte, und verwickelte sie in Gespräche. Im Kontrast zu seiner Haltung des distanzierten Beobachters und im Gegensatz zu seiner Flucht vor einem Aufeinandertreffen mit anderen Menschen, die ihn daran hindern könnten, seine Gedanken für die Niederschrift zu memorieren, schien der Literat süchtig nach Begegnungen zu sein. So behauptet er 1844, täglich fünfzig Menschen gesprochen zu haben. Es sind nicht nur die „Notabilitäten Kopenhagens [...] Staatsmänner, Schauspieler, Philosophen, Dichter, Alt und Jung"[223], bei denen er sich einhakt und schwankend und stockschwingend forschen Schrittes kreuz und quer durch die Stadt wandert; es ist ungeachtet des sozialen Standes geradezu jedermann, mit dem er sich auf ein Gespräch einlässt. Kierkegaard brauchte sein tägliches „Menschenbad", wie er es nannte. Nicht ganz zu Unrecht geriet er dabei in Verdacht, seine Begleiter auszuhorchen und experimentelle psychologische Studien an ihnen zu betreiben.

Solche Auftritte machten ihn stadtbekannt und verschafften ihm Genugtuung, wirkten sich aber letztlich verhängnisvoll auf ihn aus, als sich die Stimmung gegen ihn wendete. Er provozierte die ihm wohlgesonnene Satirezeitschrift *Corsaren*, ihn einmal selbst aufs Korn zu nehmen. Kierkegaard versprach sich wohl

Als **Flaneur** gilt in der Regel ein meist männlicher dandyhafter Spaziergänger. Betrachtend schweift dieser allein in der Menge der Passanten durch die Großstadt, ohne ein besonderes Ziel zu haben. Es sind gewöhnlich Literaten des 19. und beginnenden 20. Jahrhunderts wie Edgar Allan Poe, Charles Baudelaire und Walter Benjamin, die man als Theoretiker und Praktiker der Flanerie kennt. Schauplätze bilden Städte wie London, Berlin und vor allem Paris, die durch ihre Boulevards und Passagen, also künstlich angelegte Parcours, zum Bummeln einladen. Ein frühes und durchaus typisches Exemplar eines Flaneurs findet sich bereits Mitte des 17. Jahrhunderts in Amsterdam. Es handelt sich um den berühmten Mathematiker, Physiker und Philosophen René Descartes. Der Franzose befand sich im selbstgewählten Exil in den eher liberalen Niederlanden, da er in seiner Heimat um sein Ansehen und wohl auch um Leib und Leben fürchtete. Denn die heilige Inquisition wollte seine Schriften nicht akzeptieren, obwohl sie mehrere Gottesbeweise enthielten. Descartes ist unter anderem bekannt als Rationalist, der allein den Verstand als höchstes Erkenntnismittel akzeptierte, sowie als Dualist, der streng zwischen der ausgedehnten Welt der Materie (res extensa) einerseits und der denkenden Substanz des Geistes (res cogitans) andererseits unterschied. Das spiegelt sich auch wider in seinen täglichen Spaziergängen, die er am 5. Mai 1631 seinem Freund Jean-Louis Guez de Balzac* beschreibt, um ihn nach Amsterdam zu locken. Mehr als zweihundert Jahre später wurde solche Flanerie von Felix Philippoteaux ins Bild gesetzt.

René Descartes (1596–1650)
Holzstich nach einem Gemälde von
Felix Philippoteaux (ca. 1880)

Die Bildmitte wird beherrscht vom modisch ausstaffierten Exilanten, der versonnen in Denkerpose durch das geschäftige Amsterdam stolziert, ohne so recht von der Bevölkerung – repräsentiert von Seeleuten, Lastenträgern, Dienstmädchen und Händlern – wahrgenommen zu werden.

Die persönliche Anteilnahme des Philosophen am Geschehen beschränkt sich auf distanzierte Beobachtungen der Menschen. Deren Tätigkeit betrachtet er anerkennend als zweckrational im Sinne der dadurch bewirkten Annehmlichkeiten. So erfreut es den Flaneur, „Schiffe hier ankommen zu sehen, die uns reichlich verschaffen, was Indien hervorbringt und was es an Seltenem in Europa gibt." Die Ausführenden, die für „alle Bequemlichkeiten des Lebens und alle Merkwürdigkeiten [sorgen], die man sich zu wünschen vermöchte," werden lediglich kühl und nahezu verdinglicht, gewissermaßen als res extensa wahrgenommen. Descartes schreibt: „Ich [...] betrachte die Menschen, die ich dabei sehe, nicht anders als die Bäume, auf die man in [den] Wäldern trifft, oder die Tiere, die dort grasen." Dabei ließe sich bedenken, dass der Philosoph Tiere für empfindungslose Automaten hielt.

Descartes' Selbstsorge, die sich beim Flanieren artikuliert, gilt weniger dem rechten Lebensweg als vielmehr dem Genuss von materiellem Luxus. Zudem schätzt er persönliche „Freiheit und Ruhe", die dadurch gewährleistet sind, dass, wie er meint, hier in Amsterdam ein jeder „auf seinen Nutzen bedacht" sei und sich deshalb die gesellschaftlichen Verpflichtungen in Grenzen hielten. So könne der Denker sich ungestört seinen Forschungen widmen.

Descartes arbeitet an dem Projekt, das „Buch der Welt" zu studieren, wie er es nennt. Darin ist er selbst natürlich auch kein unbeschriebenes Blatt. Seine Bemühungen um Selbsterkenntnis beschränken sich hier weniger auf die klassische Innenschau und die Erforschung seiner Stellung in der Welt. Vielmehr betrifft sie das menschliche Erkenntnisvermögen schlechthin und vorrangig dessen Grundlage, nämlich die Selbstgewissheit, die in seinem berühmten Satz zum Ausdruck kommt: „Ich denke, also bin ich." So wurde der Denker zum »Vater der modernen Philosophie«.

Descartes' strenge Mediationen fanden sicher nicht nur beim Spazieren „mitten im Wirrwarr einer großen Bevölkerung" statt. Der Langschläfer, der es durchschnittlich zehn Stunden täglich in den Federn aushielt, knüpfte gern morgens an seine Träumereien an oder entwickelte seine Gedanken am warmen Ofen.

---

* René Descartes: *Briefe 1629-1650.* Hg. v. Max Bense. Übersetzt v. Fritz Baumgart, Köln/Krefeld 1949, S. 58

einen intellektuellen Schaukampf, bei dem er als strahlender Sieger vom Platz gehen würde. Es kam jedoch anders. *Corsaren* gab ihn umgehend in Wort und Bild der Lächerlichkeit preis, so dass er sogar von den Gassenjungen verlacht und mit Steinen beworfen wurde. Auch seine erwähnte beißende Kritik an der Amtskirche, Kierkegaards „theologische Einmannrevolution"[224], trieb ihn in gesellschaftliche Isolation, so wie es ebenfalls Rousseau aus ähnlichem Anlass erfahren musste. Eine bittere Folge dieser Ereignisse war die Einschränkung der Bewegungsfreiheit, die der nunmehr Verfolgte auf seinen Spaziergängen genossen hatte, konnte er sich doch nicht mehr unbeschwert vor die Tür wagen.

Obwohl erst knapp über 40 Jahre alt, näherte sich Søren Kierkegaard seinem Lebensende. Die Bilanz für seinen Nachruhm: Der Theologiestudent hatte es zum profilierten religiösen Autor und Kritiker gebracht. Der Philosophiestudent hatte sich zum Philosophen entwickelt, der Weltgeltung erlangen sollte. Der Fußgänger hatte seinen Weg zum Schriftsteller gefunden, der als einzelgängerischer Flaneur und geselliger Begleiter von Passanten Eindrücke sammelte und dessen Spaziergänge als Katalysator seines Denkens und Schreibens dienten.

Am 2. Oktober 1855 machte sich Søren Kierkegaard zum letzten Mal auf den Weg durch Kopenhagens Gassen. Sein Spaziergang wurde von einem Zusammenbruch beendet. Nach langem Leiden, fast vollständig gelähmt und so gut wie mittellos starb Dänemarks größter Denker sechs Wochen später im Krankenhaus. Kierkegaard wurde 42 Jahre alt. Ein halbes Leben zuvor hatte er in seinem Tagebuch notiert: „Das ist der Weg, den alle gehen müssen – über die Seufzerbrücke in die Ewigkeit."[225] Acht Jahre vor seinem Tod schrieb er, seine existenzialistischen Gedanken in zwei Worten zusammenfassend: „[W]enn ich eine Inschrift auf mein Grab verlangen sollte, so soll sie nur lauten: »jener Einzelne«".[226] Sein Werk überlebte den Denker und entfaltete nach seinem Tod die größte Wirkung. Ein Gegenstand seiner Schriften sowie häufiges Merkmal ihres Stils war die Ironie. Als wäre es seine Idee: Kierkegaard, der radikale Kirchenkritiker und Glaubensrevolutionär, hat mittlerweile Eingang in das *Ökumenische Heiligenlexikon* gefunden.[227] Sankt Søren hätte womöglich seinen Spaß daran gehabt.

Spazieren mit Kierkegaard in Stadt und Land

Es gibt wohl nur wenige Gassen und Plätze im alten Kopenhagen, die Kierkegaard nicht wiederholt begangen und betreten hat. Insofern scheint es fast unmöglich, dort seinen Spuren nicht zu folgen. Einige davon wurden bereits benannt. Besondere Erinnerungsorte sind darüber hinaus das große bronzene Denkmal im Garten der historischen Königlichen Bibliothek, das den sinnenden Quer-Denker – sinnigerweise quer auf seinem Stuhl sitzend – überlebensgroß mit Büchern und Schreibfeder zeigt. Die Statue wurde 1879 von Louis Hasselriis geschaffen. Ein überdimensioniertes Hinweisschild am Sockel verweist heute den Smartphone-Benutzer per QR-Code an einen Audio-Link, mit einem launigen Zitat aus *Entweder – Oder*, nämlich das über das Heiraten. Die Königliche Bibliothek – Nationalbibliothek Dänemarks und eine der größten Bibliotheken der Welt – bewahrt die Dokumente, Bücher und Handschriften Kierkegaards auf. »Der schwarze Diamant« am Søren Kierkegaards Plads, ein architektonisch spektakulärer Ergänzungsbau der Bibliothek mit einem Café namens »Søren K.«, ehrt den Schriftsteller.

Persönliche Erinnerungsstücke Kierkegaards wie sein Verlobungsring, ein Wohnungsschlüssel und ein Schreibtisch können im Stadtmuseum betrachtet werden. Stationen von Kierkegaards Lebensweg „von der Wiege bis zur Bahre" lassen sich auf einem per App (s.u.) geführten Spaziergang von knapp 6 Kilometern Länge kennen lernen. Der Weg beginnt am Nytorf 2, wo das Geburtshaus stand, führt weiter zur Heiliggeistkirche, wo das Kind getauft wurde, dann zur Borgerdydskolen, Klareboderne 3, wo der Gymnasiast eifrig lernte und später für kurze Zeit selbst unterrichtete, zur Universität am Vor Frue Plads, wo der Student Vorlesungen hörte, vorbei an den verschiedenen Wohnungen des Schriftstellers Løvestæde 7, Kultorvet 11, Nørregade 38, Rosenborggade 9 sowie Skindergade 38 (damals Klædeboderne) und endet an seiner letzten Ruhestätte, dem Familiengrab auf dem Assistenzfriedhof.

Kierkegaard-Denkmal im Bibliotheksgarten

Kierkegaard hat seine Heimatstadt nur selten verlassen, längstens für zwei Studienaufenthalte in Berlin. In jungen Jahren wählte er für sieben Wochen das Fischerdörfchen Gilleleje als Ort der Erholung und Selbstfindung. Er bezog ein Zimmer im Gilleleje Kro (wo sich heute das Kulturzentrum »Kulturhavn Gilleleje« befindet) und erkundete von dort aus Nordseeland per Kutsche und vor allem zu Fuß. Die schönste Weise, Kierkegaards Spuren zu folgen, ist sich auf die 12 km lange Wanderroute mit dem Namen »Kierkegaard by nature« zu begeben. Sie beginnt am Fischerhafen, führt Richtung Osten an der Steilküste mit ihren Sommerhauskolonien entlang, macht am historischen Nakkehoved-Leuchtturm kehrt und wendet sich nach Westen, dabei Gilleleje durchquerend bis zu einem erneuten Wendepunkt hinter dem Kierkegaard-Gedenkstein Gilbjerg, um schließlich zum Ausgangspunkt nach Gilleleje zurückzuführen. Möwen und Wellenrauschen, die Aussicht auf das offene Meer und die nahegelegene schwedische Küste, der Blick ins Inland auf eine leicht gewellte Brachlandschaft aus Wiesen, Buschwerk und Hainen, das Spazieren auf einem Weg umsäumt von Heckenrosen, Brombeerranken, Eichen, Kiefern und Wildkirschen vermitteln noch dem heutigen Besucher, wo sich Kierkegaard seinerzeit wohlfühlte. Ein Höhepunkt des angenehmen Rundwegs ist der Kierkegaardstien, ein neun Tonnen schwerer Feldstein aus Granit mit einer Höhe von 2 $^{1}/_{2}$ Metern. Er wurde 100 Jahre nach Kierkegaards Aufenthalt an dessen Lieblingsplatz errichtet. Von Gilbjerg, einem Ort für romantische Träumereien in der Abenddämmerung, lässt sich 33 Meter über dem Meer ein herrlicher Ausblick genießen.

Der Rundweg wird gegliedert von zwölf Stelen, die zum Verweilen einladen, um sich per App vom Handy ein Zitat aus Kierkegaards Werken vortragen zu lassen, gegebenenfalls in sieben verschiedenen Sprachen. Einige daran anknüpfende „Reflexionsfragen" fordern den User dazu auf, sich seine eigenen Gedanken zu machen über das, was im Leben wichtig ist, mit dem Versprechen, sich anschließend besser zu kennen als zuvor. Zum Festhalten und Weitergeben der eigenen Gedanken braucht es nicht wie zu Kierkegaards Zeiten ein gutes Gedächtnis oder Stift und Notizbuch. Anhand der Speicherfunktion der interaktiven App lassen sich die ausgesprochenen Ideen aufzeichnen und über die sozialen Netzwerke in Echtzeit weltweit verbreiten.

Unter »Useeum« können die kostenpflichtigen Apps »Kierkegaard by Nature København« und »Kierkegaard by Nature Gilleleje« im App Store oder bei Google Play heruntergeladen werden. (Siehe auch: useeum.com/de und kierkegaardbynature.com)

Wiesenlandschaft westlich von Gilleleje

Oben: Nakkehoved-Leuchtturm
Unten: Wanderweg entlang der Küste

Oben: Kirche von Gilleleje
Unten: Kierkegaard-Stein Gilbjerg

Blick von der Steilküste

Der »Schwarze Diamant« am Søren Kierkegaards Platz

Rechts oben: Flaniermeile Strøget in Kopenhagen
Rechts Mitte: Magstræde aus dem 16. Jahrhundert
Rechts unten: Kierkegaards Grab auf dem Assistenzfriedhof

Nächste Doppelseite: Schlosspark Frederiksberg

Illums Bolighus

KIRSTINE NIELSDATTER
KIERKEGAARD
FØD ROYEN
M. P. KIERKEGAARDS
ANNE KIERKEGAARD
MICHAEL PEDERSEN
KIERKEGAARD

Nur die ergangenen *Gedanken haben Wert* –

Friedrich Nietzsche im Engadin und an der Côte d'Azur

„Als Zarathustra dreißig Jahre alt war, verließ er seine Heimat und den See seiner Heimat und ging in das Gebirge. Hier genoss er seines Geistes und seiner Einsamkeit und wurde dessen zehn Jahre nicht müde. Endlich aber verwandelte sich sein Herz, – und eines Morgens stand er mit der Morgenröte auf, trat vor die Sonne hin und sprach zu ihr also:

‚Du großes Gestirn! Was wäre ein Glück, wenn du nicht die hättest, welchen du leuchtest!'"[228]

Wie einst die Wanderprediger Buddha und Jesus kommt Zarathustra daher, um die Menschen an seiner Erleuchtung teilhaben zu lassen. Der Weise hat dafür eine gewisse Reife an Jahren gebraucht, die Loslösung von menschlichen Bindungen in der Abgeschiedenheit der Natur, innere Einkehr, Wandlung, Aufbruch und Rückkehr zu den Menschen. Dieser Zarathustra ist kein iranischer Religionsstifter, wie sein Name suggeriert, sondern eine erdichtete Figur Friedrich Nietzsches.

Was hat Zarathustra zu verkünden? Nietzsches berühmtester Satz lässt es ahnen: „Gott ist tot." Gemeint sind der Zerfall aller religiösen und moralischen Werte, die Nichtigkeit jeglicher Metaphysik, das Fehlen eines höheren Lebenssinns und damit der Orientierungsverlust bei einem geistigen Fall ins Bodenlose. Zarathustra diagnostiziert – als Folge der geistigen Bewegung der Aufklärung – den Nihilismus, einen Zustand, der, wenn man ihn nicht verdrängt, verlacht oder verleugnet, zu einer Katastrophe führen und aufs schärfste bekämpft werden muss. Zarathustra ist gekommen, einen Weg aus dieser Krise zu weisen.

Der Maler Edvard Munch, ein Nietzsche-Verehrer, hat den Philosophen als die Figur des Zarathustra interpretiert, nämlich als einen in sich ruhenden geistigen Beweger, gelassen innehaltend beim Abstieg vom Gebirge. Mit seinem Porträt liefert der Maler ein Gegenbild zu seinem 13 Jahre zuvor entstandenen Werk *Der Schrei* (1893). In diesem Gemälde, angeregt von einer Panikattacke, die ihn während eines Spaziergangs überfiel, stellt Munch eine Wirkung der Botschaft vom Tod Gottes dar, nämlich die seelische Krise, die sich in einem die Natur durchdringenden Schrei der Angst und der Verzweiflung entlädt, existenzielle Erfahrungen, die bereits Kierkegaard philosophisch untersucht hatte. Munch fängt die Situation in zwei Gemälden ein, die in ihrem Sujet, ihrer Architektonik und ihrer Farbigkeit aufeinander bezogen sind und somit in ihrem Gehalt aufeinander verweisen.

Erklomm einst Petrarca den Mont Ventoux, um von Schaulust getrieben die Landschaft zu genießen, fand er doch den Weg zurück zu weltabgewandter geistig-religiöser Innerlichkeit. Friedrich Nietzsche lässt seinen Zarathustra ins Gebirge wandern, einen Gipfel erklimmen und wieder herabsteigen, um eine andere Lehre zu verkünden, nämlich – nachdem sich alle geistigen „Hinterwelten" in Nichts aufgelöst haben – den „Sinn der Erde".

Das Hochgebirge und ebenso das Meer besaßen für Nietzsche etwas Erhabenes und Überwältigendes. Bereits Ende der 1870er Jahre reiste Nietzsche selbst immer wieder ins Hochgebirge, um dort den Sommer mit Wandern, Nachdenken und Schreiben zu verbringen. In Sils Maria im schweizerischen Engadin – „6000 Fuß über dem Meere und viel höher über allen menschlichen Dingen"[229], „jenseits von Mensch und Zeit"[230] – fand er seinen idealen Aufenthaltsort für den Sommer und die Idee zu seiner philosophischen Dichtung *Also sprach Zarathustra. Ein Buch für Alle und Keinen*, die er zwischen 1883 und 1885 veröffentlichte. Er mietete dort 1881 ein karges, meist dunkles Zimmer, das er ab 1883

Edvard Munch: *Der Schrei* (1893)

Edvard Munch: Friedrich Nietzsche (1906)

weitere sechs Sommer bezog. Sils Maria wurde so zu seiner geistigen Inspirationsquelle: „An meinem Horizonte sind Gedanken aufgestiegen, dergleichen ich noch nie gesehen habe –"[231]. Diese entwickelte er auf seinen Spaziergängen in der Umgebung des Ortes. Dort empfing er Impulse und öffneten sich ihm Wege des Denkens. In den von ihm beschrittenen Pfaden mit ihren Steigungen und Windungen scheint der Philosoph Muster von Gedankenbewegungen zu erkennen und ihnen gedanklich zu folgen, wenn er schreibt:[232]

„Wir gehören nicht zu denen, die erst zwischen Büchern, auf den Anstoß von Büchern zu Gedanken kommen – unsre Gewohnheit ist, im Freien zu denken, gehend, springend, steigend, tanzend, am liebsten auf einsamen Bergen oder dicht am Meere, da wo selbst die Wege nachdenklich werden."

Im Freien – weg von den Bücherkisten, die er sich gleichwohl nachschicken ließ – erlebt Nietzsche die Atmosphäre der Freiheit, in der die Fortbewegung des Körpers den Gedankenfluss freisetzt. Im Freien kann sich der von allen ideologischen Zwängen befreite „Freigeist" entfalten, als der sich Nietzsche versteht. Hier braut er das Gegengift des Nihilismus: „Damit habe ich dich, Nihilist! Das Sitzfleisch ist gerade die *Sünde* wider den heiligen Geist. Nur die *ergangenen* Gedanken haben Wert."[233]

Nietzsche belegt diese Behauptung anhand eigener Erfahrung. Während einer Wanderung, bei „einem mächtigen pyramidal aufgetürmten Block unweit Surlej"[234] am See von Silvaplana, will der Philosoph am 6. August 1881 einen Gedanken gefasst haben, der ihn mit Stolz erfüllte, beglückte und zu Tränen rührte, der Gedanke von der „ewigen Wiederkunft des Gleichen". Darin offenbarte sich ihm der „Sinn der Erde" und der Grund zur Lebensbejahung.

Wie kam Nietzsche zu seiner Idee? War sie die Wiederkunft eines Gedankens, den er bereits bei den antiken Autoren vorfand und der auch von seinen Zeitgenossen diskutiert wurde? War es die ständige Wiederkehr der Migräneanfälle, unter denen er litt? Oder inspirierten ihn die lustvollen Spaziergänge und Wanderungen, die er regelmäßig unternahm, wiederholte sich doch das Abschreiten der Wege und führten diese ihn stets an seinen Ausgangsort zurück, von dem er erneut aufbrechen konnte? Der Denker gibt darauf keine Antwort, hingegen würdigt er seine Idee, die ihm wie eine Erweckung vorkam, mit einem Gedicht, das er in seinen *Zarathustra* einfügte:[235]

Das trunkene Lied

O Mensch! Gib Acht!
Was spricht die tiefe Mitternacht?
„Ich schlief, ich schlief –,
Aus tiefem Traum bin ich erwacht: –
Die Welt ist tief,
Und tiefer als der Tag gedacht.
Tief ist ihr Weh –,
Lust – tiefer noch als Herzeleid:
Weh spricht: Vergeh!
Doch alle Lust will Ewigkeit –,
– will tiefe, tiefe Ewigkeit!"

Über die Entstehung des *Zarathustra* hat Nietzsche in seiner autobiografischen Schrift *Ecce homo* bemerkt: „er *überfiel mich...*"[236] Inspiration, Blitz, Offenbarung, Entzückung, Außer-sich-sein sind nur einige Begriffe seiner ausführlichen Beschreibung dessen, was geschah, als ihm der *Zarathustra* in den Sinn kam.

Dem geistigen Vakuum, das der Tod Gottes bei den Menschen hinterlässt, entflieht Kierkegaard durch den „Sprung in den Glauben". Zarathustra empfiehlt, dem Nichts den „Übermenschen" entgegen zu setzen, eine Steigerung der menschlichen Existenz. Dieser sei der „Sinn der Erde", der Mensch dagegen „etwas, das überwunden werden soll."[237] Vom Übermenschen wird nicht nur ein Wille zum Leben gefordert, sondern auch der „Wille zur Macht". Ihm, dem Übermenschen, gelingt „das Schwerste" zu leisten, die Erkenntnis der „ewigen Wiederkunft des Gleichen" und eine damit einhergehende „Umwertung aller Werte" zu akzeptieren und zu begrüßen. Dies ist gleichbedeutend mit dem Hinweis, auf ein Ziel der Geschichte zu verzichten und damit auf jegliche Heilserwartung. Je nach persönlicher Lebensbilanz vermag diese Vorstellung Entzücken oder Entsetzen hervorrufen. Als „die wissenschaftlichste aller möglichen Hypothesen"[238], wie Nietzsche meinte, kann sie den Horizont des weiteren Lebens vorgeben und den mit dem Nihilismus entstandenen Orientierungsverlust überwinden helfen. Zarathustras/Nietzsches moralischer Imperativ lautet folglich: „so leben, dass du *wünschen* musst, wieder zu leben, ist die Aufgabe – du wirst es *jedenfalls*!"[239]

Eine leicht fassliche Darstellung dieser Lehre, eine präzise Definition ihrer Begriffe oder gar Nachweise ihrer Gültigkeit und Brauchbarkeit bleibt Nietzsche allerdings schuldig, was sowohl am dichterischen Charakter des Werks als auch in der komplexen Natur der Sache liegt. Der Verfasser baut auf solche Leser, „die eines gleichen Pathos fähig und würdig sind"[240] wie er. Nietzsche und sein Denken blieben dennoch oder gerade deshalb weder vor Missverständnis noch vor Missbrauch gefeit.[241] Ein Denker, der von sich sagt: „Ich bin kein Mensch, ich bin Dynamit", der schreibt: „Wie man mit dem Hammer philosophiert", und der seinen Zarathustra behaupten lässt: „Man muss noch Chaos in sich haben, um einen tanzenden Stern gebären zu können", scheint daran nicht ganz unschuldig zu sein.[242] Auch wenn Nietzsche alles andere als ein Nationalist, Rassist oder Antisemit gewesen ist, einige seiner Worte zeitigten verheerende Folgen für die Welt im 20. Jahrhundert und darüber hinaus. Bekanntermaßen war Nietzsche der Lieblingsphilosoph Adolf Hitlers. Die „Umwertung aller Werte" bedeutet nicht die Aufforderung zum kriegerischen Umsturz der politischen Weltordnung. „Übermensch" und „Wille zur Macht" bedeuten nicht – wie der angeblich „größte Führer aller Zeiten" und seine Sympathisanten es gern lasen – „Herrenmensch" und „Machtmensch". Sie bedeuten nicht, andere zu unterdrücken oder zu versklaven, sondern vielmehr, sich selbst zu finden, die eigenen Möglichkeiten und die eigenen Kräfte zu entdecken, sich von Bevormundung und Fremdbestimmung zu lösen und ein freies, selbstbestimmtes und sinnerfülltes, nämlich ein dem eigenen Selbst gemäßes Leben zu führen. Dies ist letztlich nichts anderes als das, was Nietzsche auf seinen Wanderungen erlebt und in seinem Wert erkannt hat.

Nietzsche warnt vor Dogmatismus: „alles Unbedingte gehört in die Pathologie"[243] – auch im Verständnis der eigenen Lehre. Einen Appell zur Selbstbestimmung in Anlehnung an Pindars „Werde, der du bist!"[244] formuliert er in seinem letzten Werk *Ecce homo* mit dem Untertitel *Wie man wird, was man ist*: „Nun heiße ich euch, mich verlieren und euch finden; und erst, wenn ihr mich alle verleugnet habt, will ich euch wiederkehren..."[245] Diese »Lehre« blieb nur allzu oft und gern überhört.

Um nach ausgiebigen Tageswanderungen sein Werk zu Papier bringen, brauchte Nietzsche mehr als die jährlichen drei Monate Aufenthalt in Sils Maria. So suchte er andere Orte mit mildem Klima auf, um dort zu überwintern. Neben dem Hochgebirge begeisterte Nietzsche die Weite des Meeres – auch metaphorisch.[246]

„In der Tat, wir Philosophen und »freien Geister« fühlen uns bei der Nachricht, dass der »alte Gott tot« ist, wie von einer neuen Morgenröte angestrahlt; unser Herz strömt dabei über von Dankbarkeit, Erstaunen, Ahnung, Erwartung, – endlich erscheint uns der Horizont wieder frei, gesetzt selbst, dass er nicht hell ist, endlich dürfen unsere Schiffe wieder auslaufen, auf jede Gefahr hin auslaufen, jedes Wagnis des Erkennenden ist wieder erlaubt, das Meer, unser Meer, liegt wieder offen da, vielleicht gab es noch niemals ein so »offenes Meer«. –"

Nietzsche verbrachte die übrige Zeit zwar nicht auf dem Meer, aber am und über dem Meer in Orten wie Genua, Portofino, Sorrent und Venedig. In Rom und Rapallo schrieb er weiter am *Zarathustra*. In Nizza entstand 1883 dessen dritter Teil. Wandern, Denken und Dichten treffen auch hier wieder zusammen. Nietzsche berichtet davon in *Ecce homo*: „[J]ene entscheidende Partie, welche den Titel »Von alten und neuen Tafeln« trägt, wurde im beschwerlichsten Aufsteigen von der Station zu dem wunderbaren maurischen Felsenneste Eza gedichtet [...]; ich konnte damals, ohne einen Begriff von Ermüdung, sieben, acht Stunden auf Bergen unterwegs sein. Ich schlief gut, ich lachte viel –, ich war von einer vollkommnen Rüstigkeit und Geduld."[247]

Bis zu dieser glücklichen Etappe hatte Nietzsche einen bisweilen entbehrungsreichen Lebensweg zurückgelegt. Friedrich Nietzsche kommt 1844 als Pastorensohn im sächsischen Röcken zur Welt. Mehrere seiner männlichen Vorfahren waren ebenfalls Pastoren. Nach dem frühen Tod des Vaters zieht die Familie nach Naumburg. Das hochbegabte Kind erweist sich schnell als bibelfest und gilt den Naumburgern schon im Alter von zehn Jahren als »der kleine Pastor«. Nach dem Abitur an der bedeutenden humanistischen Schule Pforta beginnt Nietzsche in Bonn das Studium der Theologie und der klassischen Philologie. Nach der ihn begeisternden Lektüre von Arthur Schopenhauer und David Friedrich Strauß gibt der Student die Theologie auf. Der genialische klassische Philologe wird noch vor seiner Promotion als Professor nach Basel berufen. Nietzsche ist erst 24 Jahre alt. Nach Veröffentlichung seines Buches *Die Geburt der Tragödie aus dem Geist der Musik* (1872) distanzieren sich die meisten seiner Fachkollegen von ihm. Ein Augenleiden, eine Magenkrankheit sowie heftige

Migräneanfälle und eine Neigung zur Schwermut zwingen ihn, sich 1879 pensionieren zu lassen. Nietzsche ist erst Mitte dreißig. Seitdem sucht der als »freier Philosoph« Arbeitende nach Aufenthaltsorten, die seiner Gesundheit zuträglich sind. Rastlos reist er von Ort zu Ort. In Sils Maria verbringt er jährlich ca. drei Sommermonate. Winters genießt Nietzsche zwischen 1883 und 1887 fünf mehrmonatige Aufenthalte in Nizza. Beendet wird diese Folge durch den Ausbruch seiner Geisteskrankheit im Jahre 1889. Die ihm verbleibenden elf Jahre bis zu seinem Tode verbringt er geistig umnachtet erst in der Obhut seiner Mutter und dann seiner Schwester Elisabeth. Mit dem freien Wandern und Spazierengehen war es nun vorbei.

Bis dahin galt Nietzsche das – oft mehrmals – tägliche Spazierengehen als eine notwendige Betätigung, ein Lebens-, Linderungs- und Heilmittel sowie ein Quell des Lebensgenusses. Schon der Schüler in Pforta notiert Zeit und Dauer, in denen er spazieren gehen durfte. Einen Karzeraufenthalt, den er sich durch einen zu humorigen Auftritt in Ausübung seiner Pflichten als begabter Schüler einhandelte, empfand er als ein Unglück, da er ihn am Spazieren hinderte. „Alleinsein und Spazierengehen" hält der Philosoph für „das Wirksame, worauf mich immer wieder der Instinkt hinweist".[248] Dies will er bis zur „Virtuosität"[249] getrieben haben, manches Mal auch bis zum Überdruss: „Ich habe das viele Spazierengehen (ich bin 8 Stunden täglich im Freien!) so satt"[250]. Er bilanziert: „Schmerz, Einsamkeit, Spazierengehen, schlechtes Wetter – das ist mein Kreislauf"[251], seine „einzige Existenzform" aber sei „die des Spazierengehens".[252] Nietzsche nennt dazu sein bevorzugtes Ambiente: „Mir tut nichts so wohl wie Hochgebirge".[253] Das Hochgebirge ermöglicht Selbstüberwindung und Distanz zur Mitwelt: „So steigt der Mensch auf gefährlichen Wegen in die höchsten Gebirge, um über seine Ängstlichkeit und seine schlotternden Knie Hohn zu lachen", wie er in *Menschliches Allzumenschliches* bemerkt.[254] „In den Alpen bin ich unbesiegbar, namentlich wenn ich allein bin und ich keinen andern Feind als mich selber habe".[255] Eher selten ist dabei von der Schönheit der ihn umgebenden Natur die Rede. Vor allem die Leuchtkraft der Farben berauscht ihn. Großartige Landschaftspanoramen, glitzernde Gipfel, flimmerndes Wellenspiel..., Nietzsche nahm sie wegen seiner Sehschwäche und der Lichtempfindlichkeit seiner Augen nur schemenhaft oder notgedrungen ausweichend wahr. Den Piz Corvatsch und die anderen Bergeshöhen um Sils Maria hat er aus demselben Grunde nie besteigen können. Das Flanieren in der Stadt, z. B. in Turin, konnte Nietzsche dagegen mehr genießen: „Ich bin nirgendwo mit so viel Vergnügen spazieren gegangen als in diesen vornehmen unbeschreiblich würdigen Straßen, in denen viele alte Paläste sind. Große Raumverschwendung überall: nichts Gedrücktes".[256] In Sils Maria bewirken Spazieren und Wandern ein Wohlbefinden, das Nietzsche seiner Mutter und Schwester in Form einer Selbstdiagnose übermittelt: „Mein Aussehen ist übrigens vortrefflich, meine Muskulatur in Folge meines beständigen Marschierens fast die eines Soldaten, Magen und Unterleib in Ordnung. Mein Nervensystem ist, in Anbetracht der ungeheuren Tätigkeit, die es zu leisten hat, prachtvoll und der Gegenstand meiner Verwunderung, sehr fein und sehr stark".[257] Neben gesundheitlichen Gründen und der Suche nach Natur- und Kulturgenuss betreibt Nietzsche wie seine Vorgänger Montaigne, Rousseau und Kierkegaard das Spazieren als wesentlich peripatetisch[258] – nämlich im Sinne des sich vollziehenden philosophischen Denkens und Lehrens beim Gehen. Nietzsche beschreibt sich als „unermüdlich im Spazierengehen und einsamen Für-mich-hin-Denken".[259] Dies zeigt sich z. B. am Rang dieser Tätigkeit auf Nietzsches Bedürfnisskala: „Wenn ich die Dinge nach dem Grade der Lust ordne, welche sie erregen, so steht obenan: die musikalische Improvisation in guter Stunde, dann das Anhören einzelner Sachen Wagners und Beethovens, dann vor Mittag gute Einfälle im Spazierengehen haben, dann die Wollust usw."[260] Einem Freund schreibt er: „Hätte ich doch irgendwo ein Häuschen; da ginge ich wie hier täglich 6-8 Stunden spazieren und dächte mir dabei aus, was ich nachher im Fluge und vollkommener Sicherheit auf's Papier hinwerfe – "[261]. Falls der Leidensdruck des Philosophen einmal zu groß werden sollte, weiß er Rat: „Ich kritzele auf meinen Wegen hier und da etwas auf ein Blatt, ich schreibe nichts am Schreibtisch, Freunde entziffern meine Kritzeleien"[262]. Der Spaziergang erhält so abermals seinen Wert für die Gedankenfindung zugesprochen und erscheint als Ferment des Freigeists. Wie Nietzsche in einem kleinen Gedicht bekennt, vereinigen sich ihm schließlich Gehen und Schreiben:

Mit dem Fuße schreiben

Ich schreib nicht mit der Hand allein:
Der Fuß will stets mit Schreiber sein.
Fest, frei und tapfer läuft er mir
Bald durch das Feld, bald durchs Papier.[263]

So wie das Schreiben ein einsamer Prozess ist, so entwickelt Nietzsche seine Ideen am liebsten auf einsamen Wegen, wehrt jedoch Begleiterinnen und Begleiter nicht ab, sobald er Vertrauen zu ihnen gefasst hat, verabredet sich sogar mit ihnen zum Spaziergang und gilt dabei als angenehmer und anregender Gesprächspartner. Nietzsche zeigt hier große Verwandtschaft zu Kierkegaard, ohne dessen Begeisterung für ein tägliches „Menschenbad" zu teilen.

Als literarisches Motiv findet das Spazierengehen ebenfalls Eingang in Nietzsches Werk. Beim Wandern und Bergsteigen erfährt Zarathustra: „Man erlebt endlich nur noch sich selber"[264]. Dieses Selbsterleben ist Selbstgenuss im Selbstgespräch. In der Aphorismen-Sammlung *Der Wanderer und sein Schatten* (1880) erscheint der einsame Wanderer als Sinnbild des Philosophen, der mit seinem Schatten als seinem Alter Ego spricht. Gemeint sind die beim Wandern entstehenden Gedanken, die sich als Philosophie und Dichtung manifestieren. Der Wanderer-Philosoph Nietzsche ist ein weltlicher Pilger, ein geistiger Nomade und ungebundener Intellektueller, der einsam mehr vor sich hin sinnend als offenen Sinnes seiner Wege zieht, nur begleitet von Stift und Notizzetteln und – wie Kierkegaard und Robert Walser – von seinem Regenschirm, der ihn vorzugsweise vor der Blendwirkung der Sonne auf seine lichtempfindlichen und extrem kurzsichtigen Augen schützt. Diese Lebensform ist sowohl die Grundlage als auch der Preis des Freigeists, der es gelernt hat, sich von allen Dogmen weitestgehend zu lösen, vom Philistertum, von geistigen Konventionen und den Fesseln der Tradition, und der gelernt hat, das auch auszuhalten. Denn – wie er geradezu kafkaesk formuliert:

„Alles Gewohnte zieht ein immer fester werdendes Netz von Spinneweben um uns zusammen; und alsobald merken wir, dass die Fäden zu Stricken geworden sind und dass wir selber als Spinne in der Mitte sitzen, die sich hier gefangen hat und von ihrem eigenen Blute zehren muss. Deshalb hasst der Freigeist alle Gewöhnungen und Regeln, alles Dauernde und Definitive, deshalb reißt er, mit Schmerz, das Netz um sich immer wieder auseinander: wiewohl er in Folge dessen an zahlreichen kleinen und großen Wunden leiden wird, – denn jene Fäden muss er von sich, von seinem Leibe, seiner Seele abreißen."[265]

Nur so wird er:

„Der Wanderer. – Wer nur einigermaßen zur Freiheit der Vernunft gekommen ist, kann sich auf Erden nicht anders fühlen, denn als Wanderer, – wenn auch nicht als Reisender nach einem letzten Ziele: denn dieses gibt es nicht. Wohl aber will er zusehen und die Augen dafür offen haben, was alles in der Welt eigentlich vorgeht; deshalb darf er sein Herz nicht allzufest an alles Einzelne anhängen; es muss in ihm selber etwas Wanderndes sein, das seine Freude an dem Wechsel und der Vergänglichkeit habe. Freilich werden einem solchen Menschen böse Nächte kommen, wo er müde ist und das Tor der Stadt, welche ihm Rast bieten sollte, verschlossen findet; vielleicht, dass noch dazu, wie im Orient, die Wüste bis an das Tor reicht, dass die Raubtiere bald ferner bald näher her heulen, dass ein starker Wind sich erhebt, dass Räuber ihm seine Zugtiere wegführen. Dann sinkt für ihn wohl die schreckliche Nacht wie eine zweite Wüste auf die Wüste, und sein Herz wird des Wanderns müde. Geht ihm dann die Morgensonne auf, glühend wie eine Gottheit des Zornes, öffnet sich die Stadt, so sieht er in den Gesichtern der hier Hausenden vielleicht noch mehr Wüste, Schmutz, Trug, Unsicherheit, als vor den Toren – und der Tag ist fast schlimmer als die Nacht. So mag es wohl einmal dem Wanderer ergehen; aber dann kommen, als Entgelt, die wonnevollen Morgen anderer Gegenden und Tage, wo er schon im Grauen des Lichtes die Musenschwärme im Nebel des Gebirges nahe an sich vorübertanzen sieht, wo ihm nachher, wenn er still, in dem Gleichmaß der Vormittagsseele, unter Bäumen sich ergeht, aus deren Wipfeln und Laubverstecken heraus lauter gute und helle Dinge zugeworfen werden, die Geschenke aller jener freien Geister, die in Berg, Wald und Einsamkeit zu Hause sind, und welche, gleich ihm, in ihrer bald fröhlichen bald nachdenklichen Weise, Wanderer und Philosophen sind. Geboren aus den Geheimnissen der Frühe, sinnen sie darüber nach, wie der Tag zwischen dem zehnten und zwölften Glockenschlage ein so reines, durchleuchtetes, verklärt-heiteres Gesicht haben könne: – sie suchen die Philosophie des Vormittages."[266]

Im kritischen Bezug zum christlichen Motiv des »Homo viator«, dessen Schicksal es ist, als Fremdling durch die Welt zu streifen, um im Jenseits seine Erfüllung zu finden, sucht Nietzsches Wanderer aus „Freiheit der Vernunft" sein Glück auf Erden. Wie dieses aussehen könnte, kleidet Nietzsche in eine humorvolle Bemerkung: „Einige Stunden Bergsteigens machen aus einem Schuft und einem Heiligen zwei ziemlich gleiche Geschöpfe. Die Ermüdung ist der kürzeste Weg zur *Gleichheit* und *Brüderlichkeit* – und die *Freiheit* wird endlich durch den Schlaf hinzugegeben."[267]

Als ein philosophisches Testament, das das Motiv des Wanderns noch einmal aufgreift, lässt sich abschließend folgende Passage aus Nietzsches Autobiografie lesen:[268]

„Philosophie, wie ich sie bisher verstanden und gelebt habe, ist das freiwillige Leben in Eis und Hochgebirge – das Aufsuchen alles Fremden und Fragwürdigen im Dasein, alles dessen, was durch die Moral bisher in Bann getan war. Aus einer langen Erfahrung, welche eine solche Wanderung im Verbotenen gab, lernte ich die Ursachen, aus denen bisher moralisiert und idealisiert wurde, sehr anders ansehen, als es erwünscht sein mag: die verborgene Geschichte der Philosophen, die Psychologie ihrer großen Namen kam für mich an's Licht. – Wie viel Wahrheit erträgt, wie viel Wahrheit wagt ein Geist?"

Als Bedingung dafür macht der Denker geltend: „So wenig als möglich sitzen; keinem Gedanken Glauben schenken, der nicht im Freien geboren ist und bei freier Bewegung, – in dem nicht auch die Muskeln ein Fest feiern."[269]

Nach mehreren Schlaganfällen und einer Lungenentzündung stirbt der teilweise gelähmte Nietzsche im Jahre 1900 in Weimar. Die Familiengruft in seinem Geburtsort Röcken nimmt seinen Leichnam auf. Dabei werden Zitate aus dem *Zarathustra* vorgetragen.

Friedrich Nietzsche (1844–1900)
Lithografie von Hans Olde

Der Philosoph hinterlässt ein umfangreiches und provokantes Werk, an dem zu Beginn des 20. Jahrhunderts kein Künstler und kein Intellektueller, der etwas auf sich hält, vorbeigehen kann und das bis heute nachwirkt.

Søren Kierkegaard hat man unbedacht und ungefragt, wenn auch ganz nebenbei, unter die Heiligen subsumiert. Friedrich Nietzsche versuchte sich dagegen zu wehren: „Ich habe eine schreckliche Angst davor, dass man mich eines Tages *heilig* spricht. [...] Ich will kein Heiliger sein, lieber noch ein Hanswurst"[270]. Weder das Eine, noch das Andere sollte ihm ganz erspart bleiben.

Wandern mit Nietzsche...

...in den Bergen

„[H]ier ist gut leben, in dieser starken hellen Luft, hier, wo die Natur auf wunderliche Weise zugleich mild, feierlich und geheimnisvoll ist – im Grunde gefällt mir's nirgendswo so gut als in Sils Maria"[271], schreibt Friedrich Nietzsche im Sommer 1884. Es sind sicher nicht allein gesundheitliche Gründe gewesen, die Nietzsche immer wieder diesen Ort aufsuchen ließen, sondern die grandiose Hochgebirgslandschaft, komponiert aus Felsen, Wäldern, Wiesen, Gletschern, Flüssen, Seen, expressivem Wolkenspiel und strahlendem Himmel. Nietzsche wird sie nicht scharf erblickt, aber doch ihren dramatischen, pathetischen und zuweilen melancholischen Charakter empfunden haben, den eigenen Gestimmtheiten und Sehnsüchten verwandt. Hier gedieh Freiluftphilosophie.

Trotz Zunahme des Tourismus, des Verkehrs und der Bebauung sowie dem klimabedingten Abschmelzen der Gletscher und der Verschiebung der Baumgrenze in die Höhe, lassen sich Nietzsches nahezu tägliche Spaziergänge – so scheint es – noch recht authentisch nacherleben. Den Weg über die wildromantische Halbinsel Chastè, die in den Silser See hineinragt, ging Nietzsche oft. Eine Gedenktafel mit dem oben zitierten *Nachtwandler-Lied* aus dem *Zarathustra* findet sich an seinem Lieblingsplatz bei der Südwestspitze. Nietzsche wanderte auch gern ins Fextal, an den Cavlocciosee und um den Silvaplanasee herum. Der pyramidale Felsblock, wo der Gedanke von der „ewigen Wiederkunft" den Denker erfasst haben will, gilt heute als Zarathustrastein oder Nietzsche-Gedenkstein. Er befindet sich südlich von Surlej am Ostufer des Sees. Nietzsche wird mit der Zeit wohl alle Wanderwege der Region entlang spaziert sein. Die Ruhe und Einsamkeit, die er dabei empfunden haben muss, lässt sich heute noch erleben. Diese können sich bei aufkommendem Wind und an Wochenenden schlagartig in ein turbulentes Gewimmel bunter Segel und Wimpel verwandeln, wenn Wind- und Kitesurfer, Segeljollen und Paraglider bis an die von »Kite-Rangern« bewachte Überfüllungsgrenze die Seeoberfläche und den Luftraum beleben, zu Lande ergänzt durch zahlreiche Fahrradfahrer und Spaziergänger. Nietzsche hätte schon allein aus Sicherheitsgründen das Weite gesucht.

Alle Wege des Zarathustra-Dichters in die vielfältige Hochgebirgsregion beginnen naturgemäß am Nietzsche-Haus in Sils Maria, wo man das einfache und seinerzeit nicht beheizbare Zimmer betrachten kann, in dem Nietzsche wohnte, litt und schrieb. Das Nietzsche-Haus ist heute ein Museum und eine Forschungsstelle mit Bibliothek, die Gästen aus aller Welt offen steht.

...und am Meer

Es ist nahezu 150 Jahre her, dass Friedrich Nietzsche „im beschwerlichsten Aufsteigen von der Station zu dem wunderbaren maurischen Felsenneste Eza" an seinem *Zarathustra* gedichtet haben will. Der kleine Bahnhof von Èze-sur-Mer an der Côte d'Azur zwischen Nizza und Monaco existiert immer noch; der Zugverkehr ist mittlerweile elektrifiziert. Von hier gelangt man bald zum steilen Nietzsche-Pfad (Chemin de Nietzsche, Sentier Nietzsche), der in ca. einer Stunde nach Èze Village führt, Dichter- und Denkerpausen nicht eingeschlossen. Fast durchgängig steinig und steil ansteigend führt der Weg kurz durch weitläufiges Wohngebiet. Anschließend folgt er parallel zur Küste Richtung Osten, um dann nach Norden in eine Schlucht abzubiegen, in der er sich bis an sein Ziel emporschlängelt auf insgesamt 2120 Meter Länge. Dabei eröffnen sich immer wieder herrliche Ausblicke auf Felsenhänge und Meer. Der Baumbestand spendet dem Wanderer Schatten. Die durchquerte wilde Vegetation bietet einen breiten Überblick über die Flora der Region: Pinien, Zypressen, Steineichen, Feigen, Oliven, Mastixsträucher, Farne und vieles mehr. Wem der Sinn nach Gedanklichem steht, wird dann und wann durch Schrifttafeln mit Nietzsche-Zitaten aus *Die fröhliche Wissenschaft, Also sprach Zarathustra* sowie *Jenseits von Gut und Böse* versorgt.

S. 131–133: Nietzsche-Pfad an der Côte d'Azur bei Èze

S. 134/135: Piz Corvatsch im Hochgebirge

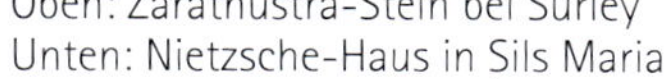

Oben: Zarathustra-Stein bei Surley
Unten: Nietzsche-Haus in Sils Maria

Auf der Halbinsel Chastè

Gedenktafel mit Nachwandler-Lied

Hochtal mit dem Silser See

Nächste Doppelseite: Nacht über dem Silvaplanasee

Freizeitvergnügen um, auf und über dem Silvaplanasee

Umgebung von Herisau

Was ist die Welt beim Spazierengehen gut und schön! Ohne Spazieren wäre ich tot —

Robert Walser in Herisau

Neben dem Schreiben war wohl der Spaziergang Robert Walsers liebste und häufigste Beschäftigung. Nach dem Versiegen seiner Schreibkraft blieb dem Schweizer nur noch jene Leidenschaft übrig. Er sollte sie bis zu seinem letzten Atemzug ausüben. Das Wandern wurde ihm zumal während seiner Erkrankung an paranoid-halluzinatorischer Schizophrenie um sein 50. Lebensjahr zum Ritual, das er stets »korrekt« gekleidet mit Anzug, Weste und Krawatte, glänzend polierten Schuhen sowie Hut und Regenschirm, aber ohne Mantel beging.

Die Bedeutung des Spaziergangs für Walser lässt sich daran ablesen, wie stark er in sein Lebenswerk eingedrungen ist. Allein Titel wie *Der Ausflug, Ausflug aufs Land, Aufsatz über einen Landaufenthalt, Am See, Die Allee, Die Natur, Die Landschaft, Der Berg, Mein Berg, Das Gebirge, Der nächtliche Aufstieg, Die Felsen, Der Wald, Wanderschaft, Wanderung, Fußwanderung, Der Wanderbursche, Ich wanderte in ein Städtchen, Spazieren, Spaziergang (I), Spaziergang (II), Sonntagsspaziergang, Spaziergang im Park*... und schließlich: *Der Spaziergang* geben Zeugnis ab von einer fast manischen Beziehung zur Natur und zum Fußmarsch.[272] Die meist kurzen Prosatexte, hinzu kommen Textstellen aus Walsers Romanen, sind Beschreibungen von Spaziergängen in der Natur, zeugen aber auch von Flanerie in der Stadt.

Mit der Erzählung *Der Spaziergang*, die im Jahre 1917 erschienen ist und drei Jahre später noch einmal in überarbeiteter Form veröffentlicht wurde, liefert Walser sein Manifest des spazierenden Schriftstellers beziehungsweise des schreibenden Spaziergängers und zugleich eine Apologie und nicht zuletzt eine Didaktik des Spazierens:[273]

Robert Walser (1878–1956)

„Spazieren [...] muss ich unbedingt, um mich zu beleben und um die Verbindung mit der lebendigen Welt aufrecht zu halten, ohne deren Empfinden ich keinen halben Buchstaben mehr schreiben und nicht das leiseste Gedicht in Vers oder Prosa mehr hervorbringen könnte. Ohne Spazieren wäre ich tot, und mein Beruf, den ich leidenschaftlich liebe, wäre vernichtet. Ohne Spazieren und Bericht-Auffangen könnte ich auch keinen Bericht mehr abstatten und nicht den winzigsten Aufsatz mehr, geschweige denn eine ganze lange Novelle verfassen. Ohne Spazieren würde ich ja gar keine Beobachtungen und gar keine Studien machen können. [...] Auf einem schönen und weitschweifigen Spaziergang fallen mir tausend brauchbare nützliche Gedanken ein. Zu Hause eingeschlossen, würde ich elendiglich verkommen und verdorren. Spazieren ist für mich nicht nur gesund und schön, sondern auch dienlich und nützlich. Ein Spaziergang fördert mich beruflich und macht mir zugleich auch noch persönlich Spaß und Freude; er erquickt und tröstet und freut mich, ist mir ein Genuss und hat gleichzeitig die Eigenschaft, dass er mich zu weiterem Schaffen reizt und anspornt, indem er mir zahlreiche kleine und große Gegenständlichkeiten als Stoff darbietet, den ich später zu Hause emsig und eifrig bearbeite."

Robert Walsers Erzählung *Der Spaziergang* handelt von einem Schriftsteller, der als Spaziergänger, Hauptfigur und Ich-Erzähler des Textes auftritt und neben zahlreichen Anspielungen auf fiktionale literarische Kontexte[274] wie Goethes *Werther* und *Faust*, Schillers *Spaziergang* oder Brentanos *Godwi* autobiografische Züge trägt. Nach verschiedenen Stationen auf seinem Weg: die Begegnung mit einem Riesen, einem Professor, einer Sängerin und einer vermeintlichen Schauspielerin etc., kommt es zu einem Besuch bei einem Steuerbeamten. Bei dem Versuch, eine drohende Steuererhöhung abzuwenden, sieht sich der Schriftsteller mit der Bemerkung des Beamten konfrontiert: „Man sieht Sie aber immer spazieren!"[275] Der Schriftsteller versteht dies offenbar als Hinweis auf einen vermuteten Müßiggang, den er sich auf Grundlage einer komfortablen „Vermögens-Anhäufung" leisten könne, obwohl er doch „als armer Schriftsteller und Federführer oder *Homme de Lettres* ein sehr fragwürdiges Einkommen genieße".[276]

In atemloser Rede folgt eine Legitimation des Spaziergangs, die weit über das hinausgeht, was die bisher porträtierten spazierenden Dichter und Denker dazu mitgeteilt haben. Robert Walser gibt zugleich eine Theorie des Spazierengehens und hebt darin die Notwendigkeit dieser Tätigkeit für die Berufsausübung des *Homme de Lettres* hervor, sei er Philosoph, Essayist, Journalist oder Poet. Dies geschieht in Form einer Phänomenologie des Spazierens unter wirkungsästhetischen Gesichtspunkten. Der Spaziergang als Verbindung zur Welt ermöglicht Begegnungen mit anderen Menschen und liefert dem Schriftsteller den Stoff für seine Arbeit. Darüber hinaus dient er als Seelenbalsam, indem er „erquickt und tröstet und freut". Schließlich leistet er seinen Teil zur Charakterbildung. Im Mittelpunkt steht dabei ein schwärmerisches Naturerleben, das im Sinne einer aufklärerisch-romantischen Bildungsidee als „Quell des Guten und Schönen" und als Anreiz zur Erforschung der Dinge begriffen wird. Der Spaziergang ist dem Schriftsteller somit ein Lebenselexier und trägt zu seiner Bildung, zur Förderung des Empfindungsvermögens, zur Steigerung seiner Persönlichkeit und letztlich zu seinem Lebensglück bei. Die natürlichen Gegner des spazierenden Schriftstellers sind die Autofahrer in ihren „plumpen Triumphwagen" und die Steuerbeamten in ihren Büros. Gefahr witternd begegnet er den einen unverhohlen aggressiv: „Leuten, die in einem sausenden, staubaufwerfenden Automobil sitzen, zeige ich immer mein böses und hartes Gesicht, und sie verdienen auch kein besseres."[277] Den anderen kommt er satirisch. So lässt er einen Finanzbeamten sagen: „Ihr Gesuch betreffs Bewilligung möglichst niedrig zu veranschlagenden Steuersatzes werden wir näher prüfen und Ihnen diesbezüglich baldige abschlägige oder einwilligende Mitteilung machen."[278] Die Ausführungen des anonym bleibenden Schriftstellers scheinen – jedenfalls im Rahmen der erzählerischen Fiktion – bei den Steuerfahndern nicht ganz ohne Überzeugungskraft gewesen zu sein. Dennoch blieb der reale Autor zeitlebens arm, unter heutigen Verhältnissen bitterarm. Ob schicksalhaft oder selbst gewählt, ist schwer zu beurteilen.

Der Text lässt darüber hinaus erahnen, in welcher Weise der Autor, den man in diesem Punkte vollständig mit dem Erzähler identifizieren kann, seine Inspiration durch das

Spazieren empfängt. Im Gegensatz zu Walsers kontrolliertem, elaboriertem Stil, der durchgängig zwischen Ratio und Emotion, Ironie und Pathos, Ernst und Scherz, Relevanz und Redundanz... schwankt oder diese Pole in Ambivalenz vereint, scheint er seine Impressionen wie ein passives Medium zu empfangen. Das grenzt bisweilen ans Obsessive und Gefährdende. Am Anfang der Erzählung verlässt der Erzähler aufgrund einer Schreibhemmung „das Schreib- oder Geisterzimmer"[279], um zu seinem Spaziergang aufzubrechen. Bald erwähnt der Erzähler „allerlei schöne feinsinnige Spaziergangsgedanken". In der Folge wird jedoch konstatiert, dass der Spaziergänger „über und über von seltsamen Eindrücken und bezaubernder Geistergewalt benommen und betreten ist und das Gefühl hat, als müsse er plötzlich in die Erde hinabsinken oder als öffne sich vor seinen geblendeten, verwirrten Denker- und Dichteraugen ein Abgrund."[280] Das „Geisterzimmer" und die beim Gehen erlebte „Geistergewalt" weisen bereits auf Halluzinationen in Form von Bildern und Stimmen hin, die sich später zu Symptomen von Walsers Geisteskrankheit entwickeln. Gleichwohl schreibt der Autor über den fiktiven Verfasser von *Der Spaziergang*: „Aber man weiß ja zur Genüge, dass er ebenso gern spaziert als schreibt; letzteres allerdings vielleicht um eine Nüance weniger gern als ersteres."[281] Dafür ist ein weiteres Motiv bedeutsam: „Treues, hingebungsvolles Aufgehen und Sichverlieren in die Gegenstände und eifrige Liebe zu allen Erscheinungen und Dingen"[282] machen den Spaziergänger glücklich und als Schriftsteller produktiv, der „oben in [s]einer Stube soeben noch düster über ein leeres Blatt Papier hingebrütet hatte."[283] Hier trifft sich Walser mit Rousseau. Wie diesem bieten ihm Schreibtisch und -stube keine Inspirationsquelle. Vielmehr ist es das Spazieren überwiegend in der Natur. Wie Rousseau erlebt auch Walser das höchste Glück des Spazierens im Natur- und Selbstgenuss. Rousseau spricht von „Verzückungen und Ekstasen", die ihn Raum und Zeit und schließlich sich selbst vergessen lassen, – um sich so selbst zu finden.[284] Walser drückt ähnliches – bei allem Pathos nicht ohne einen Schuss Selbstironie – folgendermaßen aus:[285]

„Frühere Spaziergänge traten mir vor die Augen; aber das wundervolle Bild der bescheidenen Gegenwart wurde zur überragenden Empfindung. Die Zukunft verblasste, und die Vergangenheit zerrann. Ich glühte und blühte selber im glühenden, blühenden Augenblick. Aus näheren und weiteren Entfernungen trat Großes und Gutes mit herrlicher Gebärde, Beglückungen und Bereicherungen silberhell hervor, und ich phantasierte mitten in der schönen Gegend von nichts anderem als nur eben von ihr. Alle übrigen Phantasien sanken zusammen und verschwanden in der Bedeutungslosigkeit. Ich hatte die ganze reiche Erde dicht vor mir und schaute doch nur auf das Kleinste und Bescheidenste. Mit Liebesgebärden hob sich und senkte sich der Himmel. Ich war ein Inneres geworden und spazierte wie in einem Innern; alles Äußere wurde zum Traum, das bisher Verstandene zum Unverständlichen. An der Oberfläche herab stürzte ich in die fabelhafte Tiefe, die ich im Augenblick als das Gute erkannte. Was wir verstehen und lieben, das versteht und liebt auch uns. Ich war nicht mehr ich selber, war ein anderer und doch gerade darum erst recht wieder ich selbst. Im süßen Liebeslichte erkannte ich oder glaubte ich erkennen zu sollen, dass vielleicht der innerliche Mensch der einzige sei, der wahrhaft existiert."

Walser spaziert und schreibt von Jugend an. Wanderungen im Schweizer Jura, von Thun nach Bern, von München nach Würzburg sind belegt. Parallel dazu schreibt er. Viele Gedichte entstehen vor seinem zwanzigsten Lebensjahr.

In seiner Erzählung *Der Student*, im selben Jahr veröffentlicht wie *Der Spaziergang*, fasst Robert Walser die Bedeutung des Spaziergangs, die für ihn selbst gilt, in einem Satz zusammen: „Marschieren war ihm etwas wie ein musikalischer Genuss. Denken und Gehen, Sinnen und Schreiten, Dichten und Laufen waren verwandt miteinander."[286] Der Spaziergang kann so für Walser zum „Modell"[287] und „Emblem"[288] seines Schreibens werden. Über dessen Ablauf finden sich zahlreiche Varianten in Walsers Prosa. Der Autor schreibt selbst: „Beim Erzählen geht es ähnlich zu wie in der Wirklichkeit. Man nimmt sich allerlei vor, denkt an bestimmte Personen und Gegenden, aber beim Wandern verändert sich's, Voreingenommenes verschwindet, das Ungesuchte findet sich ein, Unerwünschtes ist willkommen."[289] Dies zeigt sich in *Der Spaziergang*. Der Erzähler erledigt geplante Bank- und Schneiderbesuche und folgt einer Essenseinladung, ist zugleich mit Begegnungen und Ereignissen konfrontiert, die ihn gedanklich und leiblich ablenken, aufhalten und bewegen, und lässt sich ziellos treiben durch Kleinstadtstraßen und die Natur. Aber auch stilistisch und strukturell zeigen sich Walsers Texte ziellos, schweifend, wechselhaft, assoziativ und alogisch..., es sind, wie Urs Jenny formuliert, „Spaziergänge auf dem Papier"[290]. Zwar gibt es im *Spaziergang* Besorgungen zu machen und gilt es Verabredungen einzuhalten. Der Protagonist ist, für einen Spaziergang untypisch, somit an Orte und Termine gebunden. Gleichwohl besitzen das begangene Terrain kein Zentrum und die geschilderten Geschehnisse keine Handlung, auf die Rückkehr des Spaziergängers „nach Hause" wird nur vorausgedeutet. Jenny bemerkt zudem, dass sich Walsers Texte besonders im Spätwerk von der Beschreibung eines realen Sachverhalts lösen. Der Gegenstand des Erzählens sei – in Walsers Worten – „bloß literarisch oder artistisch, nicht in kompletter Eigentlichkeit vorhanden"[291]. Das gilt – neben autobiografischen Parallelen wie z. B. den Erhalt eines Preisgelds für den Dichter, wie es auch Walser einmal bekommen hat – ebenso für *Der Spaziergang*. Indem die Erzählebenen (Autor, auktorialer Erzähler, Ich-Erzähler und intendierter Leser) sowie der Erzählgegenstand (Spaziergang), der Schreibprozess und die Reflexion darüber bis hin zur Leseransprache sich gegenseitig durchdringen, verschmelzen diese vermutlich in der Wahrnehmung des Lesers bzw. der Leserin. Spazieren und Schreiben erscheinen in den raffinierten doppelbödigen und bewusst irritierenden Inszenierungen Robert Walsers als austauschbar und bilden als Akte der Bewegungen des Körpers und des Geistes eine Einheit. Die Form dieses komplexen Sachverhalts wird als ein Labyrinth erkennbar: „Der Text ist durch Umgehungen und Umwege strukturiert. Und in dieser Strukturierung tut sich ein tieferliegendes Netz von Verschränkungen der Schrift und topographischer Form auf, die der Weg wie das Gehen, die sich ihrerseits im Spaziergang miteinander verschränken, einzeichnen. *Der Spaziergang* als Text gleicht sich auf der Ebene seiner Strukturierung dem Spaziergang an und schreibt gleichzeitig auch den Gang des Lesers als Quergang, der sich der Linearität der Sinnfindung entzieht. Im Aufbau des Ganges baut sich gleichzeitig dieser Gang auch schon selbst ab."[292]

Spazieren und Schreiben waren Walsers eigentliche Lebensform, der er alles andere unterordnete und opferte. Er gründete keine Familie, heiratete nicht und pflegte keine Partnerschaft. Er verzichtete auf einen Brotberuf, auf Wohlstand und Komfort, letztlich auf jeglichen Besitz. Er reduzierte seine Daseinsvorsorge auf ein Minimum, so dass er sieben Jahre in einem für Dienstboten bestimmten kärglichen, ungeheizten Dachstübchen des Hotels »Blaues Kreuz« in Biel mehr hauste als wohnte. Weitere zwölf Jahre verbrachte er in wechselnden möblierten Zimmern in Bern.

Walsers Karriere hatte als Vagabund begonnen, der von Ort zu Ort und von Beschäftigung zu Beschäftigung zog. Seine Versuche, sich als freier Schriftsteller zu etablieren, wurden nach erster Aufmerksamkeit durch Verlage, Zeitungen, Leser und Kollegen, die ihm zahlreiche Veröffentlichungen in einer Vielzahl von Publikationen ermöglichten, bald zu einer Folge von Niederlagen. Nach Aufenthalten in den Kunstmetropolen Zürich und Berlin zieht er sich in die Schweizer Provinz nach Biel und dann Bern zurück. 1929 stimmt er zu, sich in die psychiatrische Heilanstalt Waldau bei Bern einweisen zu lassen. Er leidet unter Angstzuständen und Halluzinationen; er hört „Stimmen". „Meine Krankheit ist eine Kopfkrankheit, die schwer zu definieren ist"[293], äußert er sich über seinen Zustand. Walsers Spätwerk zeigt bereits Zeichen des sprachlichen Zerfalls und besteht schließlich nur noch aus einzelnen Sätzen. An seinen literarischen Hinterlassenschaften fällt auf, dass sich das Schriftbild zu einer kaum mehr entzifferbaren Mikrographie gewandelt hatte; „im Schreibprozess kam er gedanklich nur erschwert zum Abschluss und verarmte inhaltlich", wie ein Bericht über Walsers psychische Erkrankung mitteilt.[294] 1933 folgt – gegen Walsers Willen – die Verlegung in die Heil- und Pflegeanstalt Herisau. Damit endet sein künstlerisches Schreiben. „Der einzige Boden, auf dem ein Dichter produzieren kann, ist die Freiheit. Solange diese Bedingung unerfüllt bleibt, weigre ich mich, je wieder zu schreiben. Damit, dass man mir ein Zimmer, Papier und Feder zur Verfügung stellt, ist es nicht getan"[295], teilt er 1939 Carl Seelig, seinem Bewunderer, Förderer, späteren Freund und Vormund mit. Ab 1936 besucht Seelig regelmäßig seinen Schützling und unternimmt mit ihm ausgedehnte Fußmärsche. Unter dem Titel *Wanderungen mit Robert Walser* veröffentlicht Seelig die Essenz seiner Gespräche mit dem Schriftsteller, eine wichtige Quelle zu dessen Leben und Werk.

Nach Abschwächen der Krankheitssymptome, vor allem der Heimsuchung durch innere Stimmen, weigert sich Walser die Anstalt zu verlassen und verbringt dort den Rest

Weitergehen erscheint für Rousseau, Hölderlin, Kierkegaard, Nietzsche, Robert Walser und W. G. Sebald, also für die psychisch Labilen sowie die unheilbar Kranken, ein Versuch der Flucht aus der Melancholie oder der Zwangswelt, in die sich ihr Seelenleben verwandelt hatte. Weitergehen verschafft ihnen Linderung beim Ertragen des Leidens, jedoch kein Entkommen daraus. Friedrich Nietzsche war ab 1889 wohl nicht einmal ein Weitergehen vergönnt.
Rainald Goetz, promovierter Psychiater, findet in seinem Debütroman *Irre* (Frankfurt am Main 1986, S. 12 f.) Worte für dieses Weitergehen: „Gehen, Stehen, Gehen, alles eins, Weitergehen. Würde ich liegen, könnte ich nicht gehen. Da ich gehen muss, liege ich nicht. Da ich nicht liege, gehe ich. Ich sage: Mein Vater ist im Zeichen des Feuerhengstes geboren. Das bedeutet für den Sohn Hölle oder Erlösung. Im Gefängnis dieser Frage liegen, Hölle oder Erlösung, und pausenlos beschossen, aus dem Neuronennetzwerk in der Hirnrinde sich hinducken auf die Schädelbasis und bewegungslos liegen, oder gehen, aus der Frage hinaus. Tage des Liegens, eingerollt, versteckt, tonlos, Tage des Gehens. Lieber Gehen als Liegen, Gehen und Reden. Also aus der Kopfenge ausbrechen, habe ich mir gesagt, schon vor Tagen, und auf den Platz hinausgehen, seine Grenzen abmessen, Schritt um Schritt wie immer, und so die notwendige Ordnung herstellen unter den Menschen, gehend und redend, bei Erschöpfung das Stehenbleiben, dann Weitergehen ohne nachzulassen. Die mir entgegen kommen, mit brennenden Augen, sind mir gleichwohl lieb. Ich ausersonnen, zürne keinem."
Ähnliches wird erzählt in Kafkas *Ein Bericht für eine Akademie* eines auf dem Weg zur Menschwerdung traumatisierten Affen: „Nein, Freiheit wollte ich nicht. Nur einen Ausweg; rechts, links, wohin immer; ich stellte keine anderen Forderungen; sollte der Ausweg auch nur eine Täuschung sein; die Forderung war klein, die Täuschung würde nicht größer sein. Weiterkommen, weiterkommen! Nur nicht mit aufgehobenen Armen stillestehn, angedrückt an eine Kistenwand." (Franz Kafka: *Sämtliche Erzählungen*, Frankfurt am Main 1970, S. 169 f.)

seines Lebens, insgesamt 23 Jahre. Reinigungsarbeiten, das Falzen und Kleben von Papiersäcken sowie ausgedehnte Spaziergänge werden seine Hauptbeschäftigungen. Die öffentliche Wirkung seines literarischen Werkes interessiert ihn scheinbar nicht. Seine einzige Lektüre findet er beim Blättern in alten Zeitschriften. Am ersten Weihnachtsfeiertag 1956 – in seinem 79. Lebensjahr – unternimmt Robert Walser seine letzte Wanderung. Beim Passieren eines Schneefelds erleidet er wahrscheinlich einen Herzinfarkt, den er nicht überlebt. Kinder finden seinen Leichnam. Ein halbes Jahrhundert zuvor hatte der Autor literarisch das Szenario des eigenen Todes vorweggenommen. Eine Figur aus Walsers 1907 erschienenem Roman *Geschwister Tanner*, der Dichter Sebastian, kehrt von einem winterlichen Spaziergang nicht mehr heim. Seine Leiche wird schneebedeckt im Wald aufgefunden. Zehn Jahre später lässt Walser den Ich-Erzähler von *Der Spaziergang* über die Sterblichkeit nachsinnen: „Erde, Luft und Himmel anschauend, kam mich der betrübliche, unweigerliche Gedanke an, dass ich zwischen Himmel und Erde ein armer Gefangener sei, dass alle Menschen auf diese Art und Weise kläglich gefangen seien, dass es für alle nur den einen finsteren Weg gebe, nämlich in das Loch hinab, in die Erde, dass es keinen andern Weg in die andere Welt gebe als den, der durch das Grab geht."[296] Das Leben, speziell das eines Dichters, schien Walser ein Sterben auf Raten zu sein. Sentenzenhaft, melancholisch, ironisch und kokettierend schrieb Walser weitere zehn Jahre später – aber zeitlich immer noch eine Generation vor seinem Tode: „Jedes Buch, das gedruckt wurde, ist doch für den Dichter ein Grab oder etwa nicht?"[297] Mit den Motiven Gehen und Wort hatte bereits der Zweiundzwanzigjährige in einem lyrischen Vierzeiler knapp (s)ein ganzes Leben umrissen. Das Gedicht ziert den ihm gewidmeten Gedenkstein auf dem Friedhof in Herisau, wo Walser begraben liegt:[298]

Beiseit

Ich mache meinen Gang;
der führt ein Stückchen weit
und heim; dann ohne Klang
und Wort bin ich beiseit.

Bis in die 1970er Jahre war Walser so gut wie vergessen. Mit seiner Wiederentdeckung wuchs die Aufmerksamkeit gegenüber Leben und Werk kontinuierlich. Dazu trug auch eine literarische Sensation bei: In Walsers Nachlass fanden sich die sogenannten *Mikrogramme*. Es handelt sich um in winziger Bleistiftschrift verfasste Texte von großer Formenvielfalt, darunter auch »Spaziergängerprosa«. Sie sind zwischen 1924–1933 entstanden, erforderten jahrelanges Transkribieren und erschienen ab 1985 unter dem Titel *Aus dem Bleistiftgebiet*.

Vor allem Schriftstellerkollegen und Literaturwissenschaftler haben die Kenntnisse über Walsers Schreiben bedeutend vermehrt und vertieft. Sie bewerten die Erzählung *Der Spaziergang* als einen „Schwellentext zur Moderne" und haben ihren Autor bereits als Klassiker kanonisiert.[299] Obwohl neben zahlreichen Einzeleditionen zwei Ausgaben des Gesamtwerks bzw. Sämtlicher Werke vorliegen und zwei weitere Gesamtausgaben[300] in Arbeit sind, konnten Walsers Bücher zwar eine treue Lesegemeinde, aber nie Popularität erlangen und machten ihren Autor „zum bekanntesten Geheimtipp der deutschsprachigen Literatur"[301], insbesondere zu einem „writer's writer"[302].

Spazieren mit Walser in und um Herisau

Während seiner über zwanzig Jahre dauernden letzten Lebensphase in Herisau schrieb Robert Walser nicht mehr und gab sich neben nützlichen Tätigkeiten in der psychiatrischen Heilanstalt nur noch einer Lieb-

lingsbeschäftigung hin, dem Spazierengehen. Kam sein Freund Carl Seelig an Wochenenden zu Besuch, so bestiegen sie oft den Zug, um eine gemeinsame Wanderung mit einem Ausflug in die nähere Umgebung zu verbinden.[303]
Gewöhnlich spazierte Walser allein in und um Herisau. Einen Eindruck davon vermittelt der Robert-Walser-Pfad, den der Schweizer Schriftsteller Peter Morger (1955-2002) als ersten Literaturpfad des Landes eingerichtet hat.[304] Der abwechslungsreiche Weg führt ähnlich wie in Walsers Erzählung *Der Spaziergang* beschrieben sowohl durch Teile des Stadtgebiets als auch durch Wälder, Wiesen und Felder der angrenzenden Natur- und Kulturlandschaft. Tafeln informieren anhand von Textzitaten und Fotografien über Walsers Werke und sein Leben in Herisau. Ein Faltprospekt, herausgegeben vom Museum Herisau, das zusammen mit der Gemeinde den Walser-Pfad unterhält und Führungen anbietet, gibt Orientierung.[305]
Die leichtgängige ca. 2 $^1/_2$-stündige Strecke mit einer Länge von gut sieben Kilometern beginnt offiziell beim Walser-Brunnen im Ortskern, der den Künstlern Robert und seinem Bruder Karl, einem Maler, gewidmet ist. Das erste Etappenziel ist das Psychiatrische Zentrum Krombach, früher die Ausserrhodische Heil- und Pflegeanstalt. Von dort brach Walser zu seinen Spaziergängen auf. In der sehr gepflegten parkähnlichen Anlage lässt sich von außen das ehemalige Haus 1 betrachten, in dem Walser wohnte.

Ein Fußweg führt aus dem Klinikgelände Richtung Norden durch Wiesen und an Gehöften vorbei bis zum Flüsschen Glatt, das eine Brücke überspannt. Dahinter passiert man ein Wohngebiet und gelangt ostwärts vor Schochenberg wieder auf einen Wanderpfad, der Ausläufer des Roserwaldes durchquert. Schöne Aussichten, Picknickplätze, die mittelalterliche Burgruine Rosenberg und mehrere Walsertafeln mit Zitaten laden zum Verweilen ein. Nahe einem Bauernhof unterhalb der Wachtenegg trifft man auf Walsers Sterbeort. Nicht weit davon entfernt, nach einem Abstieg zur St. Gallerstrasse und diese Richtung Südwesten überquerend, befindet sich Walsers letzte Ruhestätte auf dem Herisauer Friedhof. Der Weg lässt sich beenden mit einem Besuch des im ehemaligen Rathaus eingerichteten Museums Herisau. Es beherbergt eine Robert-Walser-Sammlung.

Den Robert-Walser-Pfad entlang durch Wiesen und Felder in den Roserwald
Walsers Lebensort im Haus 1 der Ausserrhodischen Heil- und Pflegeanstalt

Blick vom Robert-Walser-Pfad auf Herisau

Auf dem Robert-Walser-Pfad

Walser-Gedenkstein auf dem Herisauer Friedhof

ROBERT
WALSER
1878-1956
Ich mache meinen Gang
der führt ein Stückchen weit
und heim, dann ohne Klang
und Wort bin ich beiseit

Ein wenig spazieren gehen, damit sich meine Gedanken klarer entwickeln —

Franz Kafka in und um Prag

Franz Kafka (1883–1924) um 1922

Sein Leben als „Ewiger Sohn"[306] unter einem dominanten Vater, als Jude unter Christen, als Deutscher unter Tschechen[307], als Künstler in einem verhassten bürgerlichen Brotberuf[308] und als sensibler Mensch in der modernen, labyrinthisch verwalteten Welt – ein solches Leben empfand er als fremd und fremdbestimmt. Franz Kafka sah seine Lebensaufgabe darin, sich davon zu befreien. Selten fand er diese Befreiung in der Lösung aus menschlichen Bindungen und in der Hinwendung zu anderen Menschen. Um sich aus der Abhängigkeit vom omnipotenten Vater zu lösen, versuchte Kafka eine eigene Familie zu gründen. Seine Heiratsversuche scheiterten jedoch aus Furcht vor neuer Abhängigkeit. So verlobte er sich mit Felice Bauer, einer Berlinerin, mit der er jahrelang eine Beziehung aus sicherer Entfernung führte. Nach der Entlobung verlobte er sich erneut mit ihr und entlobte sich wieder, um sich später mit einer anderen Frau, Julie Wohryzek, zu verloben und zu entloben. Seine Verlobungen empfand er als bedrohlich für sein Schreiben, war und blieb es doch in erster Linie das Schreiben, das Kafka ein Gefühl der Freiheit und des Lebensglücks gab.

Als Autor konnte er den ihn bedrängenden Situationen durch die verblüffend realistisch erscheinende Gestaltung einer meist fantastischen Gegenwelt entkommen. Diese entdeckte er in seinem traumhaften Inneren, dem er sich bevorzugt des Nachts widmete. Den Zugang dazu eröffneten ihm nicht nur der Schlaf, sondern auch seine Spaziergänge und der spontane Akt des Schreibens. Die Produkte seiner Fantasien sind dennoch keine utopischen Wunschwelten mit Happy End. Kafkas »Helden« kommen eigentlich nie an ihr erhofftes Ziel. Es sind vielmehr die nur scheinbar verheißungsvollen Wege, die ausweglosen Rauminstallationen, die Dramaturgie der Verstrickung und oft genug der Tod, die Kafka seinen Protagonisten zumutet und ihrem Autor so eine Distanzierung von den Nöten seiner eigenen Existenz erlaubt. Sein Gefühl der Befreiung wird erzeugt durch das Transitorische und Prozesshafte, wie es das Schreiben selbst ist... sowie das stellvertretende groteske bzw. »kafkaeske« Scheitern seiner Figuren und schließlich das Lachen darüber, wie es Kafka bei seinen Lesungen überfiel.[309]

Im Reich der Sprache und der Fantasie fühlte Kafka sich ermächtigt zu herrschen. In der Familie, im Beruf und in anderen Lebenslagen verspürte er Ohnmacht. Mit dem Ergebnis seiner Schriftstellerei war er jedoch selten zufrieden, so dass viele seiner Texte, darunter alle drei Romane, Fragment blieben und z. T. von ihm selbst oder in seinem Auftrag vernichtet wurden.

Elias Canetti definiert Kafkas Werk als „fußgängerisch" und behauptet in einer Aufzeichnung: „Kafkas Ordnung ist die Schwierigkeit des Gehens, das „Schritt für Schritt". (Wie das Kind Gehen lernt, aber auf alles angewendet.)"[310] In der Tat spielt Kafkas tägliches und ausdauerndes Spazierengehen für seine Lebenspraxis und sein Schreiben eine wichtige Rolle und findet als Motiv wiederholt Eingang in seine literarische Prosa. Ein Beispiel ist die kurze Erzählung *Der plötzliche Spaziergang,* die am 5. Januar 1912 geschrieben wurde und im selben Jahr erschien. Das Motiv des Spaziergangs vertritt hier gleichsam allegorisch die Rolle des Schreibens in Kafkas Leben.

Zeichnung von Franz Kafka, Skizzenbuch ca. 1901–1907

„Wenn man sich am Abend endgültig entschlossen zu haben scheint, zu Hause zu bleiben, den Hausrock angezogen hat, nach dem Nachtmahl beim beleuchteten Tische sitzt und jene Arbeit oder jenes Spiel vorgenommen hat, nach dessen Beendigung man gewohnheitsgemäß schlafen geht, wenn draußen ein unfreundliches Wetter ist, welches das Zuhausebleiben selbstverständlich macht, wenn man jetzt auch schon so lange bei Tisch stillgehalten hat, dass das Weggehen allgemeines Erstaunen hervorrufen müsste, wenn nun auch schon das Treppenhaus dunkel und das Haustor gesperrt ist, und wenn man nun trotz alledem in einem plötzlichen Unbehagen aufsteht, den Rock wechselt, sofort straßenmäßig angezogen erscheint, weggehen zu müssen erklärt, es nach kurzem Abschied auch tut, je nach der Schnelligkeit, mit der man die Wohnungstür zuschlägt, mehr oder weniger Ärger zu hinterlassen glaubt, wenn man sich auf der Gasse wiederfindet, mit Gliedern, die diese schon unerwartete Freiheit, die man ihnen verschafft hat, mit besonderer Beweglichkeit beantworten, wenn man durch diesen einen Entschluss alle Entschlussfähigkeit in sich gesammelt fühlt, wenn man mit größerer als der gewöhnlichen Bedeutung erkennt, dass man ja mehr Kraft als Bedürfnis hat, die schnellste Veränderung leicht zu bewirken und zu ertragen, und wenn man so die langen Gassen hinläuft, – dann ist man für diesen Abend gänzlich aus seiner Familie ausgetreten, die ins Wesenlose abschwenkt, während man selbst, ganz fest, schwarz vor Umrissenheit, hinten die Schenkel schlagend, sich zu seiner wahren Gestalt erhebt.

Verstärkt wird alles noch, wenn man zu dieser späten Abendzeit einen Freund aufsucht, um nachzusehen, wie es ihm geht."[311]

Franz Kafka, der promovierte Jurist, Versicherungsbeamte und Fabrikant, der als Dreißigjähriger immer noch bei seinen Eltern und Geschwistern wohnte und erst durch äußere Umstände zum Auszug veranlasst wurde, beschreibt mehr als anderthalb Jahre später zugespitzt die realen Verhältnisse, auf denen der

Text beruht: „Ich lebe in meiner Familie, unter den besten, liebevollsten Menschen, fremder als ein Fremder. Mit meiner Mutter habe ich in den letzten Jahren durchschnittlich nicht zwanzig Worte täglich gesprochen, mit meinem Vater kaum jemals mehr als Grußworte gewechselt. Mit meinen verheirateten Schwestern und den Schwägern spreche ich gar nicht, ohne etwa mit ihnen böse zu sein. Für die Familie fehlt mir jeder mitlebende Sinn."[312] Wie diese Mitteilung zeigt, kann Kafkas kurze Geschichte *Der plötzliche Spaziergang* als Dokument einer bis dato anhaltenden Lebenssituation des Autors verstanden werden, geprägt von Entfremdung und zugleich emotionaler Abhängigkeit von der Familie. Vor diesem autobiografischen Hintergrund erscheint der Zustand der Erlösung, wie er in dem die lange Reihe von Konditionalsätzen beendenden Hauptsatz der Erzählung verheißen wird, als unwirklich. Es hat sich nichts geändert, weder textimmanent durch den Entschluss des mit dem Indefinitpronomen „man" bezeichneten Familienmitglieds, zu seinem Spaziergang aufzubrechen, noch im Leben des Autors durch eine mögliche und wohl auch erhoffte Wirkung des veröffentlichten Textes, auf die ihn lesenden Familienmitglieder, die gleichfalls einen Entschluss in der Sache hätten herbeiführen können. Kafka legte dem Vater seine gedruckten Werke vor. Dieser quittierte die Geste im Familienkreis mit der – so der Autor – „für uns berühmt gewordenen Begrüßung meiner Bücher: »Legs auf den Nachttisch!«"[313] Kafka erlebte diesen Tiefpunkt der Entfremdung scheinbar als Wendepunkt in der Beziehung zum Vater und der Familie, „weil jene Formel mir klang wie etwa: »Jetzt bist du frei!«"[314] In seinem berühmten *Brief an den Vater*, der nie abgeschickt wurde, erklärt Kafka die Bedeutung seiner Arbeit als Schriftsteller gegenüber dem Vater mit den Worten: „Hier war ich tatsächlich ein Stück selbständig von Dir weggekommen, wenn es auch ein wenig an den Wurm erinnerte, der, hinten von einem Fuß niedergetreten, sich mit dem Vorderteil losreißt und zur Seite schleppt. Einigermaßen in Sicherheit war ich, es gab ein Aufatmen; die Abneigung, die Du natürlich auch gleich gegen mein Schreiben hattest, war mir hier ausnahmsweise willkommen."[315]

Jenseits des Autobiografischen zeigt sich in Kafkas kurzer Geschichte modellhaft die existenzielle Grundsituation des Menschen, Entscheidungen treffen zu müssen, die zur Selbstverwirklichung im Sinne eines autonomen Lebensentwurfs führen können. In *Der plötzliche Spaziergang* scheint der Entschluss des »Man« zum Aufbruch und Zurücklassen seiner Familie möglich und sinnvoll, allen Gewohnheiten, Selbstverständlichkeiten und rationalen Bedenken zum Trotz. Keine zwingenden Gründe stehen diesem Entschluss entgegen. Es ist lediglich die konditionale Formulierung des Geschehens, die diesen zu treffenden einen Entschluss und damit alle Entschlussfähigkeit in Frage stellt, und damit eine gelingende Individuation, die Erlangung persönlicher Unabhängigkeit von der sozialen Umwelt – hier von zwanghaften Familienbanden und zur Routine erstarrten Tagesabläufen – und die Emanzipation seiner selbst zu verwirklichen. Diese hätte, indem man z. B. „einen Freund aufsucht", die selbstbestimmte Entscheidung *für* eine soziale Beziehung ermöglicht. Als Befreiung *von* fremdbestimmten Bindungen und als Befreiung *zu* einem autonomen Miteinander wird der Spaziergang hier zu einem Symbol des gelingenden Lebens.

Dieses Modell ist durch Kierkegaard vorgedacht. Auf die von ihm erstrebte „religiöse" Lebensform bezogen nennt Kierkegaard diesen Akt der Emanzipation „Sprung".[316] Auf einer sozusagen profanen Ebene entspricht dieser existenzialistische Sprung Kafkas „Entschluss", der das Individuum aus dem entfremdeten Dasein zur „wahren Gestalt" seiner selbst erhebt. Dieser Entschluss wird nicht aus Erlebtem logisch oder psychologisch abgeleitet und planend vorbereitet, sondern muss „plötzlich" und zielstrebig getroffen werden. Bei gelingendem Antritt des Spaziergangs stellt sich „dann" die auch leibliche Erfahrung „unerwarteter Freiheit" ein, die der Protagonist „hinten die Schenkel schlagend" begrüßt.

Bekanntlich hat Kafka das Familienverhängnis als Thema wiederholt aufgegriffen. Der Kurzprosatext *Entschlüsse*, unmittelbar nach *Der plötzliche Spaziergang* entstanden, thematisiert die Resignation des Ich-Erzählers bei dem Versuch, „[a]us einem elenden Zustand sich zu erheben". Statt eines spontanen Aufbruchs enden die Bemühungen darin, „alles hinzunehmen, [...] kurz, das, was vom Leben als Gespenst noch übrig ist, mit eigener Hand niederdrücken, d.h., die letzte grabmäßige Ruhe noch vermehren und nichts außer ihr mehr bestehen lassen."[317] Ebenfalls im Jahr 1912 schrieb Kafka seine vielleicht berühmteste Erzählung *Die Verwandlung*. Durch die plötzliche Metamorphose des Protagonisten in ein riesiges hilfloses und seiner Familie bald lästig werdendes Insekt werden allmählich und letztlich endgültig jeder Entschluss und alle Entschlussfähigkeit zunichte gemacht. Mit der Verwandlung Gregor Samsas in einer Wohnung, die der Kafkas räumlich gleicht,[318] verwandelt sich seine Familie für ihn in eine Hölle.[319] Nach seinem Tod, seinem Verenden, das die Familie für sich als eine Befreiung empfindet, beschließt diese, „den heutigen Tag zum Ausruhen und Spazierengehen zu verwenden"[320]. Bietet der plötzliche Spaziergang in der gleichnamigen Erzählung das Versprechen einer Befreiung des Einzelnen von seiner Familie, so genießt die Familie in *Die Verwandlung* die Befreiung von ihrem zur Last gewordenen Mitglied mit einem Spaziergang. Die motivischen Kontrastparallelen legen nahe, beide Geschichten als verschiedene Perspektiven auf ein gleiches inneres Geschehen zu verstehen.

Dies eröffnet einen weiteren Deutungsaspekt für *Der plötzliche Spaziergang*. Psychoanalytisch betrachtet[321] kann der Fluchtimpuls des „Man" als Reaktionsbildung, nämlich als Verkehrung des Wunsches nach Nähe und Zugehörigkeit zu seiner Familie verstanden werden. Hinter dem Trennungsbedürfnis verbirgt sich der Integrationswunsch. Denn nicht nur der plötzliche Spaziergang erscheint eher illusionär als visionär, sondern auch die damit verbundenen Erwartungen. Dass der Erfolg, hier der Entschluss und der Aufbruch zu einem solchen plötzlichen Spaziergang, in Frage steht, beruht auf der Angst, die in der Freiheit begründet liegt, etwas Falsches zu wählen. Diese Angst, eine Verlustangst, ist latent Kafkas Text eingeschrieben, wird darin doch eingeräumt, „dass man ja mehr Kraft als Bedürfnis hat, die schnellste Veränderung leicht zu bewirken und zu ertragen". Zudem handelt es sich streng genommen bei jedem Spaziergang nicht um ein Verlassen, sondern um einen Aufbruch mit der Absicht zur Rückkehr an seinen Ausgangsort, hier die elterliche Wohnung. Lediglich der „Entschluss" für oder gegen einen plötzlichen Spaziergang scheint – in seiner Möglichkeit – „endgültig". Das „Weggehen" gilt ausdrücklich nur „für diesen Abend". Ein Spaziergang ist kein Wandern von einem Ort zu einem andern; schon gar kein Auswandern, wie es Kafkas Figur Karl Roßmann zwangsweise erdulden muss, als familiäre Ausgrenzung durch nationale Ausbürgerung. Der jugendliche Protagonist des gleichzeitig mit den anderen Texten entstandenen Romanfragments *Der Verschollene* wird von seinen Eltern verstoßen und nach Amerika verbannt. Dort in der Fremde muss er sich durchschlagen. Unter anderem vagabundiert er in Gesellschaft zweier Landstreicher, die zu Karls Leidwesen ihm die Fotografie seiner Eltern entwenden.

Es geht bei allen drei Prosatexten *Der plötzliche Spaziergang, Die Verwandlung* und *Der Verschollene* letztlich weniger um eine Befreiung durch Ablösung als um entbehrte Nähe, fehlende Zuwendung und Ausschluss von einer Gemeinschaft, wie sie Kafka „fremder als ein Fremder" in seiner Familie erfahren hatte.

Die bewusste Wahl des Spaziergangs als literarisches Motiv, das hier den Weg der Emanzipation symbolisiert, knüpft an dessen tradierte Konnotation als eines Aktes der Freiheit und der Selbstverwirklichung an, wie sie beispielsweise von Rousseau, Kierkegaard und Nietzsche erlebt und bedacht wurden. Kafka verwendet dieses Motiv, indem er dessen Bedeutung und Wirkung für den jeweiligen Protagonisten geradezu zynisch in sein Gegenteil verkehrt. Dies wird auch deutlich in seiner kurzen, ebenfalls 1912 erschienenen Erzählung *Der Ausflug ins Gebirge.* Der Ich-Erzähler, dem „niemand hilft", bekennt darin: „Ich würde ganz gern – warum denn nicht – einen Ausflug mit einer Gesellschaft von lauter Niemand machen."[322]

Kafka war selbst ein leidenschaftlicher Spaziergänger. Am 1. November 1912 teilt er in einem Brief an seine Verlobte Felice als Detail seines gewöhnlichen Tagesablaufs mit: „eine Stunde Spazierengehn allein oder mit Max [Brod] oder mit noch einem andern Freund"[323]. In sein Tagebuch notiert er drei Wochen nach der Niederschrift von *Der plötzliche Spaziergang*: „Furcht vor dem zweistündigen Abendspaziergang, den ich jetzt für mich eingeführt habe"[324]. Kafka berichtet aber auch von vier- bis fünfstündigen Spaziergängen durch Prag und die nähere Umgebung, er bemerkt: „nichts machte mich müde, gehn könnte ich endlos, an die Grenze meiner Kraft bin ich damals im Gehn nie gekommen (im Denken damals allerdings immerfort)".[325] „Seine Bewegungen waren ruhig, doch schwankte er etwas bei dem ihm eigenen weitausgreifenden, entschiedenen Gang"[326], charakterisiert der Kafka-Forscher Hartmut Binder sein Auftreten.

Neben dem bereits erwähnten Bezug zu Kierkegaard, wie er in *Der plötzliche Spaziergang* als Entschluss („Sprung") zum Ausdruck kommt, lässt sich ein weiterer annehmen, nämlich das Motiv des Spaziergangs selbst. Beide Motive korrespondieren literarisch in ihrer Bedeutung. Kafka hat sich intensiv mit Kierkegaard beschäftigt. Bezeugt ist dies jedoch erst ab 1913, also nach Fertigstellung der hier betrachteten Erzählungen. „Wie ich es ahnte, ist sein [Kierkegaards] Fall trotz wesentlicher Unterschiede dem meinen sehr ähnlich, zumindest liegt er auf der gleichen Seite der Welt. Er bestätigt mich wie ein Freund", notiert Kafka in sein Tagebuch.[327] Das bezieht sich nicht nur auf die Erfahrungen mit einem dominanten Vater, mit einer kaum in Erscheinung tretenden Mutter, mit der Unfähigkeit, eine enge und dauerhafte Verbindung mit einer Frau einzugehen, sondern auch mit dem Entschluss, ein Leben als Schriftsteller zu führen. Damit verbunden ist ein brennendes, scharfsinniges und erschöpfendes Reflektieren jeglicher bedeutsam erscheinenden Lebenssituation und das Vermögen, dies sprachlich in außergewöhnlicher Weise darstellen zu können. Als ein Seelen- und Schicksalsverwandter gelangte Kafka möglicherweise zu gleichen Vorstellungen wie Kierkegaard — eventuell noch unabhängig von genauen Kenntnissen seiner Schriften.

Das betrifft auch das Spazierengehen, das Kafka aus ähnlichen Antrieben pflegt wie Kierkegaard. Einer davon ist die Schaulust. Kafka notiert auf dem Umschlag eines Tagebuchheftes, das er auf seiner Parisreise führte, die Anfangsverse eines französischen Volkslieds mit dem (dort nicht genannten) Titel *Le flâneur*: „moi je flâne / qu'on m'approuve ou me condamne / je vois tout / je suis partout"[328] — übersetzt: „Ich spaziere, ob sie mich billigen oder verurteilen. Ich sehe alles. Ich bin überall." Diese Verse könnten als Motto seiner Streifzüge durch Paris, aber sicherlich auch durch seine Heimatstadt Prag gelten. Als Stadtbewohner sind Kierkegaard und Kafka Voyeure, was sie als Flaneure ausleben. Die auf den Gassen und Boulevards gemachten Beobachtungen finden ihren Niederschlag in persönlichen Journalen und literarischen Texten. Bei Kierkegaard handelt es sich beispielsweise um das *Tagebuch eines Verführers*, bei Kafka um die Fragment gebliebene Erzählung *Beschreibung eines Kampfes*. Bereits ab 1904 im Alter von 21 Jahren arbeitete Kafka an diesem seinem ersten erhaltenen Prosatext. Die

Grundsituation bildet ein nächtlicher Spaziergang durch Prag, die der Ich-Erzähler mit den Worten kommentiert: „Den Tag über im Amt, abends in Gesellschaft, in der Nacht auf den Gassen und nichts übers Maß. Eine in ihrer Natürlichkeit schon grenzenlose Lebensweise!"[329] Sie entspricht zeitweilig dem Tagesablauf des Autors selbst. Während einer dieser Abendgesellschaften befreit der Erzähler seinen „Bekannten", der wie weitere Episodenfiguren im Text als ein Alter Ego des Erzählers kenntlich wird, aus einer peinlich zu werdenden Situation, und zwar durch den plötzlichen Aufbruch zu einem gemeinsamen nächtlichen Spaziergang. Dieser gilt der literaturwissenschaftlichen Forschung als „Metapher für eine Suche nach der eigenen Existenzbegründung und Identität"[330]. In der zuvor betrachteten Erzählung *Der plötzliche Spaziergang* scheint ein Entschluss dazu noch günstige Folgen zu verheißen. Mit *Beschreibung eines Kampfes* verneint Kafka das Gelingen eines solchen Aufbruchs von vornherein. Denn als im Text hervorgehobene und sich bestätigende Aussage findet sich folgender Zwischentitel: „Belustigungen oder Beweis dessen, dass es unmöglich ist zu leben."[331] Diese Suche nach Ich-Identität wird zu einem grotesk-komischen Kampf des Protagonisten mit sich selbst, bei dem der Sieger immer auch der Verlierer ist und umgekehrt. Bereits in dieser frühen Novelle zeigt sich das Scheitern vieler nachfolgender kafkascher Protagonisten an der Aufgabe des „Werde, der du bist"[332]. Am deutlichsten wird dies bei Gregor Samsa, den zu einem „ungeheueren Ungeziefer" degenerierten Helden in Kafkas Erzählung *Die Verwandlung*, einer „kreuz und quer über Wände und Plafond" wandernden und „beim Kriechen hie und da Spuren [ihres] Klebstoffes"[333] hinterlassenden Kreatur.

Kafkas Darstellung räumlicher Situationen beruht vielfach auf konkreten Erfahrungen, die bisweilen signifikant »verwandelt« werden.[334] Häufig bildet der Erlebnisraum dafür die Stadt Prag, denn, so der Autor, „Prag lässt nicht los. [...] Dieses Mütterchen hat Krallen."[335] Obwohl nur in *Beschreibung eines Kampfes* Prags Schauplätze namentlich benannt werden, ohne dass jemals der Name der Stadt fiele, bleiben sie Kulisse für die vom Autor inszenierten Handlungen der Nachtschwärmer. Der Spaziergang des Erzählers lässt sich somit stadttopografisch nachverfolgen.[336] Kafka kennt nicht nur diese Örtlichkeiten, sondern hat sie immer wieder passiert, z. B. an Werktagen auf seinen Wegen von und zur Arbeit, „nach seinem Mittagsschlaf beim obligatorischen Spaziergang mit Hut und Mantel auf dem Altstädter Ring"[337], an Wochenenden bei ausgedehnten Wanderungen in die Umgebung oder – mit besonderer Vorliebe – beim nächtlichen Umherschweifen in den Prager Gassen. Die Stadt mit ihren Wegen, Brücken, Gemäuern und Monumenten, in denen sich die Geschichte und die Geschichten von Jahrhunderten widerspiegeln, ihre räumliche Situation an Fluss, Wald und Hügeln zu unterschiedlichen Tages- und Jahreszeiten und nicht zuletzt ihre Aura als vertrauter und zugleich fremder Lebensraum bilden ein Ambiente, das die Fantasie des Autors zu traumhaften, surrealen Szenerien und Szenen anregt. Diese „Stadtbilder" werden ihm zu „Landschaften der Seele". Franz Kafkas Biograf Peter-André Alt formuliert das so:

„Der passionierte Spaziergänger Kafka eignet sich die Welt Prags wie ein Leser an, der in den Spuren der Vergangenheit seine persönliche psychische Wirklichkeit zu entziffern sucht. In seinem Tagebuch sammelt er die zersplitterten Bilder, die ihm die abendlichen Wege durch die alte Stadt erschließen, als seien sie Mosaiksteine eines großen, nur noch in der Phantasie rekonstruierbaren Gemäldes. Die Reisen in die Imagination, die Kafka am nächtlichen Schreibtisch unternimmt, werden angeregt durch solche Wanderungen in den Gassen Prags, deren verwinkelte Wege die Windungen des denkenden Gehirns der Stadt ausprägen und formen."[338]

Kafkas Spaziergänge durch Prag liefern ihm Material für sein Schreiben und stimulieren seine Einbildungskraft als Autor. Die dabei entstehenden Werke lassen sich mit Rousseaus Worten als *Träumereien eines einsamen Spaziergängers* charakterisieren. Gleichsam angefüllt von Bildern und Ideen von seinen Spaziergängen kommend, setzt sich Kafka sofort an den Schreibtisch und bringt seine Fantasien rasch und rastlos zu Papier. So will er die umfangreiche Novelle *Das Urteil*, deren Handlung auf der (ungenannten, gleichwohl identifizierbaren) Čechbrücke ihr Ende findet, „in der Nacht vom 22. bis 23. [September 1912] von zehn Uhr abends bis sechs Uhr früh in einem Zug geschrieben"[339] haben.

Wie Kafka authentische Erfahrungen während seiner Spaziergänge in surreale Bilder verwandelt, zeigen Beispiele aus *Beschreibung eines Kampfes.* Es sind die realen Schauplätze, auf denen sich irreale, die Wahrscheinlichkeit und die Naturgesetze außer Kraft setzende Geschehnisse ereignen, ohne bei den Figuren irgendein Erstaunen zu erregen und so beim Lesen den Eindruck des Märchenhaften und des »Kafkaesken« hervorrufen. Das Fragment handelt von einem nächtlichen Spaziergang, an dessen Anfang selbstbezüglich der kreative Prozess der Entstehung dieser Erzählung skizziert wird. Er beginnt mit unmittelbaren Wahrnehmungen des Ich-Erzählers an einem Quai der Moldau. Diese rufen bei ihm Erinnerungen hervor, die zur Mitteilung drängen und zugleich zum Fabulieren Anlass geben: „So redete ich und suchte krampfhaft hinter den Worten Liebesgeschichten mit merkwürdigen Lagen zu erfinden; auch ein wenig Rohheit und feste Notzucht brauchte nicht zu fehlen." Da diese Art und Weise sich ein Ansehen zu geben bei seinem „Bekannten" ohne die erhoffte Wirkung bleibt, reagiert der Erzähler angeblich aus Rücksicht auf ihn, dem „vielleicht meine lange Gestalt unangenehm sein könnte, neben der er vielleicht zu klein erschien", damit „dass ich meinen Rücken so gebückt machte, dass meine Hände im Gehn meine Knie berührten." Der „Bekannte" reagiert mit Verwunderung, was den Erzähler zu einer Rechtfertigung veranlasst und eine erste sich ins Groteske steigernde Situation bewirkt.

„»Warum gehen Sie denn so? Sie sind ja jetzt ganz gebückt und fast so klein wie ich!«

Da er das gütig gesagt hatte, antwortete ich: »Das mag sein. Aber mir ist diese Haltung angenehm. Ich bin ziemlich schwächlich, wissen Sie, und es kommt mir zu schwer an, meinen Körper aufrecht zu erhalten. Das ist keine Kleinigkeit, ich bin sehr lang – «

Er sagte ein wenig misstrauisch: »[...] Aber aufrecht gingen Sie doch und das werden Sie jetzt auch noch können.«

Ich antwortete beharrlich und mit der Hand abwehrend: »Ja, ja ich ging aufrecht. Aber Sie unterschätzen mich. Ich weiß, was gutes Benehmen ist und darum gehe ich gebückt.«"

Dessen ungeachtet springt der Ich-Erzähler wenig später „mit ungewohnter Geschicklichkeit" seinem „Bekannten auf die Schultern und brachte ihn dadurch, dass er seine „»Fäuste« in seinen Rücken stieß, in einen leichten Trab." Tretend, boxend und würgend versucht er, „ihn noch munterer zu machen." Als weitere irritierende Geschehnisse geriet bereits zuvor das Standbild Karls des Vierten ins Schwanken und stürzte um, und der Protagonist „umkreiste schwimmend jede Heiligenstatue"[340], der er auf der Karlsbrücke begegnete.

Kafkas literarische Bilder äußerer Vorgänge sind Ausdruck innerer Vorgänge des Ich-Erzählers. Es handelt sich um Selbstbehauptungsversuche eines schwächeren gegenüber einem stärkeren dissoziierten anderen Ich, das in unterschiedlicher Gestalt auftritt, als der „Bekannte", als der „Dicke" und als der „Beter".[341]

Dient der plötzliche Spaziergang im gleichnamigen Text vorgeblich der Befreiung von einer als zwanghaft empfundenen Bindung an die Familie, so fungiert er in *Beschreibung eines Kampfes* – was letztlich auf dasselbe hinausläuft – als Befreiung von den Leiden des Protagonisten an sich selbst. In diesem Kampf treten dem Ich-Erzähler Teile seiner selbst als Doppelgänger entgegen und werden ihm zur Belastung, indem sie bei ihm Minderwertigkeitsgefühle, Neid, Abscheu, Aggression, aber auch Zuwendung und Hilfsbereitschaft hervorrufen.

In beiden Erzählungen findet dieser Befreiungsversuch nachts statt – zu einer Zeit jenseits der notwendigen Pflichten zur Unterhaltssicherung wie der Berufsarbeit „im Amt" und zu einer Zeit des Übergangs zu Schlaf und Traum. Mit der Nachtzeit ist verbunden, dass das jeweilige Geschehen auf der Erzählerebene nur in der Fantasie stattfindet. Bleibt das Produkt dieser Fantasie in *Der plötzliche Spaziergang* unter dem konditionalen Vorbehalt einer gedachten und erhofften Möglichkeit, so erscheint es in *Beschreibung eines Kampfes* als gänzlich irreal, aber bei aller Rätselhaftigkeit nicht bedeutungslos. Auf der Autorenebene ist der Ausdruck einer solchen Fantasie die Literatur. Das fiktionale literarische Bild, das bewusst gestaltete Traumgespinst, bietet neben ästhetischem Genuss ein Mittel der Daseinsbewältigung und Anreiz für eine Sinn stiftende Lebensaufgabe. Die kurze Parabel *Eine kaiserliche Botschaft*, in der wiederum das Motiv der Fußläufigkeit eine Rolle spielt, macht dies in programmatischer Weise deutlich. Sie handelt von der Vergeblichkeit des Empfangs eines erlösenden Wortes von höchster Instanz.[342] Auf diese Mitteilung bezogen lautet der letzte Satz des Textes: „Du aber sitzt an Deinem Fenster und erträumst sie Dir, wenn der Abend kommt."[343] So wird der Adressat der Botschaft zu deren Verfasser, der das für ihn Bestimmte selbst bestimmt oder wenigstens hervorbringt. Dass die aus der Kunst der Romantik bekannten Motive Fenster und Traum nicht eine naive trivialromantische Wunscherfüllung nahelegen wollen, ergibt sich aus der Möglichkeit, wenn nicht gar aus der Notwendigkeit, den Satz ironisch zu verstehen.[344] In jedem Fall sind es „traumartige Botschaften", um die es Kafka geht: „Von der Literatur aus gesehen ist mein Schicksal sehr einfach. Der Sinn für die Darstellung meines traumhaften inneren Lebens hat alles andere ins Nebensächliche gerückt [...]. Nichts anderes kann mich jemals zufriedenstellen." – „Mein ganzes Wesen ist auf Literatur gerichtet"[345]. Diese Einsicht ist ihm spätestens auf einem Spaziergang gekommen, der dasselbe Ziel hatte wie das nächtliche Herumschweifen in der *Beschreibung eines Kampfes*, der Laurenziberg. Dieser wurde Kafka in gewissem Sinne zu dem, was für den jungen Kierkegaard der Strand von Gilleleje bedeutete, ein Ort, um sich die Frage nach dem Sinn des eigenen Lebens zu stellen. Rückblickend schreibt Kafka am 15. Februar 1920 in sein Tagebuch:

> „Ich saß einmal vor vielen Jahren, gewiss traurig genug, auf der Lehne des Laurenziberges, ich prüfte die Wünsche, die ich für das Leben hatte. Als wichtigster oder reizvollster ergab sich der Wunsch, eine Ansicht des Lebens zu gewinnen (und – das war allerdings notwendig verbunden – schriftlich die anderen von ihr überzeugen zu können), in der das Leben zwar sein natürliches schweres Fallen und Steigen bewahre, aber gleichzeitig mit nicht minderer Deutlichkeit, als ein Nichts, als ein Traum, als ein Schweben erkannt werde. Vielleicht ein schöner Wunsch, wenn ich ihn richtig gewünscht hätte."[346]

Kafka brauchte sowohl das Spazierengehen als auch das Schreiben zum Leben. Beider Wirkungen notierte er zusammen am 27. November 1913 in sein Tagebuch: „Die Festigkeit aber, die das geringste Schreiben mir verursacht, ist zweifellos und wunderbar. Der Blick, mit dem ich gestern auf dem Spaziergang alles überblickte!"[347] Das Spazierengehen gehörte zu Kafkas Programm der Selbstsorge, das er pflichtmäßig absolvierte. Zugleich öffnete es ihm ein Beobachtungsfeld und war Anregung seiner Gedanken und seines Schreibens, worin er seine Existenzbegründung und Identität fand. Unmittelbar vor Ausbruch des Ersten Weltkriegs lautet ein Tagebucheintrag: „Aber schreiben werde ich trotz alledem, unbedingt, es ist mein Kampf um die Selbsterhaltung."[348] Die diesem Prozess innewohnende Aggressivität muss auch ihre Wirkung auf den Leser ausüben und als solche erfahrbar sein. Spätestens im Alter von zwanzig Jahren wurde Kafka bewusst, worum es ihm ging:

„Ich glaube, man sollte überhaupt nur noch solche Bücher lesen, die einen beißen und stechen. Wenn das Buch, das wir lesen, uns nicht mit einem Faustschlag auf den Schädel weckt, wozu lesen wir dann das Buch? [...] [E]in Buch muss die Axt sein für das gefrorene Meer in uns."[349]

Solche Bücher wollte, solche Bücher musste Kafka nicht nur lesen, sondern auch schreiben, solange wie möglich. Sehr viel Zeit dazu blieb ihm nicht. Im Jahre 1911 hatte er noch in einem Prosafragment geschrieben: „Jetzt aber lass mich ein wenig spazieren gehen, damit sich meine Gedanken klarer entwickeln."[350] Sechs Jahre später erkrankte er an Kehlkopftuberkulose, die ihn zu wiederholten Sanatoriumsaufenthalten zwang. Wie ein letztes Wort klingt ein Aphorismus, den er bald nach Ausbruch seiner Krankheit formuliert hatte: „Von einem gewissen Punkt an gibt es keine Rückkehr mehr. Dieser Punkt ist zu erreichen."[351] Damit findet auch der Spaziergang, der gewöhnlich an seinen Ausgangspunkt zurückführt, um erneut begonnen zu werden, sein Ende. Franz Kafka starb am 3. Juni 1924 im Alter von vierzig Jahren in der Heilanstalt Kierling bei Wien. Auf dem jüdischen Friedhof in Prag-Straschnitz wurde er begraben.

Nachleben: Max Brod, der enge Freund, Schriftstellerkollege, Förderer und häufige Begleiter auf seinen Reisen und Spaziergängen, widersetzte sich den Anweisungen Kafkas,

Kafkas Grab mit dem seiner Eltern auf dem Neuen jüdischen Friedhof

dessen nachgelassene Erzählungen und Romane „restlos und ungelesen zu verbrennen"[352], und begann sie ab 1925 nach und nach zu veröffentlichen. Franz Kafkas Werke gehören seitdem zu den künstlerisch einflussreichsten literarischen Texten deutscher Sprache.

Mit Kafka zu Fuß durch das nächtliche Prag

„Ich sehe alles. Ich bin überall", die Verse aus dem oben von Kafka zitierten französischen Chanson, spiegeln die Haltung des spazierenden Autors in Prag und seiner Umgebung wider. Für Kafkas Erleben als Flaneur war Prag mehr als nur eine Projektionsfläche seiner produktiven Fantasie. Seinem Freund Gustav Janouch teilte er in seiner verrätselten Art mit: „Das ist keine Stadt. Das ist der zerklüftete Boden eines Zeitozeans, bedeckt mit dem Steingeröll verglühter Träume und Leidenschaften zwischen denen wir – wie in einer Taucherglocke – spazierengehen. Es ist hier interessant, doch mit der Zeit verliert man den Atem."[353]

Kafka-Verehrer und Bildungstouristen finden in Kafkas Tagebüchern, Briefen und literarischen Texten zahlreiche Anregungen, den Spuren des berühmten Stadtbewohners zu folgen – vom Geburtshaus bis zur Grabstätte. Bequem aufbereitet wurden sie beispielsweise von Hartmut Binder, Hans-Gerd Koch, Harald Salfellner und Klaus Wagenbach.[354] Wer sich beim Spazieren nicht mit einem Buch beschweren möchte, kann auf ein örtliches Angebot von geführten Touren zurückgreifen oder den Weisungen seines Handys folgen.[355]

Exemplarisch zum Flanieren einladend sei hier chronologisch ein Weg anhand der Hinweise nachgezeichnet, die Kafka als topografischen Rahmen seiner Novelle *Beschreibung eines Kampfes* gibt. Für Max Brod handelt es sich um „die Erzählung Kafkas, die am deutlichsten Prager Lokalkolorit aufweist".[356] Der Spaziergang der Protagonisten führt durch das alte Prager Zentrum Staré Město, wo sich auch Kafkas Wohnungen und sein Büro befanden.[357] Es empfiehlt sich der »authentische« Nachtgang, schon aus Gründen der dann abebbenden Touristenströme: *Ferdinandstraße* / Národní třída – *in eine Seitengasse:* die in nördlicher Richtung abgehenden Gassen führen zur Wohnung der Familie Kafka von 1888 bis 1889 in der Nähe des Altstädter Rings / Staroměstské náměstí, Zeltnergasse 2 / Celetná 553/2 – *Quai:* Franzensquai / Františkovo nábřeží, heute Smetanovo nábřeží, am rechten Ufer der Moldau zwischen Franzensbrücke / Most Legií und Karlsbrücke / Karlův most – *Bäume der Schützeninsel* / Střelecký ostrov – *Mühlenturm* der Altstädter Mühlen / Staroměstské mlýny am Kreuzherrenplatz / Křižovnické náměstí, dem Altstädter Brückenturm / Staroměstská mostecká věž im Süden benachbart – *Karlsgasse* / Karlova ulice – *Karlsbrücke* / Karlův most mit Brückenturm und Heiligenfiguren; in der Nähe, Cihelná 2b, befindet sich das Franz Kafka Museum mit einer Dauerausstellung „Stadt K. Franz Kafka und Prag" / „Město K. Franz Kafka a Praha" – *Bogen am Ende des Quais:* enger Durchlass zwischen Franzensquai und Kreuzherrenplatz – *Kirche:* Seminarkirche St. Salvator / Kostel Nejsvětějšího Salvátora dem Altstädter Brückenturm gegenüber an der Ecke Karlsgasse-Kreuzherrenplatz – *Kreuzherrenkirche* / Kostel sv. Františka z Assisi (sv. Františka Serafinského) an der Nordseite des Kreuzherrenplatzes – *Standbild Karls des Vierten:* Denkmal des Universitätsgründers zwischen Kreuzherrenkirche und Altstädter Brückenturm – einen großen Platz: Altstädter Ring / Staroměstské náměstí, wo sich die Wohnung der Kafkas ab November 1913 befand – *„der Mantel der heiligen Maria":* Steinplastik der Immaculata, Mittelpunkt des Altstädter Rings – *Kirche*: Teynkirche / Týnský chrám am Altstädter Ring – *Haus der Feuerwehr:* Palais der früheren „Prager Städtischen Versicherungsanstalt" an der Nordseite des Altstädter Rings – *Gitterwerk des Brunnens:* Renaissance-Brunnen auf dem Kleinen Ring – Wenzelsplatz / Václavské náměstí – *auf einem Weg des Laurenziberges:* Marktgasse / Tržiště, hier wohnte Kafka von Anfang März bis Ende August 1917 im Schönborn Palais 365/15, Welsche Straße / Vlašská ulice, Stufengasse – *Laurenziberg* / Petřín, öffentlicher Park mit Aussichtsturm, Blick auf den Hradschin, die Kleinseite und die Altstadt – *Baumgarten,* offiziell Königliches Wildgehege / Stromovka oder Královská obora eine geschichtsträchtige Parkanlage, die am Schluss der Erzählung Erwähnung findet:

„Du Lieber, Du Lieber", sagte ich, „[...] am hellen Tag kannst Du spazieren gehn, wenn viele Menschen sorgfältig gekleidet weit und nah zwischen Tischen oder auf Hügelwegen zu sehen sind. Denke nur, im Frühjahr, da werden wir in den Baumgarten fahren [...]. Oh, da ist Musik, man hört die Pferde weit, es ist keine Sorge nötig, da ist Geschrei und Leierkästen spielen in den Alleen."[358]

Auf der Karlsbrücke / Karlův most

Torbogen des Altstädter Brückenturms / Staroměstská mostecká věž

Prager Gassen und Treppen

Steinplastik der Immaculata, Mariensäule auf dem Altstädter Ring / Mariánský sloup / Staroměstské náměstí

Vorige Doppelseite:
Oben: Prager Gasse und Prager Burg/ Pražský hrad
Unten: Karlsbrücke mit Altstädter Brückenturm, Kuppel der St.-Nikolaus-Kirche und Goldenes Gässchen / Zlatá ulička

Moldau mit Karlsbrücke und Franzenquai /
Františkovo nábřeží (Smetanovo nábřeží) am rechten Ufer

»Am Feldweg«

Fehl und Frage... Zuspruch des Feldweges –

Martin Heidegger auf der Schwäbischen Alb und im Schwarzwald

Nur wenn wir wieder lernen, in langen Gängen und in aufeinander gestuften Anstiegen zu denken, schaffen wir uns weite Wege und mit ihnen die Gewähr, weither zu kommen, dieses aber ist die Vorbedingung jeder Annäherung an das Große.

Wer groß denkt, muss groß irren.

Martin Heidegger[359]

Martin Heidegger (1889–1976)

Seine zahlreichen, mittlerweile in über hundert meist dickleibigen Bänden versammelten *Werke* wollte er so nicht nennen. „Wege – nicht Werke" stellte Martin Heidegger der Gesamtausgabe seiner Schriften als Leitfaden voran.[360] Werke sind Schöpfungen, fragmentarisch oder vollendet, mittelmäßig oder monumental – mit einem Werk scheint jemand etwas erreicht zu haben, am Ziel oder wenigstens an einem Ende angekommen zu sein. Dies gilt es einzuholen. Dagegen ist der Weg in der Regel nicht das Ziel. Wege sollen zu einem Ziel führen, so wie Fragen Antworten verlangen. Wege ermöglichen im besten Fall Ankunft, können aber auch Abwege sein, in die Irre führen, Umwege erfordern oder gar zur Umkehr zwingen. Der Begriff der „Kehre" hat für Heideggers Denken zentrale Bedeutung erlangt, indem er auf eine neue, offene Sicht der Dinge verweist. Auf dem Wege notiert der Denker: „Ich habe einen früheren Standpunkt verlassen, nicht um dagegen einen anderen einzutauschen, sondern weil auch der vormalige Standort nur ein Aufenthalt war in einem Unterwegs. Das Bleibende im Denken ist der Weg. Und Denkwege bergen in sich das Geheimnisvolle, dass wir sie vorwärts und rückwärts gehen können, dass sogar der Weg zurück uns erst vorwärts führt."[361] – „Wir kennen nicht Ziele / Und sind nur ein Gang."[362] Wegmetaphern begleiten folglich Heideggers Kartierungen seiner Denkwege. Sie tragen Titel wie *Der Feldweg, Feldweggespräche, Holzwege, Wegmarken, Wege zur Aussprache* und *Unterwegs zur Sprache.*

Heideggers Denken ist der Wahrnehmung der Heimat, in der der Philosoph aufwuchs, verbunden: dem badischen Meßkirch auf der Schwäbischen Alb, Ort seiner Geburt und Kindheit, sowie Todtnauberg im Schwarzwald, wo in der vorlesungsfreien Zeit des Freiburger Professors viele seiner Werke bzw. *Wege* entstanden. Sein Lebensweg führte Heidegger – vor allem mit seiner philosophischen Hauptschrift *Sein und Zeit* von 1927 – bald auf den Gipfel seines Ruhms. Sein herausragender Geist hinderte ihn gleichwohl nicht daran, in moralische Niederungen und menschenverachtende Abgründe hinabzusteigen. Als Etappen gelten dabei eine sich 1933 den Nationalsozialisten anbiedernde und zum geistigen Führer des »Führers« sich aufschwingen wollende Rektoratsrede an der Freiburger Universität, eine NS-Parteimitgliedschaft bis Kriegsende und schließlich die im Jahre 1935 geäußerte, im Jahre 1953 gedruckte und in ihrer Deutung bis heute umstrittene Behauptung einer „inneren Wahrheit und Größe dieser Bewegung"[363], nämlich des Nationalsozialismus. Mit der Veröffentlichung von persönlichen Briefen und der sogenannten *Schwarzen Hefte*, Denktagebücher, die Heidegger – trotz des „in dankbarer Verehrung und Freundschaft" seinem jüdischen Lehrer Edmund Husserl gewidmeten *Sein und Zeit*[364] sowie der Liebesbeziehung zu seiner jüdischen Schülerin Hannah Arendt – als Antisemiten ausweisen, erreichte die lang andauernde Kontroverse um die Nähe von Heideggers Leben und Werk zum Nationalsozialismus ihren Höhepunkt. In der Folge wollen viele der Wegbegleiter und Gefolgsleute des Philosophen Wege von und zu Heidegger nicht weiter bedenkenlos begünstigen. So legte z. B. der Philosoph Günter Figal sein Amt als Vorsitzender der Martin-Heidegger-Gesellschaft mit der Begründung nieder: „Möchte ich mit meinen Grundüberzeugungen für diese Person stehen? Die Antwort war ein klares Nein."[365] Freiburger Bürger erhoben die Forderung, den nicht metaphorisch zu verstehenden, sondern ganz handgreiflichen bzw. fußläufigen »Martin-Heidegger-Weg« im Stadtteil Zähringen nahe dem Wohnhaus des Denkers in »Philosophenweg« umzubenennen. Seit 2020 trägt der anmutige Waldweg, wo der prominente Anwohner spazieren ging, den Namen »Oberer Harbuckweg«.

Der »Martin-Heidegger-Rundweg« in Todtnauberg scheint noch nicht von einer Umbenennung betroffen. Ebenso die Heidegger gewidmete Straße mit dem Namen »Am Feldweg«, Teil des von der Gemeinde Meßkirch ausgewiesenen »Heidegger-Wegs«. Er ist der Ort, der Heidegger zu seiner Schrift *Der Feldweg* inspirierte und ihm „Zuspruch" bot, z. B. wenn seine geistigen Fortschritte als jugendlicher Denker ins Stocken gerieten:

„Wenn die Rätsel einander drängten und kein Ausweg sich bot, half der Feldweg. Denn er geleitet den Fuß auf wendigem Pfad still durch die Weite des kargen Landes.

Immer wieder geht zuweilen das Denken [...] auf dem Pfad, den der Feldweg durch die Flur zieht. Dieser bleibt dem Schritt des Denkenden so nahe wie dem Schritt des Landmannes, der in der Morgenfrühe zum Mähen geht. [...]

Aber der Zuspruch des Feldweges spricht nur so lange, als Menschen sind, die, in seiner Luft geboren, ihn hören können. Sie sind Hörige ihrer Herkunft, aber nicht Knechte von Machenschaften. Der Mensch versucht vergeblich, durch sein Planen den Erdball in eine Ordnung zu bringen, wenn er nicht im Zuspruch des Feldweges eingeordnet ist. Die Gefahr droht, dass die Heutigen schwerhörig für seine Sprache bleiben. Ihnen fällt nur noch der Lärm der Apparate, die sie fast für die Stimme Gottes halten, ins Ohr. So wird der Mensch zerstreut und weglos. Den Zerstreuten erscheint das Einfache einförmig. Das Einförmige macht überdrüssig. Die Verdrießlichkeiten finden nur noch das Einerlei. Das Einfache ist entflohen. Seine stille Kraft ist versiegt.

Wohl verringert sich rasch die Zahl derer, die noch das Einfache als ihr erworbenes Eigentum kennen. Aber die Wenigen werden überall die Bleibenden sein. Sie vermögen einst aus der sanften Gewalt des Feldweges die Riesenkräfte der Atomenergie zu überdauern, die sich das menschliche Rechnen erkünstelt und zur Fessel des eigenen Tuns gemacht hat.

Der Zuspruch des Feldweges erweckt einen Sinn, der das Freie liebt und auch die Trübsal noch an der günstigen Stelle überspringt in eine letzte Heiterkeit. Sie wehrt dem Unfug des nur Arbeitens, der, für sich betrieben, allein das Nichtige fördert.

In der jahreszeitlich wechselnden Luft des Feldweges gedeiht die wissende Heiterkeit, deren Miene oft schwermütig scheint. Dieses heitere Wissen ist das »Kuinzige«. Niemand gewinnt es, der es nicht hat. Die es haben, haben es vom Feldweg. Auf seinem Pfad begegnen sich der Wintersturm und der Erntetag, treffen sich das regsam Erregende des Frühjahrs und das gelassene Sterben des Herbstes, erblicken einander das Spiel der Jugend und die Weisheit des Alters. Doch in einen einzigen Einklang, dessen Echo der Feldweg schweigsam mit sich hin und her trägt, ist alles verheitert.

Die wissende Heiterkeit ist ein Tor zum Ewigen. Seine Tür dreht sich in den Angeln, die aus den Rätseln des Daseins bei einem kundigen Schmied einst geschmiedet worden.

Vom Ehnried her kehrt der Weg zurück zum Hofgartentor. Über den letzten Hügel hinweg führt sein schmales Band durch eine flache Senke hin bis an die Stadtmauer. Matt leuchtet es im Sternenschein. Hinter dem Schloss ragt der Turm der St. Martinskirche. Langsam, fast zögernd verhallen elf Stundenschläge in der Nacht. Die alte Glocke, an deren Seilen oft Bubenhände sich heißgerieben, zittert unter den Schlägen des Stundenhammers, dessen finster-drolliges Gesicht keiner vergisst.

Die Stille wird mit seinem letzten Schlag noch stiller. Sie reicht bis zu jenen, die durch zwei Welt-Kriege vor der Zeit geopfert sind. Das Einfache ist noch einfacher geworden. Das immer Selbe befremdet und löst. Der Zuspruch des Feldweges ist jetzt ganz deutlich. Spricht die Seele? Spricht die Welt? Spricht Gott?

Alles spricht den Verzicht in das Selbe. Der Verzicht nimmt nicht. Der Verzicht gibt. Er gibt die unerschöpfliche Kraft des Einfachen. Der Zuspruch macht heimisch in einer langen Herkunft."[366]

Heidegger auf dem Feldweg

Raunend wird eine ländliche rückwärtsgewandt-konservative Welt in Gegensatzpaaren beschworen: Herkunft gegen Weltläufigkeit, Bodenständigkeit gegen technischen Fortschritt, Stille gegen Lärm, Heiterkeit gegen Verdrießlichkeit, Einfachheit gegen Zerstreutheit und so fort. Unverkennbar folgt Heidegger dabei auch den Wegspuren Rousseaus. Auch wenn sich mit dem „Tor zum Ewigen" eine Öffnung zur Transzendenz andeutet, Heideggers *Feldweg* ist kein Weg in eine andere Welt, kein Weg, der in die Ferne führt und zu einer Horizontüberschreitung verlockt, sondern ein Weg, der dem Spaziergänger die Richtung vorgibt und ihn immer wieder *zurück*, nämlich ins Vertraute, wenn auch noch zu befragende und zu bedenkende leitet. Der Feldweg ist auch kein Ort, der dem Menschen als Objekt gegenübersteht, kein Ort an oder auf dem er sich befindet, sondern ein Ort, in dem er ist, etwas, das sein Dasein ausmacht, dem heute wieder gern verwendeten Begriff Heimat verwandt. Heidegger spricht terminologisch vom „In-der-Welt-sein" des Menschen als einem „Existenzial". Denn, wie es in einem anderen Kontext heißt, „so etwas wie einen Menschen, der einzig von sich aus nur Mensch ist, gibt es nicht."[367]

Damit meint der Denker eine Grundverfassung menschlichen Daseins, wie sie z. B. auch mit den Existenzialien Angst, Rede und Sorge gegeben ist. Diese Existenzialien zu analysieren leistet die „Fundamentalontologie", deren Methode die Phänomenologie ist.[368]

Das In-der-Welt-sein wird nicht nur mittels der Metapher des Feldwegs, sondern auch mit denen des Wohnens und des Wanderns charakterisiert. Das Wohnen begreift Heidegger nicht vornehmlich als statisch oder immobil. Überraschenderweise versteht er auch das Wandern als eine Art des Wohnens. Ohne es zu benennen, knüpft Heidegger wie andere vor ihm an das christliche Motiv des »Homo viator« an, des Pilgers als Sinnbild der irdischen Existenz des Menschen, der als Fremdling und unbehaust erst im himmlischen Jenseits seine Heimstatt findet:

„Ort und Wandern, das gehört zusammen wie »Raum und Zeit«. Denn jeder Ort ist doch eine Stelle »im Raum«, und das Wandern ist eine Aufeinanderfolge der Schritte. Dieses Nacheinander verläuft in der »Zeit«.[369]

Denken wir das Zeitwort »wohnen« weit und wesentlich genug, dann nennt es uns die Weise, nach der die Menschen auf der Erde unter dem Himmel die Wanderung von der Geburt bis in den Tod vollbringen. Diese Wanderung ist vielgestaltig und reich an Wandlungen. Überall bleibt jedoch die Wanderung der Hauptzug des Wohnens als des menschlichen Aufenthaltes zwischen Erde und Himmel, zwischen Geburt und Tod, zwischen Freude und Schmerz, zwischen Werk und Wort.

Nennen wir dieses vielfältige Zwischen die *Welt*, dann ist die Welt das Haus, das die Sterblichen „bewohnen".[370]

Mit seinem Projekt der „Fundamentalontologie", die sich dem „Sinn von Sein" widmet, gelingt Heidegger, sich der „Seinsvergessenheit" des Menschen in einer Weise fragend zu stellen, die menschliche Existenz in einem völlig neuen Licht erscheinen lässt. Wenngleich nicht schnell und leicht erfassbar, macht allein diese Gedankenarbeit, die in seinem Hauptwerk *Sein und Zeit* gebündelt ist, Heidegger zu einem der am meisten bewunderten und einflussreichsten Philosophen des letzten Jahrhunderts. Seine Wegbereiter waren die Philosophen der Individualität, unter anderen der Spaziergänger Kierkegaard und der Wanderer Nietzsche, dessen sprachliches Pathos im *Feldweg* nachhallt.

Martin Heidegger spazierte und wanderte regelmäßig. So soll er u.a. von Freiburg nach seiner Hütte in Todtnauberg im Hochschwarzwald gewandert sein, allein und auch mit seinen Studenten. Dabei schätzte er die diätetischen Wirkungen dieser Tätigkeit, die im *Feldweg* anklingen wie „Zuspruch", „Sinn, der das Freie liebt' und „Heiterkeit". Für das Denken bevorzugte er wie Nietzsche das Wandern in der Höhe. Gleichwohl bleiben Heideggers Begriffe aus den Wortfeldern „Gehen", „Wandern" und „Weg" bevorzugt Metaphern für die Ergebnisse seiner Daseinsanalyse. Wege sind ihm weniger Fuß- als Denkwege. Einer seiner geistigen Antipoden, der marxistische Philosoph Ernst Bloch, nannte Heidegger spöttisch einen „pedantischen Wandervogel"[371]. Bloch verweist damit auf Heideggers geistige Nähe zu einer romantischen Jugendbewegung, die naturnah und zivilisationskritisch zu Beginn des letzten Jahrhunderts eine Lebensreform in Gang setzte und später mit der Hitlerjugend »gleichgeschaltet« wurde. Das leibliche Wandern, das Beschreiten von Feld- und Holzwegen, lieferte Heidegger indes – so scheint es – kaum mitteilenswerte Anregungen zu einer konkreten Daseinsfürsorge. Kreative Energie für sein Denken bezog Heidegger vielmehr aus einer anderen leiblichen Betätigung, nämlich einer promisken Erotik, die er mit etlichen Geliebten bis ins hohe Alter auslebte. Mit der Sinnlichkeit öffneten sich für Heidegger Wege zum Sinn. Nach vielen Ehejahren schrieb der Philosoph seiner Ehefrau Elfride apologetisch: „[...] ich kann dir durch keine Argumente beweisen, dass ich im – *Eros* leben muss, um das Schöpferische, das ich noch als Ungelöstes und Letztes in mir spüre, noch wenigstens in eine unvollkommene Vorform zu bringen. Mit dem bloßen »Willen« ist hier nichts zu machen. [...] Aber ich mühe mich dennoch mit dem Dämon fertig zu werden; vielleicht hast du dafür nur das Wort »Schwäche«. Indes auch hier verstehe ich Dein Urteil – und bitte Dich nur, auch jetzt noch, nach so langer vergeblicher Zeit, mir Zeit zu lassen. Wenn mein Dasein ohne Leidenschaft ist, verstummt die Stimme u. die Quelle springt nicht."[372]

Aftersteg, Vorderes Elend, Notschrei, Todtnau ... die Namen mögen Zartbesaitete das Gruseln lehren. Der sprachsensible Heidegger fühlte sich in Todtnauberg und seiner so benannten Umgebung zuhause, bot das seinerzeit geruhsame Bergdorf im südlichen Hochschwarzwald doch Entspannung vom Lehrbetrieb im nur knapp dreißig Kilometer entfernten Freiburg. Dazu entledigte sich der Professor bisweilen des Gesellschaftsanzugs und kleidete sich mit Kniebundhose, Weste, Zipfelmütze und Krawatte vermeintlich nach Art des Sonntagsstaats der ansässigen Bauern, zu denen er auch freundschaftliche Kontakte pflegte. Heideggers Frau Elfride hatte hier ein Grundstück erworben, um ihrem Mann einen stillen Ort zum Arbeiten und Denken zu schaffen. Sie entwarf ein Haus, die „Hütte", und ließ es bauen, eine Wohnstatt einfachster Art, vorerst ohne Stromanschluss und nur mit Wasser vom nahen Brunnen. Seit 1922 verbrachte die Familie einen Großteil des Jahres darin. Die Hütte liegt an einem Nordhang über dem Ortsteil Rütte und ermöglicht einen Blick in und über das Tal bis zu den fernen Schweizer Alpengipfeln und an klaren Tagen sogar bis zum Mont Blanc.

Martin Heidegger als Spaziergänger

Hier wanderte Heidegger, hier fuhr er winters Schi und lehrte es seine Studenten, die ihn besuchten. Hier entstand neben *Sein und Zeit* ein Großteil seiner Werke. Hier empfing er Persönlichkeiten aus Philosophie und Theologie, Literatur und Naturwissenschaft, Rechtsgelehrsamkeit und Journalismus. Zu den bedeutenden Namen gehören Rudolf Augstein, Rudolf Bultmann, Hans-Georg Gadamer, Werner Heisenberg, Ernst Jünger, Jacques Lacan, Herbert Marcuse, Carl Friedrich von Weizsäcker, Erik Wolf und viele andere. Einen besonderen Gast lud Heidegger im Juli 1967 zu sich ein, Paul Celan, den Lyriker, der mit seiner *Todesfuge* zum Dichter der Shoah wurde.[373] Heidegger schätzte die Gedichte Celans. Celan schätzte Heideggers Philosophie und teilte dessen Liebe zu Hölderlin. Celan, der als Jude verfolgt die Zeit des Nationalsozialismus durchlitten hatte und dessen Eltern in Konzentrationslagern ermordet wurden, versprach sich von seinem Besuch bei Heidegger wohl ein Wort der Klärung, des Bedauerns, der Entschuldigung, der Reue..., wie er im Gästebuch der Hütte andeutet. Die

Paul Celan (1920–1970)

Gespräche verliefen jedoch schleppend. Celan formuliert in Anklang an eine Zeile Hölderlins: „Seit ein Gespräch wir sind, / an dem / wir würgen, / an dem ich würge, / das mich / aus mir hinausstieß, dreimal, / viermal"[374]. Auch eine gemeinsame Wanderung von Dichter und Denker im Hochmoor brachte nicht das erlösende Wort. Auf diese Wanderung anspielend antwortete Paul Celan auf Martin Heideggers Schweigen mit einem Gedicht:[375]

Todtnauberg

Arnika, Augentrost, der
Trunk aus dem Brunnen mit dem
Sternwürfel drauf,

in der
Hütte,

die in das Buch
— wessen Namen nahms auf
vor dem meinen? —,
die in dies Buch
geschriebene Zeile von
einer Hoffnung, heute,
auf eines Denkenden
kommendes
Wort
im Herzen,

Waldwasen, uneingeebnet,
Orchis und Orchis, einzeln,

Krudes, später, im Fahren,
deutlich,

der uns fährt, der Mensch,
der's mit anhört,
die halb-
beschrittenen Knüppel-
pfade im Hochmoor,

Feuchtes,
viel.

Subtil, aber für Heidegger vernehmlich, spielt Celan hier auch auf den Holocaust an (Z. 16, 22 ff.).[376] Heidegger schwieg weiter. Gelegentlich dichtete er selbst. Vielleicht findet sich im folgenden Poem, wo er wie Celan das Motiv des beschrittenen Pfades aufgreift, bereits das erhoffte Wort, soweit dessen Formulierung dem Denkenden möglich war, ohne in den Verdacht einer Komplizenschaft mit Massenmördern zu geraten.

Unter den hohen Tannen hindurch...

Weg und Waage,
Steg und Sage
finden sich, in einen Gang.

Geh und trage
Fehl und Frage
deinen einen Pfad entlang.

„Weg" und „Pfad" meinen hier nicht einen begehbaren Waldweg, sondern wie bereits zuvor (im Kontext des „Wohnens") den zu bewältigenden und frag-würdigen Lebensweg. Der Begriff „Waage" mag auf ein vorhandenes Gewissen verweisen, „Fehl" auf das Bewusstsein einer zu tragenden, hier im Unbestimmten gelassenen Schuld. Das Gedicht entstand zwei Jahre nach dem Ende des »Dritten Reichs« und zwanzig Jahre vor Celans Besuch in Todtnauberg. In mehrfacher Auflage ist es in der Aphorismensammlung *Aus der Erfahrung des Denkens* erschienen. Dieses Büchlein überreichte Heidegger seinem Gast während des Hüttenbesuchs am 25. Juli 1967, bevor beide den Weg ins Hochmoor antraten. Celan könnte das kurze Gedicht wenigstens überflogen haben, findet es sich doch gleich an erster Stelle.[377] Seine eigentümliche Abstraktheit, Hermetik und persönliche Unverbindlichkeit des Ansprechens machen das Poem allerdings eher zu einem Dokument des Verschweigens als des offenen Wortes. Dem leidenden Celan hätte es sicher nicht die ersehnte Erlösung bieten können.

Heideggers Grab auf dem Friedhof in Meßkirch

Keine drei Jahre nach dieser Begegnung mit Heidegger schied Paul Celan aus dem Leben. Er hat sich – so muss angenommen werden – von einer Pariser Brücke in die Seine gestürzt. Der Dichter wurde 49 Jahre alt. Sieben Jahre später, am Morgen des 26. Mai 1976, erwachte Martin Heidegger in seinem Wohnhaus in Freiburg. Bald darauf nickte er wieder ein und starb. Der Philosoph wurde 86 Jahre alt. Nach seiner Verfügung wurde er in seinem Geburtsort Meßkirch begraben. Viele Jahre zuvor hatte er in *Sein und Zeit* geschrieben, das menschliche Dasein sei ein „Sein zum Tode".

Spazieren mit Heidegger durch Wald und Wiesen

Heute wandeln Reisende aus der ganzen Welt auf Heideggers Wegen. Dies gilt nicht nur im übertragenen Sinne für diejenigen, die seine Schriften studieren, z. B. Japaner, denen die Heidegger-Gesamtausgabe in ihrer Landessprache zur Verfügung steht. Es sind auch diejenigen, die dem Wanderer und Spaziergänger Martin Heidegger folgen, Touristen, die sich in Meßkirch »Am Feldweg« aufhalten, als Zaungäste Heideggers Hütte in Todtnauberg besuchen oder dort den Martin-Heidegger-Rundweg ablaufen.

Das Schloss in Meßkirch kann als Ausgangspunkt einer Wanderung auf dem 5,1 Kilometer langen Heidegger-Weg genommen werden. Das Gebäude beherbergt ein Heidegger-Museum u. a. mit Buchausgaben, Briefen, Fotografien, Tondokumenten und Kunstwerken und zeichnet multimedial den Lebens- und Denkweg des Philosophen nach. Getragen wird diese Einrichtung zusammen mit dem Martin-Heidegger-Archiv von der Martin-Heidegger-Stiftung der Stadt Meßkirch. Vom Schlosshof gelangt man in den Hofgarten, vorbei an einem Turm, der der ansässigen fürstenbergischen Herrschaft im 18. Jahrhundert als Teehaus diente. Heidegger hatte 1944 seine Bibliothek von Freiburg nach Meßkirch gebracht, um sie vor Bombenangriffen zu schützen. Für die Unterbringung mietete er von der Schlossverwaltung den Turm an, ohne ihn indes zu nutzen. Seitdem hat sich der Name »Philosophenturm« eingebürgert.

In seiner Schrift *Der Feldweg* bezieht sich Heidegger ausdrücklich auf diesen von ihm in seiner Jugend und bei späteren Aufenthalten in Meßkirch gern begangenen Spazierweg: „Er läuft aus dem Hofgartentor zum Ehnried. Die alten Linden des Schlossgartens schauen ihm über die Mauer nach". Durch die Straßen des angrenzenden Wohngebiets führt er an den Gebäuden des Martin-Heidegger-Gymnasiums vorbei aus dem Städtchen hinaus in die umliegenden Felder und Wälder. In Anlehnung an Heideggers Schrift trägt der Rundweg, der mittlerweile als eine schmale asphaltierte Landstraße ausgebaut ist, heute den Namen »Am Feldweg«. Der Fußgänger erlebt einen weiten Blick ins Land und gelangt bald zu einem Kruzifix am Rand des Weges. „Vom Feldkreuz her biegt er auf den Wald zu. An dessen Saum vorbei grüßt er eine hohe Eiche, unter der eine roh gezimmerte Bank steht": die »Heideggerbank«. „Darauf lag bisweilen die eine oder die andere Schrift der großen Denker, die eine junge Unbeholfenheit zu entziffern versuchte."[378] Sollte der Spaziergänger sich dort niederlassen, um z. B. eine Schrift des großen Denkers aus Meßkirch zu entziffern, kann er anschließend umkehren oder bei Bedarf den Weg fortsetzen. Der nächste Abzweig nach links führt entlang der Bahnlinie zurück nach Meßkirch.

* * *

Wenn es von den Hängen des Hochtales,
darüber langsam die Herden ziehen,
glockt und glockt...

Martin Heidegger[379]

Ein weiterer dem Andenken Heideggers gewidmeter Wanderweg – ca. 100 Kilometer von Meßkirch entfernt – legt sich um das in ein Tal im Hochschwarzwald eingebettete Todtnauberg herum. Der 6,2 Kilometer lange „Martin-Heidegger-Rundweg" in ca. 1100 bis 1200 Metern Höhe ermöglicht einen erholsamen etwa 1 $^1/_2$ stündigen Spaziergang an Waldrändern entlang und durch Almwiesen hindurch begleitet vom Klang der Kuh- und Kirchenglocken. Meist lässt sich ein Panoramablick über Berg und Tal bis hin zu schneebedeckten Alpengipfeln genießen. Schautafeln am Wegesrand informieren über Leben und Werk des Philosophen in Todtnauberg. Ein kurzer Abstecher führt in die Nähe von Heideggers „Hütte", die sich im Familiengebrauch befindet und nur mit gebührendem Abstand von außen betrachtet werden kann. Während des Rundwegs ist sie von fern immer wieder sichtbar. Als Ausgangspunkt bietet sich der Wanderparkplatz Radschert an.

»Am Feldweg« von Meßkirch kommend

Die »Heidegger-Bank«

Der »Philosophenturm« in Meßkirch

S. 188 bis 191:
Auf dem Martin-Heidegger-Rundweg um Todtnauberg

Heideggers »Hütte«

... eine Form der Aneignung der Vergangenheit –

W. G. Sebald im Allgäu und in Suffolk

W. G. Sebald (1944–2001)

„Alle sebaldschen Erzähler reisen ruhelos umher“[380]. Die Fußreise, das Wandern und das Spazierengehen spielen dabei eine besondere Rolle – sowie die Person des Autors selbst, die oft und unverblümt Ähnlichkeiten mit seinen Ich-Erzählern aufweist. *Schwindel. Gefühle.* (1990) und *Die Ringe des Saturn. Eine englische Wallfahrt* (1995) sind zwei solcher autofiktionaler Bücher, die teilweise oder vollständig aus der Ich-Perspektive erzählt werden, wobei der jeweilige wandernde Erzähler stark autobiografische Züge trägt, die bisweilen und kaum merklich ins Fiktionale hinübergleiten und erst dem höchst belesenen Leser oder akribischen Forscher als wörtlich übernommene oder kunstvoll verfälschte Anleihen aus dem Fundus der Weltliteratur auffallen. Autobiografie, Vexierspiel mit Fakten und Fiktionen sowie Intertextualität bilden so die Grundelemente der Poetik des Autors. Eine weitere „Form der Schummelei“, wie er sie nennt, leistet sich Sebald, wenn er sich in beiden Büchern Lebensabschnitten anderer Autoren wie Henri Beyle alias Stendhal, Franz Kafka, Thomas Browne, Joseph Conrad oder François-René de Chateaubriand in Einzelerzählungen widmet. Programmatisch formuliert Sebald in einem Interview, solche Figuren dienten ihm dazu, etwas über sich selbst herauszufinden, sie seien „Folien [...], um hinter meine eigenen, von mir unerkannten Gedanken zu kommen.“[381] Solche Folien liefern zudem Orientierung und Kartierung von bereiteten Pfaden für die Wahl des rechten Lebenswegs. Diese

Art der Selbsterforschung hat Sebald möglicherweise mit dazu bewogen, ein Literaturstudium zu absolvieren und schließlich als Professor of European Literature an der University of East Anglia im englischen Norwich zu lehren. Indem er sich vom klassischen Motiv des *Erkenne dich selbst* zum Studium von Leben und Werk deutscher und anderer Literaten verleiten lässt, vermag er Muster und Wesenszüge auch in der eigenen Lebensweise und auf dem eigenen Lebensweg zu entdecken. Anscheinend beabsichtigt er in seiner Rolle als Literat seinen Lesern ebenfalls „Folien" im genannten Sinne anzubieten.[382]

Wichtiges Movens des Projekts ist das Gehen, dem der jeweilige Ich-Erzähler in beiden Büchern große Aufmerksamkeit und Bedeutung schenkt. So bewegt sich das erzählende Ich im zweiten der vier Teile von *Schwindel. Gefühle.* als Flaneur durch die Stadt Wien. Es spaziert absichtslos und von ihm selbst scheinbar lange unbemerkt kreuz und quer in einem abgezirkelten Terrain, bis es, sich dessen gewahr werdend, spontan Stadt und Land in Richtung Oberitalien verlässt und resümiert: „Hätte man die Wege, die ich damals gegangen bin, nachgezeichnet, es wäre der Eindruck entstanden, es habe hier einer auf einer vorgegebenen Fläche immer wieder neue Traversen und Winkelzüge versucht, um aufs neue stets am Rand seiner Vernunft, Vorstellungs- oder Willenskraft anzugelangen und zum Umkehren gezwungen zu werden."[383] Der Ich-Erzähler von *Die Ringe des Saturn* versucht ebenfalls einer solchen Wirrnis zu entkommen, indem er sich anschickt, seinen Weg „quer über die Felder" zu nehmen oder „gleich einem Strauchdieb über die Mauern [zu] klettern und sich durch das Dickicht [zu] kämpfen".[384]

Nichtsdestoweniger verirrt er sich auf der Heide von Dunwich und verläuft sich im Eibenlabyrinth von Somerleyton. Diese Erlebnisse verfolgen den Erzähler bis in den Traum und lassen ihn darin „mit absoluter Sicherheit" wissen, der Anblick des Labyrinths stelle

Labyrinthe finden sich seit dem ägyptischen Altertum. Auf der Insel Kreta, der sogenannten Wiege Europas, soll es in mythischer Zeit das Labyrinth des Minotaurus gegeben haben, ein von dem genialen Architekten Dädalus entworfenes Verlies für ein Untier, dem Menschenopfer gebracht werden mussten. Theseus überwand den Minotaurus und fand den Weg aus dem Labyrinth mit Hilfe des Fadens der Ariadne. Ein solches Labyrinth stiftet Verwirrung, vermittelt das Gefühl der Ausweglosigkeit und erzeugt Furcht, – man sieht ja nicht, was hinter der nächsten Kehre lauert oder sich eröffnet. Das kann spielerisch lustvoll in einem Irrgarten erlebt werden, den man gern aufsucht, oder als verhängnisvoll in unüberschaubaren Lebenssituationen, die man lieber meidet.

Kein Irrgarten, aber ebenfalls berühmt und Vorbild gebend wie das kretische ist das Labyrinth in der Kathedrale von Chartres, das grafisch den Boden des Kirchenschiffs markiert und dekoriert. Auf Knien wandelnden Büßern zeichnet es bei einem Durchmesser von 12 m einen beschwerlichen Parcours von über 270 m Länge vor, dessen Anfang und Ende eine wohlgeordnete, vielfach gewundene Strecke trennt. Im Gegensatz zum Irrgarten, der Orientierung raubt, gibt das Labyrinth den rechten Weg vor. Beide Formen des Labyrinths können als Sinnbild des Lebenswegs gelten, der nicht ohne Mühe, Wagnis und Schuld ist und nur über Um- oder Irrwege zum Ziel führt. Das Labyrinth als christliches Symbol der Pilgerfahrt – nach dem himmlischen Jerusalem – verstanden, verspricht Erlösung. Auf diesen Bedeutungszusammenhang verweist auch Sebalds Prosa.

einen Querschnitt durch sein Gehirn dar.[385] Das auch in anderen Texten Sebalds verwendete Motiv des Labyrinths wird in *Schwindel. Gefühle.* und *Die Ringe des Saturn* in seiner Bedeutsamkeit betont, indem es explizit wieder aufgegriffen, benannt und als Abbildung gezeigt wird.[386] Das Herumirren in Stadt und Land, in Wien und in der Landschaft Suffolks, weist so allegorisch über sich hinaus und lässt sowohl die äußere als auch die innere Welt des Erzählers als ein Labyrinth erscheinen. Darin manifestiert sich die tief verwurzelte Skepsis Sebalds gegenüber der Möglichkeit gelingenden Erkennens und Handelns. Solche literarischen Schilderungen des Flanierens und der Fußreisen können einerseits als erfolgreiche Selbstdeutung verstanden werden und andererseits die Vergeblichkeit vieler Bemühungen bezeugen, den Beschränkungen des Daseins durch eine Horizontüberschreitung zu entkommen.

Als Motivation für den Aufbruch zu seiner Reise spricht der Erzähler in *Schwindel. Gefühle.* von „der Hoffnung, durch eine Ortsveränderung über eine besonders ungute Zeit hinwegzukommen."[387] Das erzählende Ich erlebt in Italien ein begrenztes Hin und Her wie auf seinen Spazierwegen durch Wien. In Verona fühlt es sich von Mördern verfolgt. In Riva kommt ihm sein Pass abhanden. Ein in Mailand neu ausgestelltes Ersatz-Dokument soll die Identität seines Inhabers per Unterschrift und Passfoto als die des Autors belegen. Die Beweiskraft der Urkunde wird jedoch zugleich in Frage gestellt durch eine (von nicht genannter Hand) vorgenommene Manipulation daran, die Markierung des Fotos durch einen das Gesicht des Fotografierten teilenden senkrechten schwarzen Balken, der das Dokument für einen passpflichtigen Grenzübertritt unbrauchbar macht. Eine in den Text eingefügte Abbildung der Seite des Passes zeigt dies.[388]

In der letzten Erzählung des Buches — seit der im zweiten Teil berichteten Reise sind sieben Jahre vergangen — begibt sich derselbe Erzähler wiederum auf eine Italienreise, um, den eigenen Spuren folgend, seine „schemenhaften Erinnerungen [...] genauer überprüfen und vielleicht einiges davon aufschreiben zu können."[389] Der erhoffte Erfolg will sich nicht einstellen. In der Erwartung, „einiges ausfindig machen zu können',[390] überfällt ihn z. B. bei der Absicht, in Verona den Zug zu verlassen, eine Lähmung, die ihn zum Weiterfahren zwingt. Andere Versuche verlaufen nicht glücklicher.

So wagt der Erzähler schließlich eine weitere Grenzüberschreitung im eigentlichen und im übertragenen Sinne. Er verlässt seine Reiseroute und begibt sich nach Passieren der österreichisch-deutschen Grenze am Oberjochpass geradezu auf einen Gewaltmarsch nach „W." gemeint ist Wertach im Allgäu, der Ort, wo Sebald 1944 geboren wurde und aufwuchs. Dreißig Jahre sind vergangen, seitdem der Erzähler/Autor Sebald Wertach verlassen hat und nun durch Rückkehr in die Heimat — ein weiterer Wiederholungsversuch — an Ort und Stelle seine Jugend aktiv und vertieft wieder erinnern möchte. Durch den Titel dieser Erzählung *Il ritorno in patria* kommt es mittels einer subtilen Anspielung auf eine Oper Claudio Monteverdis namens *Il ritorno d'Ulisse in patria* (Die Rückkehr des Odysseus ins Vaterland) nicht nur zu einem Verweis auf eine der großen Urerzählungen abendländischer Kultur, sondern auch auf die Selbstdeutung des bisherigen eigenen Lebens als eine Odyssee.[391] Hier sucht jemand nach seinem Ursprung, erlebt dabei jedoch den Zerfall seiner alten Welt und gleichzeitig seine zerfallende Erinnerung daran. Ursächlich dafür scheint ein für den Autor charakteristisches, nämlich »poetisches« Verfahren. Die Erinnerung als Ausfluss reproduktiver Einbildungskraft wird durch die Poiesis (Zusammengereimtes, Dichtung, Fantasie, Schöpfung...) als Ausdruck produktiver Einbildungskraft des Erzähler-Autors „überschrieben".

„[I]ch sagte, dass sich mir im Kopf mit der

Zeit vieles zusammengereimt habe, dass die Dinge aber dadurch nicht klarer, sondern rätselhafter geworden seien. Je mehr Bilder aus der Vergangenheit ich versammle, sagte ich, desto unwahrscheinlicher wird es mir, dass die Vergangenheit auf diese Weise sich abgespielt haben soll, denn nichts an ihr sei normal zu nennen, sondern es sei das allermeiste lächerlich, und wenn es nicht lächerlich sei, dann sei es zum Entsetzen."[392]

Die Möglichkeit für diese Erfahrung der Wiederholung und des Scheiterns eröffnete sich bereits im ersten Teil des Buches. Als „Folie" zur Selbsterkenntnis im oben genannten sebaldschen Sinne mag dem Erzähler die Beschäftigung mit Henri Beyle gedient haben, der ähnliches erlebte.

Die Suche nach Spuren der Herkunft des Erzählers während einer langen Wanderung vom Oberjochpass an der österreichisch-deutschen Grenze – u. a. „durch die ans Niemandsland grenzenden Moorwiesen"[393] – nach seinem Geburtsort Wertach sowie der Nachgang der Spaziergänge, die er als Kind mit dem Großvater in der Umgebung seiner Heimatstadt unternommen hatte, sind Erfahrungen der Desillusionierung und des Scheiterns. In diesem Sinne führt das Wandern und Schreiben den Erzähler zwar nicht zum erhofften Ziel, gleichwohl hilft es ihm zur vertieften Kenntnis seiner selbst und dient damit möglicherweise auch den Leserinnen und Lesern, hinter ihre „eigenen [...] unerkannten Gedanken zu kommen." Die dabei gewonnene Einsicht der Vergeblichkeit des Unterfangens mag den Erzähler subjektiv vielleicht nicht befriedigen; in ihrem gedanklichen Gehalt und ihrer später gewonnenen originären künstlerischen Gestalt – Sebald verzichtet oder verweigert eine Gattungsbezeichnung für sein Buch – kann sie als Gewinn verbucht werden. Ob die „besonders ungute Zeit", die die Erzählfigur vor Reiseantritt erlebt haben will, damit überwunden wurde, bleibt offen. Sebalds Weltsicht ist – seiner Fußreise nach Wertach entsprechend – die eines schwindelerregenden Niedergangs: eines sich Drehens im Kreise, eines Verlusts der Orientierung, einer Erfahrung des Zerfalls und der Zerstörung.

Wird in *Schwindel. Gefühle.* von Flanerie in der Großstadt und einer mehrstündigen Wanderung in der Natur erzählt, so kann *Die Ringe des Saturn. Eine englische Wallfahrt* als „Wanderbuch" gelten, wie es der Autor selbst benannt und im Untertitel angedeutet hat.[394] Das Wandern fungiert hier wiederum als Auf- und Ausbruch aus einer als krisenhaft empfundenen Situation. Der Erzähler hofft, nach dem Abschluss einer größeren Arbeit einer in ihm „sich ausbreitenden Leere entkommen zu können."[395] Der Untertitel *Eine englische Wallfahrt* impliziert eine – in diesem Falle säkulare – Pilgerreise mit dem Wunsch nach Erlösung. Darüber hinaus erscheint im IX. Kapitel als ein konkretes religiöses Pilgerziel der Tempel von Jerusalem, Sinnbild der verheißenen göttlichen Erlösung, jener klassischen Utopie der beiden monotheistischen Religionen Judentum und Christentum. Der Wiederaufbau des vor zwei Jahrtausenden zerstörten Tempels findet zwar auf wissenschaftlicher Grundlage statt, aber doch nur als eine Jahrzehnte währende „jeden normalen Rahmen sprengende[...], letztlich sinn- und zwecklose[...] Bastelarbeit"[396] in Miniaturformat durch einen exzentrischen Hobbyisten. Für den Wanderer bleibt der Besuch des Modellbautempels zwar nur eine Episode.[397] Für den Autor wird sie zu einem Zentralsymbol des eigenen Werks. Er verweist damit indirekt auf seine schriftstellerische Methode: „Ich arbeite nach dem System der Bricolage – im Sinne von Lévi-Strauss",[398] also einer Bastelarbeit aus Fundstücken, und zugleich auf die vermeintliche Vergeblichkeit des Unterfangens.[399]

Vom Ende der Wanderung aus betrachtet, das zu Beginn des Buches thematisiert wird, kann von einer Wunscherfüllung nach Erlösung oder Krisenbewältigung kaum die Rede sein, was die Deutung zulässt, es handele sich bei dem Untertitel um eine Art ironisches

Pilgern ist Wandern für einen »höheren Zweck«. Seit alters her verbindet sich damit der Wunsch, durch Anstrengungen des Leibes und des Geistes (Motivation, Durchhaltevermögen, Moral etc.) der Seele Gutes zu tun. Solche körperlichen Entbehrungen und Strapazen sollen Schuld sühnen, das Gewissen entlasten, Leid mindern, Heilung und Erlösung bringen, Glückseligkeit stiften oder zu Gott führen. – In der säkularisierten Welt wird das Wort Pilgerschaft heute meist nur noch metaphorisch verwendet. Es sei denn, es bezeichnet eine Methode der Selbsterfahrung oder des rituellen Einschlagens eines neuen Lebenswegs, der – oft ohne genuin religiöse Motivation – auch spirituelle Erlebnisse verspricht. Bereits die Wortherkunft der Begriffe wandern und pilgern scheint dies auszudrücken: Wandern ist etymologisch verwandt mit winden, wenden und wandeln und also auch mit Überwindung und Verwandlung. Der Pilger, lateinisch peregrinus oder pelegrinus, ist wörtlich ein Fremdling, jemand, der sich am falschen Ort befindet und sich unbehaust fühlt, einer, der wandert, um sich zu finden, um bei Gott zu sein oder erleuchtet zu werden. Im Christentum ist die Vorstellung verankert, der gesamte Lebensweg sei eine Pilgerreise zu Gott, der Mensch ein »Homo viator«, ein Wandernder. Der Pilgerpfad führt durch das »irdische Jammertal« in den Himmel. Der Dichter Novalis findet dafür die Worte: „»Wo gehen wir denn hin?« »Immer nach Hause.«" (Novalis: *Heinrich von Ofterdingen*. Leipzig 1876, S. 133)

Ob der Pilgerpfad geografisch als Strecke oder biografisch als Lebensweg verstanden wird, ob er physisch oder rein geistig zurückgelegt wird, einen solchen Weg in die Spiritualität kennen alle großen Religionen. Die Anstrengungen der Wanderer laufen auf eine Beglückung hinaus, die gern als ein Vorgeschmack ewiger Glückseligkeit verstanden wird. Auf dem Weg dorthin kann es zur Befreiung von alltäglichen Pflichten und routinemäßigen Zwängen kommen, zu Stressabbau, Intensivierung der Wahrnehmung, besonders der Natur, zum Erleben der eigenen physischen Kraft und mentalen Stärke und schließlich – wenn die Wallfahrt gelingt – zur Freude über die bewältigte Distanz und das Erreichen des Ziels. Rahmenbedingungen dafür sind die topografischen und klimatischen Herausforderungen der Langstrecke und eventuell drückende Schuhe und lastendes Gepäck, meistens Verzicht auf Komfort, aber mittlerweile selten die Wahl weiterer selbst bereiteter Beschwernisse wie Barfußgang über Schotter und Felsen, absichtliche Einlagerung von Erbsen oder Steinchen in die Wanderschuhe oder gar Bewältigung des Weges in Ketten, auf Knien oder durch ständiges Niederwerfen und Wiederaufstehen. Schließlich kommen neue und ungewöhnliche soziale Erfahrungen hinzu, die zu einer Wandlung des Pilgers beitragen können. Dabei spielen Herkunft, Familie, Besitz, Beruf, Titel und sogar der angestammte Name, kurz: der in die Wiege gelegte oder erworbene Status des Pilgers, eine untergeordnete oder gar keine Rolle mehr. Eine Pilgerschaft vermag somit dazu beizutragen, wenigstens temporär einen mitgeschleppten Teil seiner Selbst abzustreifen.

Seit dem 19. Jahrhundert haben sich Sinn und Form des Pilgerns weiterentwickelt. Der Aspekt der Selbstsorge wird ergänzt durch soziale und politische Fürsorge in Gestalt von Friedens- und Protestmärschen. Die Erfahrung des Gehens in der Gruppe löst dabei die meditative Form des einsamen Wanderns ab. Die Stoßrichtung bleibt gleich: die Lösung aus alten Abhängigkeiten.

Die klassische Wallfahrt, z. B. auf dem Jakobsweg nach Santiago de Compostela, ist, wenn nicht durch brennende Probleme des modernen Lebens motiviert, mittlerweile zu einem Freizeit- und Lifestyletrend geworden. Zur ursprünglich erhofften Wirkung winken der Erwerb von Pilgerstempeln und -urkunden, die als eine Form des Ablasszettels, als Statussymbol, als Sporttrophäe und somit als Dokument der Belohnung dienen können. Im günstigen Fall gibt es eine Heilung an einem heiligen Ort. Seumes Spaziergang als Flucht aus beruflichen und privaten Problemen sowie Sebalds englische Wallfahrt aus latentem Erlösungsdrang mit ambivalentem persönlichen Ausgang lassen sich durchaus als originelle säkulare Arten der Pilgerschaft verstehen, jedenfalls als deren literarisches Modell.

Aperçu. Aber wie in *Schwindel. Gefühle.* bleibt auch hier das Ergebnis der Reise ambivalent. Der Erzähler vermerkt zwar, er habe sich selten „so ungebunden gefühlt wie damals bei dem stunden- und tagelangen Dahinwandern". Dieser „schöne[n] Freizügigkeit" allerdings stellt er „das lähmende Grauen" gegenüber, das ihn „verschiedentlich überfallen hatte angesichts der selbst in dieser entlegenen Gegend bis weit in die Vergangenheit zurückgehenden Spuren der Zerstörung."[400] Das ist nicht überraschend, denn in nahezu allen Texten Sebalds suchen der Autor und mit ihm seine Erzähler und seine Figuren die Spuren der Vergangenheit und das sich dabei einstellende Grauen. Sebald erscheint als „einer, der auszog, das Fürchten zu lernen" – und zu lehren. So behauptet er programmatisch: „Es kommt ja schließlich darauf an, dass man dem Leser irgendwie klarmachen kann, dass das Leben etwas Furchtbares ist – [...] so, wie wir es organisieren."[401] Zur Entdeckung und Erkundung von Spuren vergangenen Lebens bevorzugt er wegen seiner Langsamkeit das Wandern: „Das Herumgehen zu Fuß in der Landschaft ist eine Form der Aneignung der Vergangenheit, die es einem am ehesten ermöglicht, etwas zu sehen."[402] Das meint, das Entdecken von Übersehenem, Abseitigem und Verdrängtem als Anstoß zu Erinnerung und Reflexion. Sebald erwähnt in seinem letzten Werk *Austerlitz* (2001) beispielsweise Fundstücke von Gebrauchsgegenständen als letzte Habseligkeiten von Menschen, die in Gaskammern umgebracht wurden, oder Reste von Grabensystemen aus dem Ersten Weltkrieg, die Soldaten Deckung bieten sollten. „Wenn man diese Linien entlanggeht, sieht man tatsächlich, wie weit die Vergangenheit in die Gegenwart hineinreicht."[403]

Vielleicht ist es die Wirkung einer solchen intensiven und auch leiblich erfahrbaren Beschäftigung mit der Vergangenheit, wie sie der Erzähler von *Die Ringe des Saturn* beschreibt, nämlich dass er „auf den Tag genau ein Jahr nach dem Beginn [s]einer Reise [...], in einem Zustand gänzlicher Unbeweglichkeit, eingeliefert wurde in das Spital der Provinzhauptstadt in Norwich, wo [er] dann, in Gedanken zumindest, begonnen habe mit der Niederschrift der nachstehenden Seiten."[404] So bilden die Fußreise den Therapieversuch für die innere Leere nach dem Schreiben und im Anschluss daran das Schreiben den Therapieversuch für die gänzliche Unbeweglichkeit nach der Rückkehr.

Wie in *Schwindel. Gefühle.* dient in *Die Ringe des Saturn* die Fußreise einem forschenden Selbstbezug des Erzählers. Auch hier schwindelt der Autor, denn seine Reise hat nur bedingt in der mitgeteilten Form stattgefunden. Auch hier spielt der Verfasser mit der Vorspiegelung einer Identität, die eine Unterscheidung von fiktivem Erzähler eines Romans und faktischem Autor eines Reiseberichts zu irritieren sucht. Dies beginnt bereits beim Cover der Erstausgabe, das Sebalds fotografisches Porträt als Wanderer zeigt. Durch die Präsentation in Rückenansicht wird eine solche Identifizierung zugleich in Frage gestellt, dafür jedoch in einer ikonografischen Tradition verortet, die Wanderer und Spaziergänger als Rückenfigur zeigen. Das Verdecken des perspektivischen Fluchtpunkts im Bildraum durch die Rückenfiguren und die Unbestimmbarkeit der wesentlichen Erkennungsmerkmale der Personen bewirken, dass der Betrachter imaginär seine Stelle einnehmen kann. Im Falle der Cover-Fotografie Sebalds entfaltet der hinter einer Hecke verschwindende Weg zusätzlich eine Sogwirkung, in den Bildraum einzutreten. Der sich in dieser Weise inszenierende Sebald nimmt seine Leserinnen und Leser mit auf Wanderschaft, indem er ihnen erst »bildlich« vorangeht und sie schließlich »buchstäblich« seiner Erzählung folgen lässt.

Alle Figuren der angeführten Bildbeispiele, der Hund einbeschlossen, können als Repräsentanten des Melancholischen gelten. Auch Sebalds Werk reiht sich thematisch und motivisch ein in diese Tradition. Als klassische Melancholiesymbole finden sich in Sebalds Buch u. a. titelgebend der Planet Saturn sowie das Gestirn Sirius, der »Hundsstern«. Der Erzähler

Umschlag der Erstausgabe von
Die Ringe des Saturn

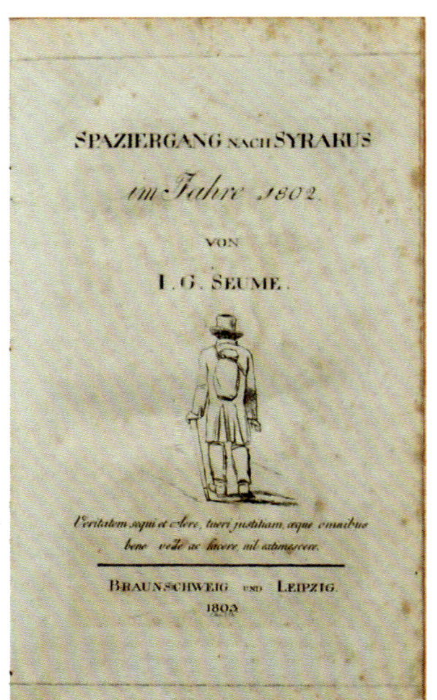

Titelblatt der Erstausgabe von
Spaziergang nach Syrakus

bekennt einleitend, dass es ihm scheine, „als ob der alte Aberglaube, dass bestimmte Krankheiten des Gemüts und des Körpers sich mit Vorliebe unter dem Zeichen des Hundssterns in uns festsetzen, möglicherweise seine Berechtigung hat."[405] Für diese Krankheiten verspricht sich der Erzähler, „als die Hundstage ihrem Ende zugingen"[406], Therapie durch seine Wanderung bzw. seine „Wallfahrt".[407]

Auf ihren Wanderungen und Reisen folgen Sebalds Erzählerfiguren den eigenen Wurzeln in der Weise einer Spurensuche. Der Autor/Erzähler verlässt seinen englischen Wohnort, um Orte seiner deutschen Herkunft aufzusuchen. So kehrt er in *Schwindel. Gefühle.* zur Marktgemeinde Wertach zurück, in der er geboren wurde. In *Die Ringe des Saturn* widmet er sich einem anderen Herkunftsbereich, nämlich der Landschaft und der damit verbundenen regionalen Geschichte Suffolks, wie sie sich südlich seines Wohnortes Norwich ereignet hat. Die Geschichte dieser „entlegenen Gegend" erweist sich alsbald nicht nur von regionalem und nationalem Interesse, sondern von europäischer und sogar weltumspannender Bedeutung.[408]

Die jeweiligen unmittelbaren Lebensumstände der Erzählerfiguren zeigen sich dabei als geprägt und bewegt von privaten, weltgeschichtlich und schließlich auch naturgeschichtlich bedeutsamen Ereignissen, die unter dem Fokus des Zerfalls betrachtet werden. Ihre Erkundungen führen die Erzähler von der Gegenwart in die Vergangenheit und von ihrer Außenwelt in ihre Innenwelt und umgekehrt. Dies geschieht meist assoziativ und analogisierend während des einsamen Wanderns. „Ich hatte [...]", so Sebald, „als ich da runter nach Suffolk ging, überhaupt nicht die Absicht, etwas zu schreiben. Ich wollte nur eine Zeitlang in einer Umgebung sein, die mit meiner Arbeit, meinem Haus und allem, was daran hängt, nichts zu tun hat. Und dann aber sieht man dieses und sieht jenes, und im Kopf beginnen sich die Räder zu drehen."[409] Die sich aus der individuellen empirischen Erfahrung beim

Caspar David Friedrich:
Der Wanderer über dem Nebelmeer

Wilhelm Busch:
Karikatur Arthur Schopenhauer

Wandern entwickelnden Gedanken schweifen zu Erinnerungen an zumeist gemeinschaftlich erlebte und gesellschaftliche Ereignisse, die wiederum auf Erlebnissen oder Lektüren literarischer oder historiografischer Art beruhen. Diese Erinnerungen werden durch Recherchen sowohl vertieft als auch beglaubigt und schließlich verschriftlicht.[410]

Das Gehen führt zum Schreiben und bewirkt für Sebald dabei nicht zuletzt auch „das Prosodische, also den Rhythmus [...] Und der hat sicher etwas mit der Art der Fortbewegung zu tun". Sebald glaubt, „dass es so etwas wie eine Physiologie der Literatur geben kann, das heißt, dass unsere Körperlichkeit und die Art, wie wir unseren Körper bewegen, sich übertragen kann auf die Literatur. Und wenn darauf nicht geachtet wird, dann fehlt etwas".[411] Resultate dieser Bemühungen sind literarische Kunstwerke eigener formaler Prägung. In diesen findet ein Weltbild Gestaltung, das die Wege der Natur und der Geschichte als einen gewaltigen Prozess des Zerfalls und der Zerstörung begreift und als Quelle der Melancholie erfahrbar macht.[412]

Das Reisen, speziell das Wandern und das mit ihm verwandte Schreiben können diesen Prozess nicht aufhalten, der *englischen Wallfahrt* folgt keine Erlösung, obgleich sich gelegentlich ein Prinzip Hoffnung, eine „messianische Dimension"[413] anzudeuten scheint. Nach Sebald „geht es nicht primär ums Ankommen, sondern darum, einen langen Weg zu machen und dabei gewisse Stationen zu absolvieren, wobei das Ganze eine kontemplative Übung ist. [...] Es geht also nicht darum, an ein christliches oder in irgendeiner Weise spirituelles Ziel zu gelangen – sondern darum, auf eine bestimmte Weise zu gehen und zu sehen."[414]

An anderer Stelle ergänzt der Autor: „Wenn man also zu Fuß geht, kann man auch sehen. Ich glaube, dass es bei der Prosa sehr darauf ankommt, dass die Dinge visuell werden. Das heißt, dass der Leser [...] aus diesen Bleibuchstaben, die da auf der Seite herumschwirren, ihm Bilder entgegenkommen. Das visuelle Element halte ich für sehr, sehr wichtig".[415] Dies ergibt sich aus seiner Folgerung: „Und wenn man das mal begriffen hat, dass man machtlos diesen Prozessen [der Zerstörung] ausgesetzt ist, dann ist eigentlich die einzige sinnvolle Haltung die Haltung eines Zuschauers. Man kann, glaube ich, nicht mehr machen, als zuschauen."[416] In seinen Büchern führt dies immer wieder zu Schwindel und Orientierungsverlust –, lindert aber bisweilen die Schwermut.

Der aus Süddeutschland ausgewanderte Sebald zeigt sich damit auch weltanschaulich in seiner neuen Heimat angekommen. Es ist das traditionell in Großbritannien hoch im Kurs stehende Empirische (»Britischer Empirismus«), es sind die Beobachtungen beim Wandern, die Sebalds Denken in Gang setzen und ihn in einer sich schließenden Kreisbewegung letztlich wieder zum bloßen kontemplativen Betrachter machen, der sich somit resignativ einer vita activa verweigert und einer vita contemplativa hingibt. Dokumentiert wird dies nicht nur im Schreiben, sondern auch mit in den Text eingefügte Fotografien.

Reisen, Wandern und Flanieren erscheinen in Sebalds Büchern nur als grob geplante und wenig zielgerichtete Prozesse. Vielmehr sind sie durch fehlende Kontinuität gekennzeichnet, die spontane Unterbrechungen, Wechsel der Routenführung und der Fortbewegungsmittel zulassen. Dabei lässt sich der Reisende auf gewollte und ungewollte Wiederholungen ein, die ihn auf Irr- und Abwege führen. Sebalds Erzähler vagabundieren. Dieses findet auch formal seinen Niederschlag im Schreiben, dessen Charakter dem Gestus des Wanderns entspricht: rhythmisch, sprunghaft, assoziativ, iterativ, sowohl zu Umwegen und zur Umkehr bereit als auch zur Grenzüberschreitung.

Sebald, der täglich spazieren ging und schrieb, ist nachhaltig von den schreibenden Spaziergängern Jean-Jacques Rousseau, Franz Kafka und Robert Walser beeinflusst worden.[417] Wie in Kafkas *Der plötzliche Spaziergang* suchen Sebalds Erzähler im Spazieren und Wandern Erlösung von existentiell als krisenhaft erlebten Umständen. Der Spaziergang wird zum Akt der Befreiung und der Selbstfindung. In der Tradition von Montaignes *Essais* können Rousseaus *Träumereien eines einsamen Spaziergängers* geradezu als Vorbild gelten für eine sich aus dem freien Gehen entwickelnde Gedankenfreiheit, wie sie sich bei Sebald assoziativ-kreativ entfaltet. Mit Robert Walser teilt er den offenen Blick für die Vielfalt der begegnenden Erscheinungen und die Rhythmik, die der schreibende Spaziergänger seinem Text verleiht. Der Ertrag seiner Bemühungen und Erfahrungen bleibt für Sebald stets ambivalent. So lässt er den Erzähler von *Die Ringe des Saturn* sagen: „[I]ch wusste wohl weder damals, noch weiß ich es heute, ob ich das einsame Gehen als eine Wohltat empfand oder als eine Qual."[418]

Niedergang, Zerstörung, Zerfall bilden wie dargelegt Sebalds Perspektive auf den Gang der Welt. Als eine Art böser Ironie des Schicksals – sozusagen um diesem Aspekt Nachdruck zu verleihen – endete Sebalds Lebensweg nicht friedlich mit einem letzten Spaziergang in betagtem Alter, sondern mit einer Katastrophe. Am Alter von 51 Jahren starb der poeta doctus am Steuer seines Autos. Plötzliches Herzversagen hatte eine Kollision mit einem Lastwagen verursacht und dabei auch Sebalds Tochter schwer verletzt.

Wollte man dem Autor nachträglich ein Denkmal im historischen Stil setzen, käme die beliebte, auf christliche Heilserwartung verweisende Figur des ausruhenden Pilgers in Frage – selbstverständlich in der Pose des gestus melancholicus. Ob Sebald sein Leben wirklich als Wallfahrt verstanden hat, ist ungewiss. Treffender wäre deshalb die geborstene Säule, die den unvollendeten, abrupt abgebrochenen Lebensweg symbolisiert und sich als ein unmissverständliches Monument der Zerstörung präsentiert. Eine Sebald angemessene Form der Erinnerung ist allemal die Lektüre seines aus dem Gehen entstandenen literarischen Werks. Als Epitaph eignet sich in besonderem Maße ein Satz aus seinem Buch *Campo Santo* (zu deutsch: Friedhof) über den traditionellen Umgang mit den Verstorbenen auf Korsika: „Das Andenken an die Toten nahm eigentlich niemals ein Ende. [...] Sie wurden nicht betrachtet als solche, die für immer in der sicheren Entfernung des Jenseits sind, sondern als nach wie vor anwesende Verwandte, die sich lediglich in einem besonderen Zustand befanden [...]."[419]

Wandern mit Sebald nach Wertach

In Wertach nahm Sebalds Lebensweg seinen Anfang. Auf Spaziergängen mit dem Großvater erkundete das Kind seine Heimat rund um den bayerischen Marktflecken. Längst erwachsen geworden führt eine seiner Reisen, von denen der Autor in *Schwindel.Gefühle.* erzählt, an seinen Geburtsort zurück. Die letzten Kilometer werden dabei zu Fuß bewältigt. Die Gemeinde Wertach hat in Anlehnung an das als *Il ritorno in patria* ausgewiesene Romankapitel einen „Sebaldweg" eingerichtet, der mit sechs Stelen versehen ist, die am betreffenden Ort längere Zitate aus dem Roman präsentieren.[420]

Der ca. zwölf Kilometer lange „Sebaldweg" biegt vom österreichisch-deutschen Grenzübergang Oberjochpass (1159 m) kommend nach Norden von der Passstraße ab und führt als Pfad durch ein Waldstück idyllisch am Weißenbach entlang den Alpsteigtobel hinab – der schönste Abschnitt der Strecke. Immer wieder wird der Blick auf Almen freigegeben, bis eine schmale Fahrstraße erreicht ist, an deren Abzweig links die Krummenbacher Kapelle Heilige Dreifaltigkeit liegt. Weiter führt der Weg durch offene Wiesenlandschaft nach Unterjoch und durch das Dorf hindurch. Er passiert die Flussniederung der Wertach und überquert dabei mehrmals das Flüsschen. An der Alpe Sorg und am Campingplatz Jungholz vorbei verläuft der Weg wieder durch Wald, bis er auf die Bundesstraße B 310 trifft. Rechts abbiegend zur letzten Etappe ist dem Verlauf der Autostraße zu folgen. Begleitet vom Verkehrslärm wird nach wenigen Kilometern der Markt Wertach erreicht. Von der Ortsgrenze führt der Weg schließlich zu Sebalds Geburtshaus.

...und in East Anglia

Einzelwanderer sowie Gruppen von Teilnehmern eines Sebald-Kongresses sind bereits den Pfaden Sebalds durch Suffolk, dem Schauplatz seines Romans *Die Ringe des Saturn* gefolgt. Begeisterten Sebald-Lesern wird es sicherlich Freude machen, anhand der Ortsangaben des Romans (und Google Earth) die Wege nachzuzeichnen und mittels ihrer eigenen Kartierung nachzuwandern. Teilstrecken lassen sich auch „originalgetreu" mit den vom Autor verwendeten Transportmitteln wie Bahn, Bus, Boot und Taxi zurücklegen. Ganz im Sinne des Zerfalls-Propheten Sebald wird sich nicht mehr alles wiederfinden und antreffen lassen, was der Autor noch sah und erlebte, z. B. den Fragment gebliebenen Jerusalemtempel en miniature und seinen Erbauer.

Tipps für *Eine individuelle Bummeltour durch Norfolk und Suffolk* überschrieben mit *Die hölzernen Engel von East Anglia* gibt Sebald in einem Beitrag für die Wochenzeitung DIE ZEIT, Nr. 31/1974.[421] Einige Empfehlungen decken sich mit den Stationen in seinem Buch. Dort finden sich Fotografien Sebalds zu seinen Wanderungen in East Anglia sowie im Internet[422].

Wie bei den beiden folgenden gehenden Denkern scheint auch für Sebald der topografische Ort der Wanderung unwichtig zu sein. Eigentlich lässt sich überall das erleben, was für Sebald das Herumgehen bewirkt, eine „Aneignung der Vergangenheit" – mit offenem Ergebnis.

Almwiesen und Wald am Sebaldweg

Im Alpsteigtobel
Der Weißenbach

Krummenbacher Kapelle

S. 204 bis 207: Impressionen vom Sebald-Weg

Almwiesen und Wald am Sebaldweg

Gasthof zum Engel, Wohnung Familie Sebald

Sebalds Geburtshaus in Wertach

Auf dem Philosophenweg —

Kitarō Nishida in Kyōto

Kitarō Nishida (1870–1945)

Philosophengänge und Philosophenwege gibt es dem Namen nach an zahlreichen Orten der Welt. Wenn sie auch nicht immer einen biografischen oder anderweitigen Bezug zu Denkerinnen und Denkern aufwiesen, so machen sie doch aufmerksam auf einen Zusammenhang von Gehen und Geistestätigkeit. Der Kyōtoer Philosophenweg (哲学の, Tetsugaku no michi), wörtlich: *Weg der Philosophie*, ist besonders mit einem Denker verbunden: Kitarō Nishida, dem bedeutendsten japanischen Philosophen des 20. Jahrhunderts. Der Wegbereiter der modernen japanischen Philosophie wagte neues Denken, ohne eine Bindung an die Überlieferung preiszugeben. Wegen seines kulturelle Grenzen überschreitenden Philosophierens gilt Nishida als Gründer der sogenannten Kyōto-Schule. Diese ist einerseits beeinflusst vom Mahayana-Buddhismus und andererseits geprägt von der Öffnung für die westliche Philosophie und der kritischen Auseinandersetzung mit ihr. Nishidas Blick umfasst dabei die altgriechischen Philosophen, die Neuzeit mit Leibniz und Hume, den Deutschen Idealismus mit Kant, Fichte, Hölderlin und Hegel bis zur Moderne mit Namen wie Nietzsche, Bergson und Heidegger. Verbindungslinien zwischen den Denkwelten bilden u. a. Nishidas zentrales Thema des »absoluten Nichts«, das er Heideggers Thematisierung des Seins gegenüberstellt, sowie die Überwindung der abendländischen Subjekt-Objekt-Spaltung. In diesem Kontext ergeben sich Bezüge Nishidas zu antimodernistischen und auch nationalistischen Strömungen in der westlichen Philosophie.

Nishidas Ansehen wurde durch die Benennung des Philosophenwegs in Kyōto gewürdigt. Als der Denker von 1910 bis 1928 in Kyōto lehrte, spazierte und meditierte er täglich auf diesem Fußweg und hat dort Spuren hinterlassen. So findet sich eine Kalligrafie von Nishidas Hand in den Grabstein eines Freundes eingeschrieben, der auf dem Friedhof des Hōnen-in Tempels am Philosophenweg errichtet ist. Das Grab gehört dem von Martin Heidegger beeinflussten Philosophen Shūzō Kuki. Die Inschrift gibt Johann Wolfgang Goethes berühmtes Gedicht *Wandrers Nachtlied* wieder, das Nishida ins Japanische übertragen hat:[423]

Über allen Gipfeln
Ist Ruh,
In allen Wipfeln
Spürest du
Kaum einen Hauch;
Die Vögelein schweigen im Walde.
Warte nur, balde
Ruhest du auch.

Der Philosoph Ryōsuke Ohashi, ein Schüler Nishidas, interpretiert die Übersetzung der Verse. Nishida gehe es dabei nicht allein darum, die treffende Wiedergabe des Sinngehalts von Goethes Gedicht hervorzuheben, wie ihn ein Angehöriger ostasiatischer Kultur verstehen würde, der sich mit der Kultur westlicher Tradition auskennt. So ließe sich etwa die meditative Achtsamkeit des Erlebens der Natur in fast völliger Ruhe hervorheben und dabei eine Ahnung von der Sterblichkeit des Menschen vermitteln, dessen Leben hier in der Metapher einer Wanderung erscheint, die zu ihrem Ende kommt.

Ohashi betont demgegenüber, wie Goethes Gedicht Nishida zum Ausdruck der „reinen Erfahrung" wird, wie dieser sie versteht, nämlich als momentane Unmittelbarkeit, die noch vor jeder Gewahrwerdung des Verhältnisses zwischen einem erkennenden Subjekt und einem erkannten Objekt stattfindet.[424] Das zeigt sich daran, dass seine Übersetzung ohne Weiteres auf den Gebrauch des deutschen Verbs »sein« verzichten kann, das im Japanischen semantisch und syntaktisch keine wörtliche Entsprechung findet. Verstärkt wird diese Wirkung durch Nishidas Wahl der Ich-Perspektive anstelle des verallgemeinernden lyrischen Ansprechens im Original mit dem indefinit gebrauchten „Du". Der Übersetzer möchte so der Verschmelzung von Form und Inhalt, Wort und Gegenstand, Subjekt und Objekt entsprechen, wie sie in Goethes Gedicht gestaltet ist. Ohashi verweist dabei auf das Kernthema der Philosophie Nishidas, das erwähnte „absolute Nichts", das alles, was existiert, erst ermöglicht. In Goethes „Ruh" zeige sich dieses Nichts: „Das Nichts ist für Nishida die Wahrheit des Seins, die in der »reinen Erfahrung« der Ruhe bewahrheitet wird. Diese Ruhe wird darin als real gegenwärtig empfunden".[425]

Ohashi erkennt hier einen Weg gegenseitiger Öffnung von östlicher und westlicher Philosophie, namentlich die Annäherung von Nishidas Lehre des „absoluten Nichts" und Heideggers Fundamentalontologie.[426] Martin Heidegger wählte seinerseits bereits zuvor die Verse „Über allen Gipfeln / Ist Ruh", um daran seinen Seinsbegriff zu exemplifizieren. Denn das „Ist" lasse sich hier gar nicht umschreiben: „In dem »Ist« eröffnet sich uns das Sein in einer vielfältigen Weise."[427] In Heideggers Terminologie: „Das Seiende ist. Das Seyn west."[428] Ohashi fasst zusammen: „Fand Heidegger im Gedicht Goethes den Ausdruck für das von ihm gedachte »Sein«, so sah Nishida in demselben Gedicht einen Ausdruck für das „Nichts", das als das Formlose die Formen hervorbringt. Am ins Japanische übertragenen Gedicht, das in den Grabstein Kukis eingraviert wurde, überschneiden sich die Denkwege des deutschen und des japanischen Denkers."[429]

Bei aller metaphysischer Abgehobenheit scheinen abendländische und fernöstliche Philosophie — wenigstens metaphorisch — bodenständig. Es ist wohl kein Zufall, dass Nishida, der auch deutsche Literatur studierte, gerade *Wandrers Nachtlied* für seine Übersetzung ausgewählt hat. Das Wandern begegnet als ein wiederkehrendes Motiv im Buddhismus und benennt die buddhistische Praxis.

Bekanntermaßen wurde diese philosophische Lehre von einem Wanderprediger begründet. Ihren Ausgangspunkt nimmt sie im Samsara, dem „beständigen Wandern", dem ewigen Kreislauf des Werdens und Vergehens. Der Buddhismus zeigt Wege auf, aus diesem als leidvoll verstandenen Kreislauf auszubrechen und die darin eingebundene Seelenwanderung zu überwinden. So bezeichnen z. B. »Großer Weg« oder »Großes Fahrzeug« und »Kleiner Weg« oder »Kleines Fahrzeug« dessen Hauptrichtungen. Der »achtfache« bzw. »achtgliedrige Pfad« gilt als Weg zur »Erweckung« bzw. »Erleuchtung« und ins Nirwana.

Ein Weg dahin ist das Wandern selbst, wie es z. B. der berühmte japanische Dichter Matsuo Bashō (1644–1694) auf seinen zahlreichen Fußreisen praktizierte. Sein Dichterkollege Miura Chora (ca. 1721–1772) widmet ihm als eine Art Hommage folgendes Haiku:

Im Wanderkleide
Ein Kranich im Winterregen:
Der Meister Bashō.

Das Wandern dient Bashō der Ungebundenheit von einem Ort des Wohnens und überhaupt einem Leben ohne die zahllosen Dinge, denen man verpflichtet oder verhaftet sein könnte. So vermag das Wandern zum »Nichts« zu führen, zur ewigen Ruhe, aber auch Ursache von Gefährdung sein. Bashō fasst dies in folgendem Haiku:[430]

Vom Wandern schwer krank:
Ein Traum, der dürre Heide
Im Kreise durchirrt.

Ebenfalls schwer krank starb Kitarō Nishida 75jährig in Kamakura an Urämie. Seine sterblichen Überreste wurden an drei verschiedenen Orten bestattet. Am Mittelpunkt des Philosophenwegs in Kyōto wurde ihm ein Gedenkstein gesetzt. In der originalen Kalligrafie des Denkers finden sich dort die Worte eingemeißelt:[431]

人は人 吾はわれ也 とにかくに 吾行く道を吾は行くなり

Die Anderen sind die Anderen, ich bin ich. Ich gehe jedenfalls den Weg, der meiner ist.

Meditieren mit Nishida auf dem „Weg der Philosophie"

Die Aura des in eine Berglandschaft eingebetteten Weges, auf dem der Philosoph seine geistigen Übungen auf höchstem Niveau vollzog, lässt sich eventuell noch heute erleben. Anlass für den Besuch von jährlich Tausenden Touristen und Pilgern bietet jedoch nicht primär das Bedürfnis nach innerer Einkehr. Vielmehr ist es die Freude an der Pracht der Vegetation, die den knapp zwei Kilometer langen idyllischen Pfad säumt und den angrenzenden Wasserkanal überwölbt. Vor allem die Kirschblüte im Frühling und die Farben des Blattlaubs im Herbst laden zu einem halbstündigen Bummel ein. Durch Sinnieren, Fotografieren oder die Einkehr in eines der zahlreichen – Köstlichkeiten anbietenden – Restaurants oder Cafés verlängert sich der Aufenthalt naturgemäß. Der bereits zitierte in Deutschland und Japan lehrende Philosoph Ryōsuke Ohashi empfiehlt darüber hinaus, die Peripherie des Weges aufzusuchen. Denn die umgebende Berglandschaft, der Wasserlauf, die Vegetation, die Denkmäler, Tempel, Schreine und Gräber vermitteln eine Atmosphäre der Spiritualität, welche auf eine Jahrhunderte lange Tradition zurückblicken kann. Für Ohashi gewähren sie somit einen ausgezeichneten Zugang zur japanischen Ästhetik und Religion. Der Denker erschließt diese vor dem Hintergrund der dramatischen Geschichte Japans, ihrer überlieferten Geschichten sowie der Leistung japanischer Philosophen.[432]

Der »Weg der Philosophie« in Kyōto im Frühling

Der »Weg der Philosophie« in Kyōto im Herbst

Einfach Gehen –

Thích Nhất Hạnh auf festem Boden

Heben Sie ihren Fuß. Atmen Sie ein. Setzen Sie den Fuß vor sich auf den Boden auf, zuerst die Ferse, dann die Zehen. Atmen Sie aus. Spüren Sie, wie ihre Füße fest auf der Erde stehen. Sie sind bereits angekommen.[433]

Thích Nhất Hạnh (1926–2022)

So beginnt Thích Nhất Hạnh seine Einführung in die Gehmeditation. Wandeln, Wandern, Spazieren und Flanieren werden hier auf einen einfachen Vorgang zurückgeführt, den des Gehens. Mehr nicht. Und die sich einstellende Frage „Wozu?" beantwortet der buddhistische Mönch sowohl vorauseilend als auch abweisend: „Weil ich es mag." Man kann das übersetzen mit: „Aus Spaß." oder „Um glücklich zu sein." Das Gehen dient – im Rahmen der Gehmeditation – keinem besonderen Zweck, z. B. dem, von einem Ort zum anderen zu gelangen, um einzukaufen, die Familie zu besuchen oder hinter irgendetwas herzulaufen. „Während wir einer Sache hinterherrennen", so Thích Nhất Hạnh, „laufen wir gleichzeitig vor etwas anderem weg. Jede und jeder von uns trägt Leid, Verzweiflung, Wut und Einsamkeit in sich. Wenn wir nicht wissen, wie wir mit diesen starken Gefühlen sein können, wollen wir uns möglichst schnell und möglichst weit von ihnen entfernen. [...] Achtsamkeit hilft uns, die Gewohnheitsenergie des Davonlaufens zu erkennen."[434] Das Gehen in Achtsamkeit, wie Thích Nhất Hạnh es verstanden wissen will, ist dagegen ein Innehalten. Es dient der Selbstsorge und somit dem Endzweck von allem, der in der europäischen Tradition das höchste Gut genannt wird. Konkret heißt das Selbstbefreiung durch Erkennen und Überwinden negativer Gewohnheiten, technisch ausgedrückt: „Wenn Achtsamkeit und Konzentration in den Wahrnehmungsprozess eingreifen, können neue neuronale Verschaltungen entstehen, die nicht zu Leiden führen, sondern zu Verstehen, Mitgefühl, Glück und Heilung. Unser Gehirn hat die Kraft der Neuroplastizität, es vermag sich durch Training zu verändern."[435] Darin berührt sich östliches Denken mit dem Ursprung der Philosophie im antiken Griechenland, und zwar in dem Projekt: Welches Handeln führt zur Glückseligkeit als höchstem Gut?[436]

Der Buddhismus ist eine Religion und eine Philosophie. Es ließe sich auch behaupten, er sei eine Antireligion. Denn er braucht keine Götter (obwohl viele Buddhisten nicht ohne solche auszukommen scheinen). Es ließe sich ebenfalls behaupten, er sei eine Antiphilosophie. Denn seine philosophische, d.h. rationale Basis, legt es gerade darauf an, den Menschen von jeglicher Rationalität zu befreien. Ist Meditation für René Descartes, dem führenden Rationalisten in der westlichen Philosophiegeschichte, bedeutungsgleich mit einem tiefen Nachdenken nach strenger analytischer Methode, um der Wahrheit auf den

Grund zu gehen, wie sie sich im »lumen naturale«, dem »natürlichen Licht« zeigt, so dient die ebenfalls strenge Methode östlicher Meditationstechniken dazu, dem Geist das Denken auszutreiben, ihn der Leere zu öffnen, um ihm zur Erleuchtung, also zur höchsten Einsicht zu verhelfen. In diesem Sinne zeigt sich einerseits ein weiterer Berührungspunkt zwischen östlicher und westlicher Philosophie, können doch auch die »Wanderphilosophen« Rousseau, Kierkegaard, Nietzsche und Heidegger in ihrer antirationalistischen Stoßrichtung ebenfalls als Antiphilosophen bezeichnet werden.[437] Andererseits bleibt ein entscheidender Unterschied unüberwindbar. Denn dem buddhistischen Weg steht entgegen, was Rousseau und andere westliche Denker Träumereien nennen, nämlich beim Gehen den freien Fluss des Bewusstseins in Bewegung zu setzen, die Gedanken schweifen zu lassen, um so einen Zustand der Kreativität, des Erkennens und des geistigen Genusses zu erzeugen. Die östliche Meditation möchte vielmehr den schweifenden, zerstreuten und rastlosen Geist unter Kontrolle bekommen. In buddhistischer Metaphorik ausgedrückt heißt das, den springenden Affen im Kopf zu bändigen, den »Affengeist« zur Ruhe zu bringen. Nur so scheint »Erweckung« als höhere Einsicht möglich.

Gehmeditation ist dazu ein Weg unter vielen anderen. Genannt seien die Meditationen durch Atmen, Essen und Sitzen oder durch die Kunst des Bogenschießens, die Teezeremonie und die Kampfkunst Kung Fu. Die wesentlichen Elemente dieser Wege sind Achtsamkeit und Konzentration auf einen Vorgang im Hier und Jetzt, die zu Ruhe, Gelassenheit und innerem Frieden führen sollen.

Der vietnamesische Zenmeister und Lyriker Thích Nhất Hạnh, der im New Yorker Central Park und an vielen anderen Orten der Welt das Gehen als Meditationsform ausübte, gibt bis zur Praxis des historischen Buddha zurückreichende, undogmatische Empfehlungen für die Gehmeditation: bewusste stetige, kurze, langsame, entspannte Schritte, Schweigen, ein Lächeln auf den Lippen und die Bereitschaft, sich auf eine Erfahrung eigenen Seelenfriedens einzulassen. Denn, so glaubt Thích Nhất Hạnh: „Friede in mir – Friede in der Welt."[438]

In der gelingenden Meditation wird der Sündenfall der westlichen Philosophie aufgehoben, gemeint ist die Spaltung der Welt in Subjekt und Objekt.

„Wenn Du ein Bergwanderer bist, oder jemand, der ländliche Gegenden oder den Wald genießt, dann weißt Du, dass die Wälder unsere Lungen sind – nur dass sie außerhalb unseres Körpers liegen. Dennoch haben wir uns so verhalten, dass die Entwaldung von zwei Millionen Quadratkilometern Land möglich wurde, und wir haben ebenso die Luft, die Flüsse und Teile der Ozonschicht zerstört. Wir sind gefangen von jenem Denken, das nur annehmliche Bedingungen für unser kleines Selbst sucht, während wir zugleich unser großes Selbst zerstören. Wenn wir diese Situation verändern wollen, dann müssen wir damit beginnen, unser wahres Selbst zu leben. Unser wahres Selbst zu sein bedeutet, dass wir der Wald »sein«, der Fluss »sein«, und die Ozonschicht »sein« müssen."[439]

Thích Nhất Hạnh nennt seine Einsicht *Intersein*, die Existenz des Menschen in der Natur als ein gegenseitiger Bedingungszusammenhang. „Nichts kann ganz von allein existieren. Was es auch sein mag, es bleibt unweigerlich auf jedes andere Ding angewiesen."[440] Ein Gedanke, der an Martin Heideggers *In-der-Welt-sein* erinnert, aber auch das Buddha-Wort weiter denkt: „Du kannst nicht auf dem Pfad gehen, bevor du nicht der Pfad selbst geworden bist." Die Gehmeditation steht also in einem größeren Zusammenhang. Ihren unmittelbaren Effekt, das Einssein des Meditierenden mit sich selbst und der Welt, erlebten auf ihre Weise kurzfristig auch Montaigne in seiner Bibliothek[441] wandelnd, Rousseau auf der Sankt Petersinsel wandernd und Kierkegaard nach dem Spazieren an der Steilküste von Gilleleje. „Meditation bedeutet nicht", so Thích Nhất Hạnh, „im Tempel herumzusitzen, sondern im Alltag achtsam zu sein und verantwortlich zu werden für alles, was passiert."[442]

Thích Nhất Hạnh starb mit 95 Jahren in seinem Heimatland Vietnam. Seine letzten sechs Lebensjahre verbrachte er stumm, denn eine schwere Gehirnblutung hatte ihm die Sprache genommen und ihn dazu gezwungen, sich aus der Öffentlichkeit zurückzuziehen.

Millionen Menschen hörten zuvor seine Stimme. Als bedeutende buddhistische Persönlichkeit stand er in offenem Austausch mit Religionsführern wie dem Dalai Lama, Martin Luther King und Papst Paul VI. Thích Nhất Hạnh engagierte sich als Lehrender für einen modernen praktischen Buddhismus sowie für eine Reihe religiöser und sozialer Projekte, besonders beim Wiederaufbau seines Landes nach dem Vietnamkrieg, aber auch als Friedens- und Umweltaktivist. Dazu verfasste er zahlreiche Schriften. Seine Lehre zur Gehmeditation hat er knapp zusammengefasst:[443]

Kommen Sie beim Gehen mit jedem Schritt an. Das ist Gehmeditation.
Das ist schon alles.

Gehen mit Thích Nhất Hạnh

Größere Präzision bei der Bestimmung der Art und Weise gehender Fortbewegung sowie nähere Auswahl der Orte, wo das Gehen stattfindet, spielen bei Thích Nhất Hạnh keine Rolle. Somit erübrigen sich in diesem Fall eine Benennung und Nachzeichnung der Strecke sowie eine Dokumentation, Veranschaulichung und atmosphärische Anmutung durch Fotografien. Ein „fester Boden" reicht allemal aus.

Nichts geht mehr. Die vollkommene Ruhe – hinweg!

Seit der Antike gilt das Gehen als Anstoß und Antrieb des Denkens und des Empfindens. Unabhängig davon, ob es sich um ein Wandeln, Spazieren oder Wandern handelt, wird darüber hinaus eine Analogie von Gehen, Denken und Schreiben wahrgenommen. Diese spiegelt sich bisweilen in der Textgestalt bedeutender philosophischer und literarischer Werke wider. Häufiger findet eine Metaphorik des Gehens und des Weges in eben diesen Werken Anwendung, eine Bildlichkeit, die überhaupt unsere natürlichen Sprachen kennzeichnet.

Die Weisen des Gehens – ein durch Schweifen, Innehalten und Wiederholung charakterisiertes Spazieren oder ein zielgerichtetes, ausdauerndes und körperlich herausforderndes Wandern – entfalten eine wohltuende und fördernde Wirkung auf das Denken, Empfinden und Handeln. Solches Gehen verändert den Menschen. Es schenkt ihm Muße, verleitet zu Träumerei oder bewirkt Neugier und Sinnenlust. Durch Achtsamkeit lässt sich dies fördern und kultivieren. Das Gehen kann so seinen Beitrag zum menschlichen Selbstverständnis, zur Selbstsorge und Selbstverwirklichung leisten und zu einer Lebenskunst führen, die bekanntermaßen jeder und jede Einzelne für sich selbst entdecken und erlernen muss. „*Den* Weg nämlich – den gibt es nicht!"[444], lehrt Nietzsches Zarathustra.

„Wege entstehen dadurch, dass man sie geht." Diese fälschlich Kafka zugeschriebene Sentenz kann ohne Zweifel als unausgesprochene Maxime aller hier versammelten wandernden Dichter und Denker gelten. Die Richtung ihrer Wege ist dann auch die gleiche, es sind letztlich Wege zu sich selbst. Die Wanderer bilden, wenn schon keine »Gelehrtenrepublik«, so doch – obwohl sie selbst mit wenigen Ausnahmen unverheiratet blieben – eine Art Großfamilie. Das lässt sich an »Familienähnlichkeiten« erkennen, Gemeinsamkeiten, die *nicht allen* »Verwandten« notwendig und gleichermaßen zukommen müssen. Darunter finden sich Naturnähe und Zivilisationsskepsis, Originalität und Innovationskraft, Anspruch auf Individualität und Streben nach Autonomie, das Primat des Gefühls vor dem Verstand und dabei eine schwankende Grundstimmung zwischen Melancholie und Lebenslust. Wesentlich ist den Fußgängern ihre persönliche Freiheit, die sowohl Voraussetzung als auch Folge des Gehens ist und beim Gehen erlebt wird. Die »Familienmitglieder« kennen und schätzen einander aufgrund ihrer Werke. Vielleicht auch deshalb, weil sie sich nicht selten als Einzelgänger, Außenseiter, Sonderlinge und Geächtete erkennen, als Preis ihrer außerordentlichen Lebensführung. Die Jüngeren schreiben auf ihre Weise häufig das Werk der Älteren fort. Ihre Schriften sind mithin durch die klassischen Forderungen docere, delectare und movere geprägt, d.h., vom Anspruch erfüllt, durch unterhaltsame Belehrung von Nutzen zu sein und etwas in Gang zu setzen. Ihre Ausdrucksform ist somit nicht der gelehrte Traktat, sondern der Essay, der Brief, das Tagebuch, der Roman und das Gedicht.

Die Erfahrungen des Gehens und seine Wirkungen fallen unterschiedlich und bisweilen ambivalent aus. Für den mythischen König Ödipus erweist sich sein vermeintlich autonomer Weg als Erfolg für seine Selbsterkenntnis, gleichwohl nimmt sein Lebensweg ein tragisches Ende. Spätere Geher wagen einen intensiven Blick auf sich selbst und einen neuen horizonterweiternden Blick auf die Welt und verändern diese nachhaltig mit ihren Gedanken wie Rousseau, Kierkegaard und Nietzsche. Andere entscheiden sich – aus

Furcht vor der Freiheit? – für den Rückweg, beispielsweise in eine religiöse Innerlichkeit wie Petrarca oder für das Leben in einer Heilanstalt wie Walser. Sie begreifen, dass Freiheit eine natürliche Gabe ist, jedoch immer neu erkämpft werden muss, wie Rousseau, der schrieb: „Der Mensch ist frei geboren, und überall liegt er in Ketten".[445] Schließlich kann Freiheit sogar als Verhängnis empfunden werden. Der hier nicht vorgestellte Philosoph, Romancier und Dramatiker Jean-Paul Sartre, zu dessen Lieblingsbeschäftigungen das Spazieren in Paris gehörte, behauptet: „Der Mensch ist verurteilt, frei zu sein", und deshalb für sein Tun „voll und ganz verantwortlich".[446]

* * *

Die Wirkungen des Gehens auf Körper und Geist, wie sie seit Urzeiten erlebt und über Jahrtausende bedacht wurden, haben sich mittlerweile durch wissenschaftliche Forschung umfassend bestätigt.[447] Der Pessimist Schopenhauer bemerkte, dass „unser Gehen nur ein stets gehemmtes Fallen"[448] sei. In der Tat birgt die durch den aufrechten Gang gewonnene Freiheit ein erhebliches Sturzrisiko, wie es sich beim Laufenlernen von Kleinkindern zeigt, so dass das Gehen als eine der unsichersten Fortbewegungsweisen in der Natur gilt. Unabhängig vom Gebrauch des Stocks oder des Rollators bilden Stürze die häufigste Todesursache älterer Menschen.[449] Indes ist ebenfalls gesichert, das Gehen zeitigt körperliche Fitness und Wellness, stärkt das Immunsystem, wirkt in vielerlei Hinsicht Krankheiten vorbeugend und heilend und somit lebensverlängernd. Die durch Proteinausschüttung geförderte Bildung neuer Blutgefäße im Gehirn steigert die Leistungsfähigkeit des Organismus. Dabei regt die zerebrale Sauerstoffanreicherung des Blutes das Denken und Empfinden an. Das Gehen vor allem an der frischen Luft und in der Natur dient dem Stressabbau und kann Depressionen vorbeugen. Regelmäßiges Gehen wirkt sich wahrscheinlich sowohl unmittelbar als auch langanhaltend positiv auf die Stimmung und das Wohlergehen aus, bis hin zur Steigerung des Selbstwertgefühls. Die durch Gehen verursachte Verknüpfung entfernter Gehirnregionen fördert die Kreativität und damit die Kompetenz, Probleme zu lösen. Die körperliche Aktivität des Gehens verhindert die Schrumpfung und begünstigt den Wiederaufbau des Hippocampus und verzögert somit nicht nur altersbedingten Gedächtnisverlust, sondern hat auch einen positiven Effekt auf die Gedächtnisleistung. Die Langsamkeit der Fortbewegung beim Gehen intensiviert die Sinneswahrnehmung, erhöht den Genuss des Erlebens von Landschaft oder Urbanität und führt zu menschlichen Begegnungen. „Gehen", so resümiert der Neurowissenschaftler Shane O'Mara, „verbessert jeden Aspekt unserer sozialen, psychologischen und neuronalen Funktionen."[450] Das Gehen kann somit als Lebenselexier und potenziell als Allheilmittel gelten und gibt einer Feststellung des englischen Historikers George Macaulay Trevelyan vor ca. 100 Jahren recht: „Ich habe zwei Ärzte, mein linkes und mein rechtes Bein. Wenn Körper und Geist nicht mehr auf der Höhe sind [...], weiß ich, dass ich nur meine beiden Beine anrufen muss, und ich werde wieder gesund sein."[451]

Vielleicht (noch) nicht wissenschaftlich belegt, aber exemplarisch von den gehenden Denkern in diesem Buch gestützt: Ausgedehnte Wanderungen können einen nachhaltigen Einfluss auf unser Welt- und Selbstbild ausüben. Eine Erfolgsgarantie dafür gibt es nicht, wie Ernst Bloch meint. Wandern hält der Philosoph offenbar für eine Kunst der Wandlung, die beherrscht werden will. Gelingt dies nicht, lautet der Befund: „Schlecht wandern, das heißt, als Mensch dabei unverändert bleiben. Ein solcher eben wechselt nur die Gegend, nicht auch sich selber an und mit ihr."[452]

* * *

Albrecht Dürer: *Der heilige Hieronymus im Gehäus* (1514)

Johann Joseph Schmeller: *Goethe in seinem Arbeitszimmer, dem Schreiber John diktierend* (1831)

Luplau Janssen: Søren Kierkegaard (1902)

Was bringt das Denken auf den Weg und auf Trab? Die alleinige und ultimative Antwort kann nicht lauten: das Gehen, das wäre zu kurz gegriffen. Höhere Gültigkeit besitzt eine allgemeinere Antwort: die Bewegung; zumindest eine innere, eine, die belebt und die Blutzirkulation beschleunigt. Dafür steht eine Vielzahl von Stimulanzien bereit. Dem Langschläfer René Descartes, der auch focht, tanzte und flanierte, kamen bedeutende Einsichten im nächtlichen Traum oder am warmen Ofen, Archimedes in der Badewanne, Winston Churchill benötigte dazu eine dicke Zigarre, reichlich Whisky, aber „no sports". Die Liste der Beispiele ließe sich beliebig fortsetzen. Zur Niederschrift des Gedachten bedarf es in jedem Falle der Ruhe, des Innehaltens im Stehenbleiben oder im Sitzen, wie der heilige Hieronymus beim Notieren in seinem „Gehäus", Goethe beim Diktieren in seinem Arbeitszimmer oder Kierkegaard beim Korrigieren an einem seiner Stehpulte.

Abgesehen von der Art und Weise, in Ruhestellung Gedankliches zu fixieren, kann es zu spontanem Verharren kommen, wenn es das Ausarbeiten der Gedanken erfordert, z. B. bei Sokrates, der stundenlang stehen blieb, um einem tiefen Gedanken nachzusinnen, wie sein Schüler Platon überliefert.[453]

Sollte das leibliche Gehen nicht zufriedenstellen oder gar unmöglich sein, bleibt sein übertragener Sinn. Unter den Techniken der Selbstsorge gewinnt das Seinen-Weg-gehen immer wieder besondere Aufmerksamkeit. Populär ist der Song, den Paul Anka bekannt und Frank Sinatra berühmt gemacht hat: *My Way*. Kierkegaard, Heidegger, Nishida und andere dachten ähnlich. Zum geflügelten Wort wurde Goethes Sentenz aus dem *Faust*: „Ein guter Mensch, in seinem dunklen Drange, / Ist sich des rechten Weges wohl bewusst." (V. 328 f.) Die intuitive Gewissheit des richtigen – individuellen – Lebenswegs hat der Dadaist und All-Round-Künstler Kurt Schwitters gedanklich entfaltet und sprachlich gestaltet. Während der Nazizeit als »entartet« verfemt, wich Schwitters nicht von seinem künstlerischen Weg ab, wanderte jedoch aus. Seine letzte Ruhestätte fand er in seiner Geburtsstadt Hannover. Auf seinem Grabstein ist sein Lebensmotto und somit sein letztes Wort zu lesen: „Man kann ja nie wissen".

Damit konterkariert er skeptisch seine Gewissheit über den *eigenen Weg* und gibt Anlass, darüber nachzudenken – vielleicht bei einem Spaziergang:[454]

Der eigene Weg

So ist der Weg. Wir gehen ihn, weil wir ihn kennen. Das Ziel ist dunkel, aber hell der Weg. [...]

Wenn wir nicht fragen nach dem Zweck und Ziel, wenn wir vertrauen, dass der Weg, den wir erwählen, der einzige von allen Wegen ist, dann haben wir die Kraft, den rechten Weg zu finden. [...]

Nur eines wäre falsch, den Weg des anderen statt des eigenen zu begehen.

So ist der Weg.

Wir kennen ihn, wir gehen ihn und sind zufrieden.

Der Dichter Rainer Maria Rilke setzt diese Reflexion gleichsam mit einem *Memento mori* fort:[455]

Spaziergang

Schon ist mein Blick am Hügel, dem besonnten, / dem Wege, den ich kaum begann, voran. / So fasst uns das, was wir nicht fassen konnten, / voller Erscheinung, aus der Ferne an – / und wandelt uns, auch wenn wirs nicht erreichen, / in jenes, das wir, kaum es ahnend, sind; / ein Zeichen weht, erwidernd unserm Zeichen ... / Wir aber spüren nur den Gegenwind.

Anmerkungen

1 So Wolfram Eilenberger in *Philosophie Magazin* 01/2021, S. 42

2 Sophokles, der den Ödipus-Mythos zu einem der faszinierendsten Dramen der Weltliteratur gestaltete, versucht eine Antwort auf die Frage nach dem Wesen des Menschen im berühmten ersten Chorlied seiner Tragödie *Antigone*. Dort heißt es unter anderem, in der Übersetzung Hölderlins, der Mensch sei: „Allbewandert, unbewandert" (V. 353).

3 Vgl. Wilhelm Schmid: *Artikel »Selbstsorge«. Historisches Wörterbuch der Philosophie*, Bd. 9, Basel 1995, Sp. 528–535 – In den letzten Jahrzehnten wurde der Begriff von Pierre Hadot, Michel Foucault und Wilhelm Schmid rehabilitiert.

4 Attische Kylix des Ödipus-Malers, um 470 v. Chr., Vatikanische Museen, Inv. 16541. Siehe Abb. – Der Wanderstock konnte als Waffe zum Schutz des Wanderers vor gefährlichen Tieren und Menschen eingesetzt werden, bis Pistolen größere Sicherheit boten. So führte Hölderlin auf seiner Wanderung nach Bordeaux zu Anfang des 19. Jahrhunderts eine Pistole mit sich.

5 Zum Terminus »Organminderwertigkeit«, den sein Schöpfer in nicht persönlich herabsetzender Weise verstanden wissen will, vgl. Alfred Adler: *Studie über Minderwertigkeit von Organen*, Berlin 1907

6 Georg Büchner: *Lenz*. In ders.: *Werke und Briefe*, München [9]2002, S. 137 – Fortan zit. als *Lenz*.

7 Im Sommer 1833 unternahm Büchner mit Bekannten eine zehntägige Wandertour durch die Südvogesen. Den Ort von Lenz' Aufenthalt und den Weg dorthin kannte Büchner höchstwahrscheinlich nicht. Vgl. *Lenz*, S. 534 f. (Anhang)

8 *Lenz*, S. 155

9 *Lenz*, S. 151

10 G.W.F. Hegel: *Vorlesungen über die Philosophie der Geschichte*. Theorie Werkausgabe Bd. 12, Frankfurt am Main 1970, S. 529

11 Das »Kunstgespräch« in *Lenz* thematisiert eine entsprechende Idealismuskritik zugunsten eines materialistischen Realitätsprinzips. – Dass das Gehen konstitutiv für die Entwicklung des Gehirns und damit des Bewusstseins ist, entspricht mittlerweile wissenschaftlichem Forschungsstand (s.u., S. 220).

12 *Lenz*, S. 158

13 Gottfried Benn: *Gesammelte Werke in vier Bänden*. Hg. v. Dieter Wellershoff. Bd. 2: *Prosa und Szenen*, Stuttgart 1986, S. 182

14 Iwan Alexandrowitsch Gontscharow: *Oblomow*. München 1976, S. 9

15 Vgl. deren gleichnamige Werke *Symposion*.

16 Blaise Pascal: *Fragment Divertissement* n° 4 / 7 sowie *Pensées diverses* III - Fragment n° 3 / 85

17 Francesco Petrarca: *Brief an Francesco Dionigi von Borgo San Sepolcro* (1336). Übersetzung: Marion Giebel. Zit. nach https://www.fachdidaktik.klassphil.uni-muenchen.de/forschung/didaktik_waiblinger/marion_giebel/petrarca.pdf – Fortan zit. als *Brief*.

18 Vgl. Andreas Kablitz: *Aufbruch zur Neuzeit? Petrarca und das Ende des Mittelalters*. In: Paul Geyer / Kerstin Thorwarth (Hg.): *Petrarca und die Herausbildung des modernen Subjekts*, Bonn 2009, S. 46. Zit. nach https://hdl.handle.net/20.500.11811/563

19 Joachim Ritter: *Landschaft. Zur Funktion des Ästhetischen in der modernen Gesellschaft*. In ders.: *Subjektivität*, Frankfurt am Main 1974, S. 150 f.

20 Bazon Brock: *Ästhetik als Vermittlung. Arbeitsbiographie eines Generalisten*. Hg. v. Karla Fohrbeck, Köln 1977, S. 873

21 Karl Ove Knausgård: *Kämpfen*. Roman, München 2011, S. 194 f.

22 Aurelius Augustinus: *Bekenntnisse*, XI. Buch, 2. Kapitel. Übersetzung von Otto F. Lachmann: *Die Bekenntnisse des heiligen Augustinus*. Leipzig 1888. Zit. nach https://www.ub.uni-freiburg.de/fileadmin/ub/referate/04/augustinus/bekennt1.htm

23 *Brief*

24 Ebd.

25 Petrarca imitiert hier sein Idol Augustinus bis ins Detail. (Vgl. Aurelius Augustinus: *Bekenntnisse*, VIII. Buch) Es handelt sich ebenfalls um ein Buchorakel, in diesem Falle das zufällige Aufschlagen und Lesen einer Bibelstelle, das Augustinus zur Abkehr von der die Sinne verlockenden Außenwelt führt hin zu einer inbrünstig-religiösen Innerlichkeit. Begleitet wird dieses Erlebnis von einem Seelensturm, den der Erweckte in Tränen aufgelöst unter einem Baum sitzend erfährt. Auch der Augustinus-Leser Rousseau wird sich

später dieses Topos bei der Darstellung *seiner* Illumination bedienen. (s.u. S. 28) Ähnliche Wirkungen erzielte die Augustinus-Lektüre auch auf René Descartes.

26 Jacob Burckhardt: *Die Cultur der Renaissance in Italien. Ein Versuch*, Leipzig ²1869, S. 234. Zit. nach https://archive.org/details/gri_33125006523803/page/n247/mode/2up

27 *Brief*

28 Vgl. z. B. Petrarcas Gedichte *König Robert von Vaucluse* oder *Die Geliebte des Freundes*. In: Franz Petrarcas *Poetische Briefe*, Halle 1903, S. 28 ff. und 190 ff. Zit. nach https://warburg.sas.ac.uk/pdf/enh202b2766413.pdf

29 Petrarcas Mont-Ventoux-Epistel hat zahlreiche scharfsinnige sowie multiperspektivische Deutungen erfahren, auch die, das Geschilderte sei lediglich als Allegorie eines Bekehrungserlebnisses zu verstehen. Dabei wurde sogar in Frage gestellt, ob die Bergbesteigung tatsächlich stattgefunden hat. Vgl. den Überblick bei Dieter Mertens: *Mont Ventoux, Mons Alvernae, Kapitol und Parnass. Zur Interpretation von Petrarcas Brief Fam. IV, 1 „De curis propriis"*, https://freidok.uni-freiburg.de/data/2727 sowie die knappe Dekonstruktion tradierter Petrarca-Rezeption durch Kablitz (siehe Anm. 18).

30 Francesco Petrarca's *sämmtliche Canzonen, Sonette, Ballaten und Triumphe*, Leipzig 1833, S. 273. Zit. nach http://mdz-nbn-resolving.de/urn:nbn:de:bvb:12-bsb10757435-5

31 Michel de Montaigne: *Essais*. Erste moderne Gesamtübersetzung von Hans Stilett, Frankfurt am Main 1999, Drittes Buch, 6. Abschnitt: Über Wagen, S. 452 – Fortan zit. als *Essais*.

32 *Essais* I, 48, S. 146

33 Gottfried Benn: Brief an Nele Poul Soerensen, 13. März 1953. In: Nele Poul Soerensen: *Mein Vater Gottfried Benn*, München 1975, S. 99

34 *Essais* III, 9, S. 491

35 *Essais* III, 3, S. 412 f.

36 *Essais* I, 40, S. 126

37 *Essais* II, 10, S. 201

38 Montaigne folgt dem von Philosophen und Dichtern überlieferten Appell des Delphischen Orakels zur Selbsterkenntnis, den auch Heraklit von Ephesos zu seinem persönlichen Programm erhob: „Ich habe mich selbst erforscht." Vgl. Hermann Diels / Walther Kranz (Hg.): *Die Fragmente der Vorsokratiker*, Berlin 1903-1910, Fr 101

39 *Essais* II, 8, S. 190

40 *Essais*, An den Leser, S. 5

41 Verzeichnis und Übersetzung: https://de.wikipedia.org/wiki/Michel_de_Montaignes_Turmbibliothek

42 *Essais* III, 3, S. 412

43 *Essais* III, 3, S. 413

44 *Essais* III, 9, S. 500

45 *Essais* II, 12, S. 282

46 *Essais* I, 20, S. 49

47 *Essais* I, 20, S. 48

48 *Essais* III, 12, S. 530 f.

49 *Essais* III, 5, S. 455

50 *Essais* II, 12, S. 299

51 *Essais* II, 12, S. 299

52 Z. B. Hans Peter Balmer: *Neuzeitliche Sokratik. Michel de Montaignes essayistisches Philosophieren*, München 2016 (http://nbn-resolving.de/urn:nbn:de:bvb:19-epub-28228-7) sowie Sarah Blackwell: *Wie soll ich leben? oder Das Leben Montaignes in einer Frage und zwanzig Antworten*, München 2012, und Alain de Botton: *Trost der Philosophie. Eine Gebrauchsanweisung*, Frankfurt am Main 2002

53 *Essais* I, 20, S. 52

54 Das Museum dokumentiert die aktuellen Untersuchungen der vermeintlichen sterblichen Überreste Montaignes auf Videos: http://www.musee-aquitaine-bordeaux.fr/fr/article/le-mystere-du-tombeau-de-montaigne

55 eKGWB/SE-2 – Schopenhauer als Erzieher: § 2. Erste Verö . 15/10/1874. (Siehe Anm. 228)

56 https://montaigne.univ-tours.fr/restitution-3d/

57 Jean-Jacques Rousseau: *Vier Briefe an Malesherbes*. In ders.: *Schriften*. Bd. I. Hg. v. Henning Ritter, München 1978, S. 483

58 Vgl. Iris Wenderholm: *Verwirrung, Schwindel, Herzklopfen. Januarius Zick malt das Erleuchtungserlebnis von Jean-Jacques Rousseau.* Zeitschrift für Kunstgeschichte 73. Bd. H. 3 (2010), S. 413–432

59 Siehe Anm. 57

60 Für Rousseau ist diese Maxime nicht nachgewiesen. Er selbst war nicht von der Möglichkeit einer Rückkehr in einen Naturzustand überzeugt. Eine naturgemäße Lebensweise kann nur im Rahmen und mit Hilfe gesellschaftlicher Institutionen angestrebt werden.

61 Voltaire: Brief an Rousseau, 30. August 1755. Zit. nach https://www.projekt-gutenberg.org/voltaire/philoauf/chap021.html

62 In seinem unter dem Titel *Im Grunde gut* (Hamburg 2020) erschienenen Plädoyer für ein neues, nämlich »realistisches« Menschenbild beruft sich Rutger Bregman ausdrücklich auf Rousseaus positive Anthropologie und liefert dazu zahlreiche Belege. In ihrem Weltbestseller *Anfänge* (Stuttgart 2022) unterziehen die Verfasser David Graeber und David Wengrow Rousseaus Konzept vom Naturzustand und seine Zivilisationskritik einer grundlegenden Revision.

63 Jean-Jacques Rousseau: *Bekenntnisse*. Ungekürzt aus dem Französischen übertragen von Ernst Hardt, VII. Buch, Berlin 1907, S. 459. – Fortan zit. als *Bekenntnisse*.

64 Jean-Jacques Rousseau: *Émile oder Über die Erziehung*. Aus dem Französischen von Hermann Denhard, Köln 2010, S. 814 f. – Dabei scheint Émiles Erziehung zur Freiheit durch das Wandern stark angelehnt an den Reise- und Lebensstil des reitenden Landedelmanns Michel de Montaigne. In seinen *Essais* schreibt dieser: „Sieht es rechts bedenklich aus, wende ich mich nach links; fühle ich mich zu schlecht, mich in den Sattel zu schwingen, bleibe ich, wo ich bin. [...] Bin ich an irgendetwas Sehenswertem vorbeigeritten? Dann kehre ich eben um – es ist so oder so mein Weg! Ich lege mich auf keine Linie fest: keine grade und keine krumme." (*Essais* III, 9, S. 497)

65 *Bekenntnisse* IV, S. 224

66 Joseph von Eichendorff *Aus dem Leben eines Taugenichts* (1826), zit. nach https://www.projekt-gutenberg.org/eichndrf/taugeni/taugn001.html

67 Heinrich Hoffmann: *Der Struwwelpeter oder lustige Geschichten und drollige Bilder*, Frankfurt am Main 1845, Zitat: S. 1

68 *Bekenntnisse* IV, S. 210 f.

69 Tagträume, Schwärmereien. Das Internetportal *la Langue Française* definiert den Begriff »rêverie« folgendermaßen: „Ein passiver und im Allgemeinen angenehmer Bewusstseinszustand, in dem der Geist von einem Eindruck, einer Erinnerung, einem Gefühl oder einem Gedanken gefesselt wird und die Vorstellungskraft durch zufällige Ideenassoziationen beflügelt wird." https://www.lalanguefrancaise.com/dictionnaire/definition/reverie

70 *Bekenntnisse* IV, S. 210 f.

71 Gemeint sind hier die formalen »französischen Gärten«, deren geometrische Anlage den Spaziergang reglementieren, im Gegensatz zum Garten im englischen Stil, den Rousseau propagiert. Siehe unten S. 40 ff.

72 Jean-Jacques Rousseau: *Rousseau richtet über Jean-Jacques*. In ders.: *Schriften*. Hg. v. Henning Ritter, München 1978, Bd. II, S. 466-471

73 Jean-Jacques Rousseau: *Mein Bildnis* § 35. In ders.: *Selbstbildnis*. Aus den autobiographischen Schriften ausgewählt und herausgegeben von Ferdinand Lion, Zürich 1960, S. 673 – Fortan zit. als *Mein Bildnis*.

74 *Bekenntnisse* IX, S. 539 f. u. III, S. 146

75 Die komplizierten Konsequenzen aus diesem Verfahren reflektieren Angelika Wellmann: *Der Spaziergang. Stationen eines poetischen Codes*, Würzburg 1991, sowie Claudia Albes: *Der Spaziergang als Erzählmodell. Studien zu Jean-Jacques Rousseau, Adalbert Stifter, Robert Walser und Thomas Bernhard*, Tübingen 1999. – Fortan zit. als Albes 1999.

76 *Bekenntnisse* VIII, S. 513

77 *Mein Bildnis* § 35, S. 673

78 *Bekenntnisse* VIII, S. 461

79 Seine Schreibkraft ist die Mutter seiner Haushälterin, Geliebten und späteren Gemahlin Thérèse Levasseur. Diese selbst war Analphabetin. Sie gebar fünf Kinder, die allesamt dem Findelhaus übergeben wurden.

80 Anthony Quinton schreibt in Anthony Kenny's *Illustrierter Geschichte der westlichen Philosophie*, Frankfurt am Main/New York 1998, S. 348: „Rousseau war fast klinisch paranoid, ein hoffnungslos unsozialer Mensch - den größten Teil seines Lebens faktisch im Naturzustand gegenüber der übrigen Menschheit, ein gemeiner Wilder." Hier fallen offensichtlich diagnostizierter Verfolgungswahn und wahnhafte Verfolgung durch Quinton selbst in eins – mehr als 200 Jahre nach Rousseaus Tod.

81 Jean-Jacques Rousseau: 27 Spielkarten mit Notizen zu den *Träumereien*, Karte 23. In ders.: *Träumereien eines einsam Schweifenden*. Übersetzt von Stefan Zweifel, Berlin 2012, S. 40

82 Jean-Jacques Rousseau: *Träumereien eines einsamen Spaziergängers*. Übersetzt von Ulrich Bossier, Ditzingen 2012, S. 24 f. – Fortan zit. als *Träumereien*.

83 *Träumereien*, S. 90

84 *Träumereien*, S. 19 f.

85 *Träumereien*, S. 15

86 Albes 1999, S. 12 – Claudia Albes hat dies in ihrer Dissertation *Der Spaziergang als Erzählmodell* sowie in ihrem Aufsatz *Die Erkundung der Leere. Anmerkungen zu W. G. Sebalds »englischer Wallfahrt« Die Ringe des Saturn* für mehrere der hier behandelten Autoren detailliert nachgewiesen.

87 Vgl. u. a. David Hume: Brief an Comtesse de Bouffers, 22.01.1763. In Sabine Schulz (Hg.): *»Leben Sie wohl für immer«. Die Affäre Hume-Rousseau in Briefen und Zeitdokumenten*, Zürich 2012, S. 36

88 *Träumereien*, S. 15

89 *Träumereien*, S. 22

90 Vgl. Ruth Schneeball-Graf (Hg.): *Botanisieren mit Jean-Jacques Rosseau. Die Lehrbriefe für Madeleine. Das Herbar für Julie*, Thun 2003, zudem Rousseaus Unterweisungen in Ermenonville (s.u.).

91 *Träumereien*, S. 56

92 *Träumereien*, S. 14 f.

93 *Träumereien*, S. 19

94 *Träumereien*, S. 118

95 Vgl. Lucius Burckhardt: *Warum ist Landschaft schön? Die Spaziergangswissenschaft*, Berlin 2006

96 *Träumereien*, S. 7 – Rousseau betont im Anschluss daran seine Nähe zu Montaigne, um sich zugleich von ihm abzugrenzen: „Ich unternehme das Gleiche wie Montaigne, bloß mit entgegengesetztem Ziel: er schrieb seine *Essais* nur für die anderen, ich schreibe meine *Träumereien* nur für mich." (*Träumereien*, S. 17) Das folgende Zitat widerspricht dem allerdings.

97 *Mein Bildnis* § 1 und 2, S. 660

98 Rousseau an M. de Graffenried am 20. Oktober 1765, zit. nach Rousseau: *Träumereien*, Ausgabe s. Anm. 81, S. 290 f. – Rousseaus Projekt mag an Petrarcas Rückzug in dessen religiös-spirituelle Innerlichkeit erinnern. Mehr noch ähnelt es Montaignes Rückzug aus der Öffentlichkeit in seinen Turm. Was Montaigne sein Turm, ist (dem Robinson-Crusoe-Verehrer) Rousseau seine Insel. Wie Montaigne sucht auch Rousseau sein Glück in Selbstgenügsamkeit, die ihre Gestalt findet im Studium seiner selbst und dem Schreiben seiner Autobiografie.

99 Jean-Jacques Rousseau: *Julie oder Die neue Héloïse. Briefe zweier Liebender aus einer kleinen Stadt am Fuße der Alpen.* Übersetzt von Gustav Julius, Berlin 2017, S. 489

100 Ebd., S. 487

101 Christian Kai Lorenz Hirschfeld: *Theorie der Gartenkunst*, Bd. V, Leipzig 1885, S. 259-264; https://digi.ub.uni-heidelberg.de/diglit/hirschfeld1785/0267 ff. – Weitere historische Publikationen finden sich in: *Die Gärten von Ermenonville.* Mitteilungen der Pückler Gesellschaft, 22. Heft, Neue Folge, Berlin 2007

102 Ana-Stanca Tabarasi: *Der Landschaftsgarten als Lebensmodell. Zur Symbolik der »Gartenrevolution« in Europa*, Würzburg 2007, S. 233

103 Clarens ist der Name des zentralen Handlungsortes in *Die neue Héloïse.*

104 Vgl. Adrian Lobe: *Schlaganfall oder Mord?* In: Wiener Zeitung vom 16.05.2015, https://www.wienerzeitung.at/nachrichten/reflexionen/geschichten/752061_Schlaganfall-oder-Mord.html?em_no_split=1

105 Jean-Jacques Rousseau: *Aufzeichnung aus dem Nachlass zu den »Träumereien eines einsamen Spaziergängers«.* In ders.: *Schriften.* Hg. von Henning Ritter, München 1978, Bd. II, S. 729

106 *Bekenntnisse*, S. 843 f.

107 Rousseaus Bestattungsinsel zog nicht nur Pilger an, sie erfreute Rousseau-Verehrer nicht nur durch Abbildungen, sondern auch durch Nachbildungen. Wem der Weg zu weit ist, die Pappelinsel mit Rousseaus Grabstätte in Ermenonville zu besichtigen, und bereit ist, auf die Aura des Ortes zu verzichten, kann in den Gärten von Wörlitz, im Berliner Tiergarten, im Genfer See, im polnischen Arkadia, auf der Knoll Farm in Ashford in der englischen Grafschaft Kent und anderswo eine Nachbildung bestaunen.

108 Friedrich Hölderlin: *Sämtliche Werke.* Große Stuttgarter Ausgabe, Bd. 1,1, *Gedichte bis 1800*, Stuttgart 1946, S. 93

109 *Die Gärten von Ermenonville*, s. Anm. 101, S. 160

110 Johann Gottfried Seume: Brief an Klopstock, März 1799. In: Friedrich Gottlieb Klopstock: *Werke und Briefe 1799-1803*, Berlin 1999, S. 17 ff.

111 Johann Gottfried Seume: Briefe an Gleim, 10. Juni 1800 und 20. Oktober 1798. In: Oskar Planer / Camillo Reißmann: *Johann Gottfried Seume. Geschichte seines Lebens und seiner Schriften*, Leipzig 1898, S. 263 u. 182. – Fortan zit. als Planer.

112 Johann Gottfried Seume: *Spaziergang nach Syrakus im Jahre 1802.* In ders.: *Sämtliche Werke*, Leipzig [2]1837, S. 55. – Fortan zit. als *Spaziergang* bzw. SW.

113 Karl Philipp Moritz: *Reisen eines Deutschen in England im Jahre 1782, in Briefen an Herrn Oberkonsistorialrat Gedike*, Berlin 21785, S. 114
114 Johann Gottfried Seume: *Poesie*. SW, S. 553
115 Georg Joachim Göschen an Karl August Böttiger, November 1800. In: Planer, S. 283
116 Johann Gottfried Seume an Johann Wilhelm Ludwig Gleim, 25. August 1801. In: Planer, S. 277 – Ergänzung: W.A.
117 Johann Gottfried Seume an Karl August Böttiger, Oktober 1801. In: Planer, S. 294
118 *Essais* III, 9, S. 488, siehe Anm. 31
119 Vgl. Jörg Drews: *Ein Mann verwirklicht seine »Lieblingsträumerey«. Beobachtungen zu Details von Seumes Spaziergang nach Syrakus*. In: *Wanderzwang – Wanderlust. Formen der Raum- und Sozialerfahrung zwischen Aufklärung und Frühindustrialisierung*. Hg. v. Wolfgang Albrecht und Hans-Joachim Kertscher, Tübingen 1999, S. 200-214
120 *Spaziergang*, S. 146
121 Georg Joachim Göschen an Karl August Böttiger, 9. Februar 1805. In: Planer, S. 471
122 Johann Gottfried Seume: *Mein Sommer 1805*. SW, S. 220 – Fortan zit. als *Mein Sommer*.
123 Johann Gottfried Seume an Karl August Böttiger, 13. März 1805. In: Planer, S. 474
124 Karl August Böttiger in August von Kotzebues Zeitung *Der Freimüthige*. Nr. 82, 25. April 1805. In: Planer, S. 474 f. – Die literarischen »Begleiter« von Seumes erster Fußreise waren neben dem erwähnten Theokrit: Anakreon, Catull, Homer, Horaz, Plautus, Properz, Sueton, Tacitus, Terenz, Tibull und Virgil. Die antiken Autoren beanspruchten bedeutenden Raum in seinem Tornister. Als menschlichen Begleiter wählte Seume seinen Freund, den Maler Veit Hanns Schnorr von Carolsfeld. Aus Sicherheitsgründen kehrte der Familienvater jedoch bald wieder von Wien nach Hause zurück.
125 *Mein Sommer 1805*, S. 201 f.
126 *Spaziergang*, S. 57
127 Darin besteht die eigentliche Wortbedeutung des griechischen κόσμος, die der Philologe Seume hier mit im Sinn zu haben scheint.
128 Vgl. Albert Meier: Nachwort zu Johann Gottfried Seume: *Spaziergang nach Syrakus im Jahre 1802*, München 1997, 303 f.
129 Günther Anders: *Die Antiquiertheit des Menschen. Über die Seele im Zeitalter der zweiten industriellen Revolution*, München 1956
130 Johann Gottfried Seume: *Apokryphen*. SW, S. 364
131 *Mein Sommer*, S. 218
132 Vgl. Wolfgang Griep: *Das Rad, das alles treibet*. In: *Ausflucht in den Norden. Über Johann Gottfried Seumes Reise im Sommer 1805*. Zwei Beiträge von Dirk Sangmeister und Wolfgang Griep, Eutin 2004, S. 44-47
133 Goethes Italienreise fand zwar wesentlich früher als Seumes Wanderungen statt, nämlich von 1786 bis 1788, sein Reisebericht erschien jedoch deutlich später als Seumes Reisebücher, und zwar von 1813 bis 1817.
134 *Mein Sommer*, S. 222
135 Ebd., S. 247
136 Christoph Martin Wieland an Georg Joachim Göschen (1810), zit. nach *C. M. Wieland's sämmtliche Werke*, Bd. 53, Leipzig 1828, S. 445
137 Vgl. u.a. Dirk Sangmeister: *Seume und einige seiner Zeitgenossen*, Erfurt 2010
138 *Spaziergang*, S. 123 – Dies schlägt sich selbstreflexiv in der Darstellung seines Wanderbuchs nieder. Über den Marsch nach Messina schreibt er: „Ich muss mich etwas fassen, dass ich Dich den Weg über den Berg und Taormina hierher mit mir nicht gar zu unordentlich machen lasse; ob Du gleich Geduld genug wirst haben müssen, denn ich bin ein ganz schlechter Systematiker." Ebd., S. 139
139 Ebd., S. 122
140 Ebd., S. 79 – Vgl. die bekannte Titelvignette des *Spaziergangs*, hier wiedergegeben auf S. 198.
141 Überliefert von Henry Crabb Robinson, zit. nach Planer, S. 291
142 *Spaziergang*, S. 200
143 *Spaziergang*, S. 147
144 Vgl. Friedrich Christian Delius: *„Ohne Italien geht's nicht in die Kiste" – Die Reise des Klaus Müller von Rostock nach Syrakus im Jahr 1988*. Feature des NDR/DLF/SFB 1994, abrufbar unter https://archive.org/details/ohne-italien-gehts-nicht-in-die-kiste. Darüber hinaus hat Delius das Geschehen in seiner Erzählung *Der Spaziergang von Rostock nach Syrakus* (1995) literarisch gestaltet. Klaus Müller selbst veröffentlichte seinen Reisebericht unter dem Titel: *Gehen, um zu bleiben: Aus der DDR nach Italien – und zurück*, Magdeburg 2014.

145 Johann Wolfgang Goethe: *Italienische Reise*, 16./17. April 1787. In ders.: *Gedenkausgabe der Werke, Briefe und Gespräche*, hrsg. v. Ernst Beutler, Bd. 11, Zürich [2]1962, S. 290 f.
146 Angeblich sind solche Zusammenstöße heute nicht mehr zu befürchten. Auch die Cosa Nostra soll sich nicht an Touristen vergreifen.
147 *Spaziergang*, S. 134
148 *Spaziergang*, S. 139
149 *Spaziergang*, S. 141
150 Johann Wolfgang Goethe: *Italienische Reise*, 3. April 1787, S. 252; siehe Anm. 145.
151 *Spaziergang*, S. 149
152 *Spaziergang*, S. 150 – Ergänzungen: W.A.
153 Friedrich Hölderlin: *Sämtliche Werke*. Große Stuttgarter Ausgabe, Bd. 6,1, *Briefe*, Stuttgart 1954, S. 66 – Fortan zit. als StA.
154 StA 6,1; S. 427 f.
155 StA 6,1; S. 428
156 StA 6,1; S. 89
157 Vgl. Hölderlins Ode *Der Rhein*, StA 2,1; S. 142 .
158 Vgl. das Manuskript in der Bibliotheka augustana, http://www.hs-augsburg.de/~harsch/germanica/Chronologie/18Jh/Idealismus/ide_intr.html. – Welcher der drei für die Urheberschaft des in Hegels Handschrift überlieferten Fragments verantwortlich zeichnet, ist bis heute ungeklärt.
159 StA 6,1; S. 115
160 StA 1,1;S. 313 – Der letzte Vers der zweiten Strophe fehlt. Vgl. auch: *Menons Klagen um Diotima*, StA, 2,1; S. 75 ff.
161 Hölderlin spielt mit diesem Namen auf eine Figur in Platons *Symposion* (201d–212c) an, die Sokrates Einweisung in die »platonische Liebe« gibt.
162 Vgl. Pierre Bertaux: *Friedrich Hölderlin*, Frankfurt am Main 1978, S. 250-267
163 StA 1,1;S. 90
164 StA 6,1; S. 129 – Ein Satz, der ebenso von Seume stammen könnte.
165 StA 1,1; S. 145
166 StA 6,1; S. 408
167 StA 6,1; S. 214
168 StA 2,1; S. 17
169 Ebd.
170 StA 3, S. 90
171 StA 3, S. 148
172 StA 3, S. 223 f.
173 StA 2,1; S. 17 f.
174 StA 6,1; S. 168 – 99. An Neuffer
175 StA 2,1; S. 84
176 StA 6,1; S. 406 f. – 222. An den Bruder
177 StA 6,1; S. 31 – 22. An Louise Nast
178 StA 1,1; S. 94
179 Bertaux 1978, S. 264 ff., s. Anm. 162
180 Thomas Emmrich in seiner umfassend-substantiellen Monografie: *Friedrich Hölderlin*, Baden-Baden 2022, S. 122
181 Es setzt bei den Rezipienten ein tiefes Bildungsfundament voraus sowie Duldsamkeit gegenüber dem stets hohen Ton seiner Dichtung. So mag beispielsweise Hölderlins einmalig verwendetes „heilignüchterne[s] Wasser" in seinem Gedicht *Hälfte des Lebens* eine wunderbare Wortschöpfung sein. Demgegenüber finden sich die Vokabel „heilig" und ihre Derivate auf den 274 Seiten des *Hyperion*-Romans der Stuttgarter Ausgabe allein 126 Mal. Mit der Lyrik verhält es sich nicht anders. Auf diese Weise verpufft Beschwörung durch inflationären Gebrauch ihrer Formeln. Schon Goethe empfahl Hölderlin, wie in einem Brief vom 23. August 1797 an Schiller dokumentiert, „kleine Gedichte zu machen und sich zu jedem einen menschlich interessanten Gegenstand zu wählen." (*Gedenkausgabe* Bd. 20, Zürich 1950, S. 404; siehe Anm. 145)
182 Vgl. Anm. 158
183 StA 1,1; S. 304
184 StA 6,1; S. 429 f.
185 StA 6,1; S. 430
186 StA 6,1; S. 431
187 StA 6,1; S. 432
188 StA 6,1; S. 432
189 StA 2,1; S. 188 .
190 StA 6,1; S. 426
191 StA 6,1; S. 208
192 Wilhelm Waiblinger: *Friedrich Hölderlins Leben, Dichtung und Wahnsinn* [1827/28], Tübingen 1982, S. 39. – „Zwinger" meint hier den abgeschlossenen Bereich zwischen Neckarufer und Stadtmauer.
193 StA 1,1; S. 186
194 StA 1,1; S. 265
195 StA 3, S. 44
196 StA 6,1; S. 65 f.
197 StA 6,1; S. 205
198 Vgl. die Essays über Hölderlins Nachleben von Karl-Heinz Ott: *Hölderlins Geister*, München 2019

199 PDF-Datei zum Download: https://www.nuertingen.de/de/nuertingen-fuer-alle/kultur-sport-freizeit/hoelderlin/auf-hoelderlins-spuren

200 PDF-Datei zum Download: https://www.regionalpark-rheinmain.de/portfolio-item/hoelderlin-pfad/

201 Siehe Thomas Knubben: *Hölderlin. Eine Winterreise*, Tübingen 2012

202 Sören Kierkegaard: *Philosophische Brocken. De omnibus dubitandum est*, Frankfurt am Main 1975, S. 112 f.

203 In der Literaturwissenschaft hat sich für einen autobiografischen Text, der als fiktional gestaltet erscheint, der Begriff Autofiktion etabliert. Weitere Beispiele dafür sind die unten behandelten Texte Walsers und Sebalds.

204 Camilla Collett, zit. nach Joakim Garff: *Sören Kierkegaard. Biographie*, München 2000, 372 f. – Fortan zit. als Garff 2000. – Einen Vorläufer besitzt Kierkegaard in Xavier de Maistre und dessen Roman *Reise um mein Zimmer* aus dem Jahre 1794.

205 Peter P. Rohde: *Sören Kierkegaard*, Hamburg [23]1998, S. 28

206 Sören Kierkegaard: *Entweder–Oder*. Erster Teil. *Gesammelte Werke*, Bd. I, Jena 1922, S. 285

207 Ebd., S. 292

208 Sören Kierkegaard: *Vier erbauliche Reden 1844. Drei Reden bei gedachten Gelegenheiten 1845. Gesammelte Werke*, Bd. 8: Abt.13/14, Düsseldorf/Köln 1952, S. 89

209 Joakim Garff: *Kierkegaard's Muse: The Mystery of Regine Olsen*, Princeton 2017

210 *Entweder – Oder*, a.a.O., S. 34 – Nach Diogenes Laertius: *Leben und Meinungen berühmter Philosophen* II, 33, soll sich bereits Sokrates entsprechend, aber ohne grotesk überspitzte Rhetorik geäußert haben.

211 Sören Kierkegaard: *Die Tagebücher*, Bd. I, Innsbruck 1923, S. 28-30

212 Garff 2000, S. 77

213 Sören Kierkegaard: *Philosophische Brocken. Abschließende unwissenschaftliche Nachschrift. Gesammelte Werke*, Bd. VI, Jena 1910. S. 265 u. 283

214 Sören Kierkegaard: *Die Tagebücher*, Bd. I, Innsbruck 1923, S. 13 f. – Kierkegaard hatte seine Mutter und vier seiner Geschwister verloren.

215 Brief an Henriette Kierkegaard, Sommer oder Herbst 1847. In: Sören Kierkegaard: *Briefe. Gesammelte Werke*, Abt. 35, Düsseldorf/Köln 1955, S. 168 f.

216 Brief an J.L.A. Kolderup-Rosenvinge, August 1848. Ebd., S. 182

217 Brief an J.L.A. Kolderup-Rosenvinge, 11. Juli 1849. Ebd., S. 205 ff.

218 Sören Kierkegaard: *Philosophische Brocken. Abschließende unwissenschaftliche Nachschrift.* Erster Teil. *Gesammelte Werke*, Bd. VI, Jena 1910, S. 261 – Auf seiner Rundreise um die Ostsee schwärmt der Spaziergänger Johann Gottfried Seume bereits Jahrzehnte zuvor: „Friedrichsberg ist wohl die beste Partie und auch zu Fuße ein schöner Spaziergang; und wenn man sich die Mühe nehmen will, unten links durch die Dörfchen und am Meere wieder hereinzulaufen, hat man vollen Genuss für verdorbene Augen und holt sich Würze zur Mahlzeit." (*Mein Sommer 1805*, S. 266; siehe Anm. 122)

219 Sören Kierkegaard: *Die Schriften über sich selbst. Gesammelte Werke*, Bd. 23: Abt. 33, Düsseldorf/Köln 1951, S. 163 f.

220 Platon: *Phaidros*, 230 d

221 Sören Kierkegaard. *Die Tagebücher*, Bd. I. *Gesammelte Werke*, Düsseldorf/Köln 1962, S. 310 f.

222 Henriette Lund, zit. nach Garff 2000, S. 366

223 Frederik Nielsen, zit. nach Garff 2000, S. 367

224 Garff 2000, S. 13

225 Sören Kierkegaard: *Erstlingsschriften. Gesammelte Werke*, Abt. 30, Düsseldorf/Köln 1960, S. 125

226 Sören Kierkegaard: *Der Gesichtspunkt für meine Wirksamkeit als Schriftsteller. Beilage: „Der Einzelne".* In ders.: *Gesammelte Werke*, Bd. X, Jena 1922, S. 92

227 https://www.heiligenlexikon.de/BiographienS/Soeren_Kierkegaard.html

228 eKGWB/Za-I-Vorrede-1 – Also sprach Zarathustra I: Vorrede, § 1. Erste Veröff. 20/08/1883. – Nietzsches Werke und Briefe werden hier und im Folgenden zitiert nach: Friedrich Nietzsche: *Digitale Kritische Gesamtausgabe Werke und Briefe* (eKGWB). Hg. v. Paolo D'Iorio. www.nietzschesource.org. Belegstellen wie dort angegeben.

229 eKGWB/BVN-1883,461 – Brief AN Heinrich Köselitz: 03/09/1883.

230 eKGWB/EH-ZA-1 – Ecce homo: Also sprach Zarathustra, § 1. Druckfertig 02/01/1889.

231 eKGWB/BVN-1881,136 – Brief AN Heinrich Köselitz: 14/08/1881.
232 eKGWB/FW-366 – Die fröhliche Wissenschaft: § 366. Erste Veröff. 24/06/1887.
233 eKGWB/GD-Sprueche-34 – Götzen-Dämmerung: Sprüche und Pfeile, § 34. Erste Veröff. 24/11/1888.
234 eKGWB/EH-ZA-1 – Ecce homo: Also sprach Zarathustra, § 1. Druckfertig 02/01/1889.
235 eKGWB/Za-IV-Nachtwandler-12 – Also sprach Zarathustra IV: Das Nachtwandler-Lied, § 12. Gedruckt 04/05/1885.
236 eKGWB/EH-ZA-1 – Ecce homo: Also sprach Zarathustra, § 1. Druckfertig 02/01/1889.
237 eKGWB/Za-I-Vorrede-3 – Also sprach Zarathustra I: Vorrede, § 3. Erste Veröff. 20/08/1883.
238 eKGWB/NF-1886,5[71] – Nachgelassene Fragmente Sommer 1886 – Herbst 1887.
239 eKGWB/NF-1881,11[163] – Nachgelassene Fragmente Frühjahr–Herbst 1881.
240 eKGWB/EH-Bücher-4 – Ecce homo: Warum ich so gute Bücher schreibe, § 4. Druckfertig 02/01/1889.
241 Einen großen Teil der Verantwortung dafür ist Nietzsches Schwester Elisabeth Förster-Nietzsche anzulasten, die als Nachlassverwalterin Teile des Werkes verfälscht hat.
242 eKGWB/EH-Schicksal-1 – Ecce homo: Warum ich ein Schicksal bin, § 1. Druckfertig 02/01/1889, eKGWB/GD-Titelblatt – Götzen-Dämmerung: Titelblatt. Erste Veröff. 24/11/1888, eKGWB/Za-I-Vorrede-5 – Also sprach Zarathustra I: Vorrede, § 5. Erste Veröff. 20/08/1883.
243 eKGWB/JGB-154 – Jenseits von Gut und Böse: § 154. Erste Veröff. 04/08/1886.
244 eKGWB/Za-IV-Honig – Also sprach Zarathustra IV: Das Honig-Opfer. Gedruckt 04/05/1885. Vgl. die Parallele zu Hölderlin, s.o. S. 90
245 eKGWB/EH-Vorwort-4 – Ecce homo: Vorwort, § 4. Druckfertig 02/01/1889. – Diese Lehre wird untermauert durch die Sentenz: „Man vergilt einem Lehrer schlecht, wenn man immer »der Schüler« bleibt." eKGWB/NF-1882,3[1] – Nachgelassene Fragmente Sommer–Herbst 1882.
246 eKGWB/FW-343 – Die fröhliche Wissenschaft: § 343. Erste Veröff. 24/06/1887.
247 eKGWB/EH-ZA-4 – Ecce homo: Also sprach Zarathustra, § 4. Druckfertig 02/01/1889.
248 eKGWB/BVN-1878,706 – Brief AN Franz Overbeck: 03/04/1878.
249 eKGWB/BVN-1870,69 – Brief AN Erwin Rohde: 28/03/1870.
250 eKGWB/BVN-1879,877 – Brief AN Franziska Nietzsche: 29/08/1879.
251 eKGWB/BVN-1879,854 – Brief AN Franz Overbeck: 08/06/1879.
252 eKGWB/BVN-1879,912 – Brief AN Heinrich Köselitz: 11/12/1879.
253 eKGWB/BVN-1877,648 – Brief AN Elisabeth Nietzsche: 10/08/1877.
254 eKGWB/MA-137 – Menschliches Allzumenschliches I: § 137. Erste Veröff. 07/05/1878.
255 eKGWB/BVN-1877,662 – Brief AN Malwida von Meysenbug: 03/09/1877.
256 eKGWB/BVN-1888,1023 – Brief AN Franziska Nietzsche: 20/04/1888.
257 eKGWB/BVN-1881,125 – Brief AN Franziska und Elisabeth Nietzsche: 09/07/1881.
258 Siehe S. 27
259 eKGWB/BVN-1878,723 – Brief AN Heinrich Köselitz: 31/05/1878.
260 eKGWB/NF-1876,23[57] – Nachgelassene Fragmente Ende 1876 – Sommer 1877.
261 eKGWB/BVN-1877,654 – Brief AN Franz Overbeck: 28/08/1877.
262 eKGWB/BVN-1880,1 – Brief AN Otto Eiser: Anfang Januar 1880.
263 eKGWB/FW-Vorspiel-52 – Die fröhliche Wissenschaft: § 52. Mit dem Fusse schreiben. Erste Veröff. 10/09/1882.
264 eKGWB/Za-III-Wanderer – Also sprach Zarathustra III: Der Wanderer. Erste Veröff. 10/04/1884.
265 eKGWB/MA-427 – Menschliches Allzumenschliches I: § 427. Erste Veröff. 07/05/1878.
266 eKGWB/MA-638 – Menschliches Allzumenschliches I: § 638. Erste Veröff. 07/05/1878.
267 eKGWB/WS-263 – Menschliches Allzumenschliches II: § WS – 263. Erste Veröff. 18/12/1879.
268 eKGWB/EH-Vorwort-3 – Ecce homo: Vorwort, § 3. Druckfertig 02/01/1889.
269 eKGWB/EH-Klug-1 – Ecce homo: Warum ich so klug bin, § 1. Druckfertig 02/01/1889.
270 eKGWB/EH-Schicksal-1 – Ecce homo: Warum ich ein Schicksal bin, § 1. Druckfertig 02/01/1889.
271 eKGWB/BVN-1884,523 – Brief AN Resa von Schirnhofer: 25/07/1884.

272 Allein zehn Texte tragen das Wort *spazieren* im Titel.
273 Robert Walser: *Der Spaziergang* (1. Fassung), Frauenfeld und Leipzig 1917, S. 22. Zit. nach http://www.gutenberg.org/files/39247/39247-h/39247-h.htm. – Fortan zit. als *Der Spaziergang.*
274 Vgl. Albes 1999, S. 240-259
275 *Der Spaziergang*, S. 22
276 *Der Spaziergang*, S. 21
277 *Der Spaziergang*, S. 11
278 *Der Spaziergang*, S. 24
279 *Der Spaziergang*, S. 6
280 *Der Spaziergang*, S. 23
281 *Der Spaziergang*, S. 11
282 *Der Spaziergang*, S. 23
283 *Der Spaziergang*, S. 6
284 Vgl. S. 37 – Dass Rousseau Walser nicht fremd war, belegt allein schon die Tatsache, dass der in Biel geborene und auch später dort wohnende Walser nach Bedarf Rousseaus Lieblingsort vor Augen hatte, die St. Petersinsel im Bieler See.
285 *Der Spaziergang*, S. 25
286 Robert Walser: *Der Student.* In: Robert Walser: *Das Gesamtwerk.* Hg. von Jochen Greven, Bd. II, Genf/Hamburg 1971, S. 304 – Fortan zit. als GW.
287 Claudia Albes und Elisabetta Niccolini haben das herausgearbeitet. Vgl. Albes 1999, S. 221 ff.; Elisabetta Niccolini: *Der Spaziergang des Schriftstellers. „Lenz" von Georg Büchner, „Der Spaziergang" von Robert Walser, „Gehen" von Thomas Bernhard*, Stuttgart 2000, S. 125 ff.
288 Lucas Marco Gisi (Hg.): *Robert Walser Handbuch. Leben - Werk - Wirkung*, Stuttgart 2015, S. 241 – Fortan zit. als *Handbuch.*
289 GW, Bd. X, S. 81
290 Urs Jenny: *Spaziergänge auf dem Papier. Zum späten Werk Robert Walsers.* In: Süddeutsche Zeitung 31. März/1. April 1972
291 GW, Bd. X, S. 53 – Walser lässt in seinem kurzen Prosatext *Die hübsche Stadt*, dem das Zitat entnommen ist, den Ich-Erzähler durch eine seinen subjektiven Bedürfnissen entsprechende ideale Stadt bummeln.
292 Elmar Locher: *Topologien labyrinthischen Schreibens bei Robert Walser und Frank Kafka.* In Vesna Kondič Horvat (Hg.): *Franz Kafka und Robert Walser im Dialog*, Berlin 2010, S. 65
293 Brief an Therese Breitbach vom 23.12.1929, GW, Bd. XII/2. *Briefe*, S. 342 f.
294 S. Partl, B. Pfuhlmann, B. Jabs, G. Stöber: *„Meine Krankheit ist eine Kopfkrankheit, die schwer zu definieren ist". Robert Walser (1878–1956) in seiner psychischen Erkrankung.* In: *Der Nervenarzt* 1/2011, S. 69
295 Carl Seelig: *Wanderungen mit Robert Walser*, Leipzig 1989, S. 18 – Fortan zit. als Seelig. – Die Mitteilung lässt offen, inwieweit Walser den Verlust der Freiheit auf seine psychische Krankheit, seine Internierung in einer Heilanstalt oder beides zurückführt.
296 *Der Spaziergang*, S. 32
297 Brief an Max Brod vom 4. Oktober 1927, GW, Bd. XII/2. *Briefe*, S. 311
298 GW, Bd. XI, *Gedichte und Dramolette*, S. 22
299 *Handbuch*, S. 150
300 Es handelt sich um die Ausgaben hrsg. von Carl Seelig (Kossodo Verlag), von Jochen Greven (in den Verlagen Kossodo und Suhrkamp) sowie die Berner Ausgabe (Suhrkamp Verlag) und die Kritische Ausgabe sämtlicher Drucke und Manuskripte (Verlage Stroemfeld/Schwabe).
301 *Handbuch*, S. VII
302 Zu den »writers« gehören Jürg Amann, Walter Benjamin, Max Brod, Hermann Hesse, Elfriede Jelinek, Franz Kafka, Robert Musil, Paul Nizon, W.G. Sebald, Martin Walser, Urs Widmer u.v.a.
303 Beschreibungen finden sich bei Seelig (Anm. 295). Diese sind kartografisch aufbereitet und veröffentlicht von der Robert-Walser-Gesellschaft unter https://www.robertwalser.ch/de/rwz/ projekte/wandern-mit-carl-seelig-und-robert-walser
304 Morger war ein Leidensgenosse Walsers, der ebenfalls zwei seiner letzten Lebensjahre in der Psychiatrie verbrachte und sein Leben durch Suizid beendete.
305 Online zum Download unter https://www.herisau.ch/sehenswuerdigkeiten/3542
306 So zuerst Peter Handke in *Phantasien der Wiederholung*, Frankfurt am Main 1983, S. 94.
307 der Muttersprache nach
308 In einem Brief an Felice Bauer vom 7. April 1913 schreibt er: „dort im Bureau ist die wahre Hölle, eine andere fürchte ich nicht mehr". Zit. nach Franz Kafka: *Briefe an Felice und andere Korrespondenz aus der Verlobungszeit.* Hg. von Erich Heller und Jürgen

Born, Frankfurt am Main 1976, S. 358. – Fortan zit. als *Briefe I*.

309 In einem Brief an Felice Bauer vom 8. zum 9. Januar 1913. *Briefe I*, S. 237, schreibt Kafka: „[I]ch bin sogar als großer Lacher bekannt".

310 Elias Canetti: *Prozesse. Über Franz Kafka*, München 2019, Aufzeichnung vom 4.8.1966

311 Franz Kafka: *Sämtliche Erzählungen*. Hg. v. Paul Raabe, Frankfurt am Main 1970, S. 13 f. – Fortan zit. als SE.

312 Franz Kafka: Brief an Carl Bauer, 28. August 1913. *Briefe I*, S. 457 – Carl Bauer, der Vater von Kafkas Verlobter Felice, wird mit diesem Brief offenbar gewarnt, das Glück seiner Tochter aufs Spiel zu setzen, wenn er es zuließe, einen solchen familienuntauglichen Mann als Bräutigam zu akzeptieren.

313 Franz Kafka: *Brief an den Vater*, 19a, https://de.wikisource.org/wiki/Brief_an_den_Vater

314 Ebd.

315 Ebd., 18d-19a

316 Vgl. S. 105

317 SE, S. 14 f.

318 Vgl. https://www.franzkafka.de/fundstuecke/die-wohnung-der-samsas

319 Im existenzphilosophischen Kontext drängt sich hier Sartres Wort auf: „Die Hölle, das sind die anderen." (Jean-Paul Sartre: *Geschlossene Gesellschaft*, 1944, 5. Auftritt)

320 SE, S. 111

321 Kafka zeigte sich hoch interessiert an der seinerzeit neuen Denkrichtung und las Schriften Sigmund Freuds.

322 SE, S. 15

323 Franz Kafka: Brief an Felice Bauer, 1. November 1912. *Briefe I*, S. 67

324 31. Januar 1912. In: Franz Kafka: *Tagebücher 1910-1923*. Hg. v. Max Brod, Frankfurt am Main 1973, S.153. – Fortan zit. als TB.

325 Franz Kafka: Brief an Milena Jesenská, 28. Juli 1920. Zit. nach https://www.odaha.com/sites/default/files/BriefeAnMilena.pdf – Das Adverb »damals« bezieht sich auf die Zeit vor Ausbruch von Kafkas Tuberkulose.

326 Hartmut Binder: *Franz Kafka. Leben und Persönlichkeit*, Stuttgart 1979, S. 205

327 TB, 21. August 1913, S.199

328 Franz Kafka: *Tagebücher. Apparatband*. Kritische Ausgabe. Hg. v. Hans-Gerd Koch u.a., Frankfurt am Main 1990, S. 34

329 SE, S. 231

330 Peter U. Beicken: *Franz Kafka. Eine kritische Einführung in die Forschung*, Frankfurt am Main 1974, S. 230

331 SE, S. 239

332 Diese Maxime, die auf Pindar zurückgeht, wurde von Hölderlin und Nietzsche so benannt und von anderen wandernden Dichtern und Denkern bedacht. Vgl. S. 90 und 125.

333 SE, S. 64 und 89

334 Vgl. das bekannte Beispiel der New Yorker Freiheitsstatue im Amerika-Roman, die anstelle der Fackel ein Schwert empor hält.

335 Franz Kafka: Brief an Oskar Pollack, 20. Dezember 1902. In Franz Kafka: *Briefe 1902-1924*, Frankfurt am Main 1975, S. 14 – Fortan zit. als *Briefe II*.

336 Siehe unten S. 167

337 So Kafkas Nichte Marianne Steiner. Vgl. Antje Schmelcher: *Onkel Franz geht spazieren*. In: DIE WELT, 14.06.2000

338 Peter-André Alt: *Franz Kafka. Der ewige Sohn. Eine Biographie*, München 2008, 44 f. – Die gleichermaßen fantastische Metaphorik dieser doch als Deutung von literarischen Kunstwerken und ihres Schöpfungsprozesses zu verstehenden Aussagen eines Literaturwissenschaftlers erscheint als kryptisch, manieriert, schief und nicht präzise belegt. Dafür kann sie als symptomatisch für den Umgang mit Kafkas hermetischen Texten gelten, deren Lektüre große Faszination bewirkt und lebhafte Fantasie erzeugt, deren Entschlüsselung jedoch bleibende Rätselhaftigkeit hinterlässt. – Vgl. den letzten Satz des Zitats mit Sebald: *Die Ringe des Saturn*, RS, S. 206

339 TB, 23. September 1912, S. 183

340 SE, S. 234 f., 239 und 238

341 Die Begegnungen des Ich-Erzählers mit diesen erinnern an die Begegnungen des Erzählers in Robert Walsers *Der Spaziergang*.

342 Kafka knüpft dabei mit Sujet und Thematik an eine Passage aus Kierkegaards Schrift *Die Krankheit zum Tode* an. Vgl. Sören Kierkegaard: *Gesammelte Werke*, Bd. VIII, Jena 1911, S. 79

343 SE, S. 156

344 Nach Friedrich Schlegel bedeutet bzw. erzeugt romantische Ironie „nichts andres, als dieses Erstaunen des denkenden Geistes über sich selbst" (*Kritische Friedrich-Schlegel-Ausgabe*.

Hg. v. Ernst Beheler unter Mitarbeit von Jean-Jacques Anstett u. Hans Eichner, Bd. 12, Paderborn 1958 ff., S. 353). Dieses selbstkritische Erstaunen ist im Wesentlichen das, was Kafka literarisch bezweckt.

345 TB, 21. Juni 1913, S. 262 sowie Brief an Carl Bauer, 28. August 1913. *Briefe I.* Vgl. Anm. 312

346 Zit. nach https://www.projekt-gutenberg.org/kafka/aphorism/chap001.html#:~:text=

347 TB, 27. November 1913, S. 210

348 TB, 31. Juli 1914, S. 261

349 Brief an Oskar Pollak, 27. Januar 1904, *Briefe II*, S. 27 f.

350 TB, 21. Februar 1911, S. 32

351 Franz Kafka: *Betrachtungen über Sünde, Leid, Hoffnung und den wahren Weg.* In ders.: *Beim Bau der Chinesischen Mauer.* Hg. v. Max Brod, Berlin 1931, S. 226, zit. nach: https:// de.wikisource.org/wiki/Seite:Kafka_Beim_Bau_der_Chinesischen_Mauer_226.jpg

352 Max Brod/Franz Kafka: *Eine Freundschaft. Briefwechsel.* Hg. von Malcolm Pasley, Frankfurt am Main 1989, S. 365

353 Gustav Janouch: *Gespräche mit Kafka. Aufzeichnungen und Erinnerungen*, Frankfurt am Main 1951, S. 42

354 Klaus Wagenbach: *Kafkas Prag. Ein Reisehandbuch*, Berlin 1993, Hartmut Binder: *Prag. Literarische Spaziergänge durch die Goldene Stadt*, Prag 2017, Hans-Gerd Koch: *Auf den Spuren eines Prager Flaneurs: Zu Franz Kafkas Wahrnehmung urbaner Phänomene.* In: *Brücken nach Prag*, (2000), S. 293–308, Harald Salfellner: *Franz Kafka und Prag*, Prag [7]2011, S. 261–279

355 Z. B. bei der Benutzung der kostenlosen, durch Werbung finanzierten Homepage Alexander Schlegels: https://prag-to-go.com/kafka-in-prag/. Das dort präsentierte reichhaltige Material enthält Karten, Kurztexte, Fotos, Audio- und Videodateien sowie Adressen. Das Portal ermöglicht zudem eine individuelle Routenführung per Google Maps.

356 Zit. nach Manfred Engel, Bernd Auerochs (Hg.): *Kafka Handbuch. Leben - Werk - Wirkung*, Stuttgart u. Weimar 2010, S. 92

357 Erläuterungen z. T. nach Hartmut Binder: *Kafka-Kommentar zu sämtlichen Erzählungen*, München 21975, S. 44 ff.

358 SE, S. 269

359 Martin Heidegger: *Überlegungen XIII, Schwarze Hefte 1939-1941, Gesamtausgabe*, Frankfurt am Main 1974 ff. (Fortan zit. als GA) Bd. 96, S. 78 und *Aus der Erfahrung des Denkens* (1947), GA Bd. 13, S. 81; vgl. auch *Anmerkungen II, Schwarze Hefte 1942-1948*, GA Bd. 97, S. 179

360 Heidegger handschriftlich in einem Widmungsexemplar des ersten Bandes seiner Gesamtausgabe an seine Frau Elfride, Martin-Heidegger-Museum Meßkirch.

361 Martin Heidegger: *Unterwegs zur Sprache*, GA Bd. 12, S. 94

362 Martin Heidegger: *Überlegungen XIII, Schwarze Hefte 1939-1941*, GA Bd. 96, S. 76

363 SPIEGEL-Gespräch mit Martin Heidegger (23. September 1966), GA Bd. 16, S. 208

364 Die Widmung fehlt in der 5. Auflage 1942.

365 Badische Zeitung, 23. Januar 2015

366 Martin Heidegger: *Der Feldweg* (1949), GA Bd. 13, S. 87 und 89 f.

367 Martin Heidegger: *Die Frage nach der Technik* (1953), GA Bd. 7, S. 33

368 Existenzialien: Grundlegende Selbstbestimmungen menschlicher Existenz, Fundamentalontologie: Lehre von den Grundbedingungen des menschlichen Seins, Phänomenologie: Lehre dessen, was sich am Seienden selbst zeigt als das, was es ist.

369 Martin Heidegger: *Hölderlins Hymne »Der Ister«* (1942). GA Bd. 53, S. 46

370 Martin Heidegger: *Hebel – Der Hausfreund* (1957). GA Bd. 13, 138 f. – Eine Deutung liefert Ute Guzzoni: *Wohnen und Wandern*, Freiburg 2017

371 Ernst Bloch: *Erbschaft dieser Zeit* (1935), Frankfurt am Main 1985, S. 307

372 Gertrud Heidegger (Hg.): *»Mein liebes Seelchen!« Briefe Martin Heideggers an seine Frau Elfride 1915-1970*, München 2005, S. 305 u. 313 – Der „Dämon", der hier beschworen wird, ist weniger eine finstere Macht, sondern eher philosophisch sublimierte Sexualität. Heidegger nimmt Bezug auf Platons *Symposion*, in dem Eros als δαίμων, als göttliches Wesen, zum Untersuchungsgegenstand wird und sich dabei als Verkörperung des Philosophischen erweist, das somit zum Licht führt. Elfride musste bis zum 81. Lebensjahr ihres Gatten warten, in welchem ein Schlaganfall dessen „Dämon" begleitete und der Philosoph so mit ihm fertig wurde – bzw. der „Dämon" mit dem Philosophen.

373 Dazu ausführlich: Hans-Peter Kunisch: *Todtnauberg. Die Geschichte von Paul Celan, Martin Heidegger und ihrer unmöglichen Begegnung*, München 2020

374 Paul Celan: *Aus dem Textentwurf zu seinem Gedicht Todtnauberg*, zit. nach Axel Gellhaus: *»Seit ein Gespräch wir sind.« Paul Celan bei Martin Heidegger in Todtnauberg*, Marbach am Neckar 2002, S. 3

375 Paul Celan: *Lichtzwang. Gedichte*, Frankfurt am Main 1970. *Gesammelte Werke*, Frankfurt am Main 1986, Bd. 2, S. 255 f.

376 Vgl. Gellhaus, Anm. 374

377 Martin Heidegger: *Aus der Erfahrung des Denkens* (1947), GA Bd. 13, S. 75; vgl. auch das zweite Motto dieses Abschnitts, das ebenfalls dieser Schrift entnommen ist.

378 Martin Heidegger: *Der Feldweg* (1949), a. a. O., S. 87

379 Martin Heidegger: *Aus der Erfahrung des Denkens* (1947), a. a. O., S. 84

380 Peter Schmucker: *Grenzübertretungen. Aspekte der Intertextualität im Werk von W. G. Sebald*, Diss., Bochum 2011, S. 99

381 W. G. Sebald: *»Auf ungeheuer dünnem Eis«. Gespräche 1971 bis 2001.* Hg. v. Thorsten Hoffmann, Frankfurt am Main 2011, S. 64 – Fortan zit. als *Gespräche*. – Selbsterforschung ist auch das Hauptmotiv von Sebalds letztem Roman *Austerlitz* (2001).

382 Dies entspricht ganz dem Programm, das Rousseau seinem autobiografischen Schreiben zu Grunde legt. Siehe oben S. 39, Anm. 97

383 W. G. Sebald: *Schwindel. Gefühle.* Frankfurt am Main 2002, S. 39 f. – Fortan zit. als SG.

384 W. G. Sebald: *Die Ringe des Saturn*, Frankfurt am Main 2018, S. 232 und S. 44 – Fortan zit. als RS.

385 RS, S. 206

386 Ebd. und SG, S. 122

387 SG, S. 39

388 SG, S. 129. – Hier wird bereits symbolisch die Erfahrung „eines Risses, der seither durch mein Leben geht", angedeutet, auf die der Autor in *Die Ringe des Saturn* (RS, S. 29 und 280) hinweist.

389 SG, S. 93. – Sebald bekennt in einem Interview zu *Schwindel. Gefühle.*: „I wrote the final part as a search for my own »I«." (*Saturn's Moons: A W.G. Sebald Handbook*, Oxford 2011, S. 350, zit. nach Uwe Schütte: *W.G. Sebald. Leben und literarisches Werk*, Berlin/Boston 2020, S. 157)

390 SG, S. 97

391 Bereits die Irrgänge des Erzählers in Wien verweisen auf die *Odyssee*, indem sie an Leopold Blooms Streifzüge durch Dublin in James Joyce's *Ulysses* erinnern.

392 SG, S. 231 f.

393 SG, S. 193

394 Schütte 2020, S. 224, s. Anm. 389

395 RS, S. 11

396 RS, S. 29

397 Bereits in Sebalds *Die Ausgewanderten*, Frankfurt am Main 1994, S. 202 ff., findet sich eine ebenfalls ernüchternde Jerusalem-Episode.

398 *Gespräche*, S. 84

399 Mit dem Tod des Modellbauers Alec Garrard scheint auch dessen Projekt gescheitert zu sein.

400 RS, S. 11 – Der Begriff „englisch" im Untertitel – zumal als mehrdeutiges Epitheton von „Wallfahrt" religiös konnotiert – kann neben der geografischen Bezeichnung als Anspielung auf Walter Benjamins „Engel der Geschichte" gelesen werden. Benjamin, mit dessen Werk sich Sebald intensiv auseinandergesetzt hat, schrieb: „Es gibt ein Bild von Klee, das Angelus Novus heißt. Ein Engel ist darauf dargestellt, der aussieht, als wäre er im Begriff, sich von etwas zu entfernen, worauf er starrt. Seine Augen sind aufgerissen, sein Mund steht offen, und seine Flügel sind aufgespannt. Der Engel der Geschichte muss so aussehen. Er hat das Antlitz der Vergangenheit zugewendet. Wo eine Kette von Begebenheiten vor uns erscheint, da sieht er eine einzige Katastrophe, die unablässig Trümmer auf Trümmer häuft und sie ihm vor die Füße schleudert." (Walter Benjamin: *Über den Begriff der Geschichte*. In ders.: *Gesammelte Schriften*, Bd. I,2, Frankfurt am Main 1980, S. 697) Diese Bemerkung kann in ihrer Aussage und in ihrer Gestaltung – im Sinne eines geschichtsphilosophischen Verstehens oder »Überschreibens« – als programmatisch auch für Sebalds Geschichtsdeutung gelesen werden.

401 *Gespräche*, S. 234

402 *Gespräche*, S. 262

403 Ebd.

404 RS, S. 11

405 RS, S. 11

406 Ebd.

407 Sebald knüpft hier, ohne es in diesem Kontext zu benennen, an die Ikone der künstlerischen

Melancholie-Auseinandersetzung an, Albrecht Dürers berühmten Kupferstich *Melencolia I*, der in anderem Zusammenhang bereits in RS, S. 19 erwähnt wird. Das üblicherweise als römische Ziffer gelesene *I*, lässt sich auch als Imperativ von lateinisch *ire* deuten, was als Aussage des Bildtitels ergibt: *Melancholie, geh fort!*

408 So verbindet u.a. das Motiv der Seidenzucht das englische Norwich mit Deutschland, Frankreich, Griechenland und schließlich mit dem fernen China.

409 *Gespräche*, S. 113

410 Die Erzähler von *Schwindel. Gefühle.* und *Die Ringe des Saturn* belegen dies mit dem Besuch von Orten der Bildung, der Besinnung und des Lesens und Schreibens beispielsweise der Biblioteca Civica in Verona und des Sailors' Reading Room in Southwold. Vgl. SG, S. 132 ff. und RS, S. 114 ff.

411 *Gespräche*, S. 251

412 Die Beispiele reichen von ökonomischen Krisen und kriegerischen Auseinandersetzungen bis hin zu Naturkatastrophen.

413 So Anna Seidl in ihrer Dissertation *Unterwegs zu W.G. Sebald: eine Raumpoesie*, 2012, S. 163 ff. – https://dare.uva.nl/search?identifier=bcc6c27d-1801-41e5-977f-a8dfabc4e7fb

414 *Gespräche*, S. 112

415 *Gespräche*, S. 251

416 *Gespräche*, S. 150

417 Rousseau, Kafka und Walser widmet Sebald Essays in seinen Büchern *Logis in einem Landhaus* und *Campo Santo*. In *Schwindel. Gefühle.* spielt Kafka zudem mit seiner Biografie und mit seiner leitmotivisch verwendeten Figur des Jäger Gracchus eine wichtige Rolle.

418 RS, S. 285

419 W.G. Sebald: *Campo Santo*. Hg. v. Sven Meyer, Frankfurt am Main 2006, S. 31 f.

420 https://www.wertach.de/natuerlich-erleben/wandern/tourenplaner/sebaldweg.html – Eine genaue Karte findet sich unter: https://www.outdooractive.com/de/route/wanderung/allgaeu/ sebaldweg/21084902/#dm=1

421 https://www.zeit.de/1974/31/die-hoelzernen-engel-von-east-angelia/komplettansicht?print

422 https://museumcrush.org/lines-of-sight-on-the-trail-of-wg-sebald-at-norwich-castle/

423 Johann Wolfgang Goethe: *Sämtliche Gedichte*. In ders.: *Gedenkausgabe der Werke, Briefe und Gespräche*, hrsg. v. Ernst Beutler, Bd. 1, Zürich 1950, S. 69

424 Ähnlich Elizabeth M. Wilkinson: *Goethe's Poetry*. German Life and Letters, Bd. 2,1949, S. 316-329

425 Ryōsuke Ohashi: *Der Philosophenweg in Kyōto. Eine Entdeckungsreise durch die japanische Ästhetik*, München 2019, S. 102 – Fortan zit. als Ohashi 2019.

426 Vgl. Ryōsuke Ohashi: *Wer ist Martin Heidegger? Festvortrag zum 30. Todestag von Martin Heidegger*. In: *Feldweg und Glockenturm. Festschrift zum 30. Todestag von Martin Heidegger, hrsg. von der Stadt Meßkirch*, Meßkirch 2007, S. 49 ff., sowie ausführlich Ohashi 2019, S. 99 ff.

427 Martin Heidegger: *Einführung in die Metaphysik*, GA 40, S. 96

428 Martin Heidegger: *Beiträge zur Philosophie*, GA 65, S. 30

429 Ohashi 2019, S. 103

430 Die beiden Haiku finden sich in der Übersetzung von Jan Ulenbrook in: *Haiku. Japanische Dreizeiler*, Stuttgart 2004, S. 261

431 Ohashi 2019, S. 21. – Ryōsuke Ohashi bemerkt dazu: „Das Steinmonument erscheint je nach Jahreszeit anders, worin sich andeutet, dass ein- und derselbe Weg sowohl im Leben eines Menschen wie auch in der Geschichte durch verschiedene Zeiten und Situationen hindurch verschiedene Gesichter zeigt - und dass ein Gesicht immer ein Ausdruck des inneren Geistes ist, sei es des Menschen, sei es der Welt, der Natur oder der Geschichte." (ebd.)

432 Vgl. Anm. 425

433 Thích Nhất Hạnh: *Einfach Gehen*, München 2015, S. 7

434 Thích Nhất Hạnh: *Die Samen des Glücks gießen*, https://buddhismus-aktuell.de/online-artikel/die-samen-des-gluecks-giessen.html

435 Ebd. – Thích Nhất Hạnh beruft sich dabei auf gesicherte wissenschaftliche Erkenntnisse.

436 Einen ähnlichen Ansatz verfolgt der koreanische Zenmeister Nuel Rho San, der das »Street-Zen« entwickelt hat. Vgl. Elmar Dalesi, Rolf Kersten: *Zen im Gehen. Von der Wandermeditation zum Street-Zen. Übungen nach der Lehre von Meister Nuel Rho San*, Zürich, Düsseldorf 1996

437 Vgl. Boris Groys: *Einführung in die Anti-Philosophie*, München 2009

438 http://www.wdr5.de/sendungen/lebenszeichen/pdflebenszeichen302.pdf, S. 18

439 Thích Nhất Hạnh: *Intersein. Die Einheit von Mensch und Natur.* In: INTERSEIN 1/92, Mitteilungsblatt des Freundeskreises von Thích Nhất Hạnh. Zit. nach: http://www.buddhanetz.org/texte/thay2.htm

440 Thích Nhất Hạnh: *Kein Werden, kein Vergehen*, München 2002, S. 59

441 Das von Thích Nhất Hạnh gegründete Buddhistische Zentrum Plum Village in Süd-Frankreich liegt keine 40 km von Montaignes Turm entfernt.

442 Zit. nach Geseko von Lüpke: *Botschafter für Versöhnung und Achtsamkeit – Erinnerung an den Zen-Meister* Thích Nhất Hạnh, Westdeutscher Rundfunk Köln 2022, S. 9

443 Thích Nhất Hạnh: *Einfach Gehen*, München 2015, S. 10

444 eKGWB/Za-III-Geist-2 – Also sprach Zarathustra III: Vom Geist der Schwere, § 2. Erste Veröff. 10/04/1884. Hervorhebung: W.A.

445 Jean-Jacques Rousseau: *Vom Gesellschaftsvertrag oder Grundsätze des Staatsrechts*, Ditzingen 2018, S. 5

446 Jean-Paul Sartre: *Ist der Existenzialismus ein Humanismus?* In ders.: *Drei Essays*, Frankfurt am Main 1975, S. 16 und S. 12

447 Vgl. z. B. Shane O'Mara: *Das Glück des Gehens. Was die Wissenschaft darüber weiß und warum es uns so guttut*, Hamburg [2]2020

448 Arthur Schopenhauer: *Die Welt als Wille und Vorstellung*, Bd. I, Leipzig [3]1859, § 57, S. 367

449 Vgl. Rein Tideiksaar: *Stürze und Sturzprävention. Assessment - Prävention - Management*, Bern 2000, S. 21 ff.

450 O'Mara, S. 206, siehe Anm. 447

451 George Macaulay Trevelyan: *Walking*, o.O. 1928, S. 19

452 Ernst Bloch: *Tübinger Einleitung in die Philosophie I*, Frankfurt am Main [6]1968, S. 64

453 Platon: *Symposion* 220d

454 Kurt Schwitters: *Der eigene Weg.* In ders.: *Das gesamte literarische Werk*, Bd. V, Köln 1973, S. 358

455 Zit. nach: https://www.textlog.de/rilke/gedichte/spaziergang

Editorische Notiz

Neben den zitierten Publikationen hat der Verfasser aus den üblichen Textquellen geschöpft wie Lexika und Standardwerke. Zitate aus Primärtexten werden in der Regel zuverlässigen Ausgaben entnommen, die oft historisch und meist online frei verfügbar sind. Der Wortlaut der Zitate ist gegebenenfalls behutsam den aktuellen Regeln der deutschen Rechtschreibung und Zeichensetzung angepasst worden. Fremdsprachige Zitate wurden vom Autor übersetzt. Die Aktualität der Internetquellen entspricht dem Zeitpunkt der Drucklegung.

Abbildungsnachweis

Titel Carl Friedrich Lessing: Flache Landschaft mit Wanderer (1834), Staatliche Museen zu Berlin, Kupferstichkabinett. https://recherche.smb.museum/detail/1447683/flache-landschaft-mit-wanderer

S. 7 Ödipus-Maler: Ödipus und die Sphinx (modifiziert), Urheberin: Carole Raddato. https://de.m.wikisource.org/wiki/Datei:Oedipus_and_the_Sphinx_of_Thebes,_Red_Figure_Kylix,_c._470_BC,_from_Vulci,_attri buted_to_the_Oedipus_Painter,_Vatican_Museums_(9665213064).jpg

S. 9 Jakob Michael Reinhold Lenz. Bleistiftzeichnung (um 1777). Privatsammlung, Schweiz. https://kulturstiftung.org/biographien/lenz-jakob-michael-reinhold-2

S.10 Alexis Muston: Skizze Büchners (um 1835). https://commons.wikimedia.org/wiki/File:Muston_Büchner_1835.jpg

S. 11 Buchumschlag Werner Herzog: Vom Gehen im Eis, Hanser Verlag. https://www.zvab.com/servlet/BookDetailsPL?

S. 12 Sarkophag des Tauchers, Paestum (modifiziert). https://commons.wikimedia.org/wiki/File:Paestum_tombeau_plongeur_c1.jpg

S. 13 Francesco Petrarca nach einem Stahlstich, herausgegeben von Gustav Schauer Photographische Kunstanstalt, Grosse Friedrichs Str. 188 Berlin. https://commons.wikimedia.org/wiki/File:Francesco_Petrarca..jpg

S. 14 Blechschild, Nostalgic-Art Berlin

S. 15 Ludwig Sigismund Ruhl: Arthur Schopenhauer (1818). https://commons.wikimedia.org/wiki/File:Arthur_Schopenhauer_Portrait_by_Ludwig_Sigismund_Ruhl_1815.jpeg

S. 16 Moritz Daniel Oppenheim: Heinrich Heine (1831). https://commons.wikimedia.org/wiki/File:Heinrich_Heine-Oppenheim.jpg (modifiziert)

S. 24 Porträt Michel de Montaigne, unbekannter Künstler. https://commons.wikimedia.org/wiki/File:Portrait_of_Michel_de_Montaigne,_circa_unknown.jpg

S. 28 Weinflasche. https://www.chateau-montaigne.com/fr/ – Decke in Montaignes Turmbibliothek. https://commons.wikimedia.org/wiki/File:Montaigne_1576_R.jpg

S. 29 Montaignes Turm. https://commons.wikimedia.org/wiki/File:Tour_Montaigne.jp

S. 30 Januarius Zick: Rousseaus Erleuchtungserlebnis (um 1770/71), Museum zu Allerheiligen Schaffhausen

S. 33 Radierung nach Maurice Quentin de La Tour: Jean-Jacques Rousseau herborisant à Chambéry (1764), Musée Carnavalet Paris. https://www.parismuseescollections.paris.fr/fr/musee-carnavalet/oeuvres/jean-jacques-rousseau-herborisant-a-chambery#infos-principales

S. 58 Johann Gottfried Seume als Wanderer in Italien nach einer Zeichnung von Johann Christian Reinhardt, © Archiv Museum Göschenhaus

S. 64 Christian Gottfried Heinrich Geißler: Johann Gottfried Seume als Spaziergänger in Leipzig (ca. 1809), © Archiv Museum Göschenhaus

S. 82 Franz Carl Hiemer: Hölderlin (ca. 1792). https://commons.wikimedia.org/wiki/File:FK_Hiemer_-Friedrich_H%C3%B6lderlin_(Pastell_1792).jpg

S. 104 Søren Kierkegaard, Karikatur von Peter Klæstrup (1845?). Dänische Königliche Bibliothek. http://www5.kb.dk/images/billed/2010/okt/billeder/object76644/en/

S. 110 Holzstich nach einem Gemälde von Felix Philippoteaux: Descartes se promenant dans les rues d'Amsterdam (ca. 1880), in: François Guizot: L'histoire de France epuis les temps les plus reculés jusqu'en 1789 racontée à mes petits-enfants. Bd. 4, Paris 1875, S. 167. https://books.google.de/books?id=JQjA2S9fbi4C&pg=PA279&hl=de&source=gbs_selected_pages&cad=3 #v=onepage&q&f=false

S. 123 Edvard Munch: Der Schrei (1893), Nationalgalerie Oslo. https://commons.wikimedia.org/wiki/File:The_Scream_by_Edvard_Munch,_1893_-Nasjonalgalleriet.png –Edvard Munch: Friedrich Nietzsche, Munch Museum Oslo. https://commons.wikimedia.org/wiki/File:Edvard_Munch_-_Friedrich_Nietzsche.jpg

S. 129 Hans Olde: Friedrich Nietzsche. https://commons.wikimedia.org/wiki/File:Friedrich_Nietzsche_drawn_by_Hans_Olde.jpg

S. 145 Robert Walser (um 1900). https://commons.wikimedia.org/wiki/File:Robert_Walser.jpg

S. 158 Franz Kafka (um 1922). https://commons.wikimedia.org/wiki/File:Photograph_of_Franz_Kafka_1.jpg

S. 159 Zeichnung von Franz Kafka (ca. 1901 - ca. 1907). https://lithub.com/discovering-franz-kafkas-nearly-lost-drawings/

S. 166 Kafkas https://commons.wikimedia.org/wiki/File:Grave_of_Franz_Kafka_in_the_New_Jewish_Cementery,_Prague.jpg – Autor: Ferran Cornellà, Schwarzweiß-Bearbeitung: Bettina Fischer

S. 168/169 Prag, Auf der Karlsbrücke. https://commons.wikimedia.org/wiki/File:Karl%C5%AFv_most-2.jpg – Autor: Chosovi, Zuschnitt: Diligent, Schwarzweiß-Bearbeitung: Bettina Fischer

S. 170 Prag, Torbogen des Altstädter Brückenturms. https://c.pxhere.com/photos/02/41/street_leica_city_travel_bridge_bw_night_europe-441019.jpg!d – Autor: Roman Boed

S. 171 Links: Prager Gasse. https://c.pxhere.com/photos/1e/99/street_leica_bw_white_black_mystery_night_dark-359743.jpg!d – Autor: Roman Boed – rechts: Steinplastik der Immaculata, Mariensäule auf dem Altstädter Ring. https://commons.wikimedia.org/wiki/File:Virgin_Mary_Column_Prague_(5305).jpg – Autor: Gampe, Schwarzweiß-Bearbeitung: Bettina Fischer

S. 172/173 Prager Gasse. https://c.pxhere.com/photos/c7/ac/night_leica_m_240_summilux_50_czech_europe-511671.jpg!d – Autor: Roman Boed, Schwarzweiß-Bearbeitung: Bettina Fischer – Prager Burg. https://c.pxhere.com/photos/36/b8/prague_czech_republic_charles_bridge_prague_castle_small_page_historically_moldova_facade-614593.jpg!d – Schwarzweiß-Bearbeitung: Bettina Fischer – Karlsbrücke mit Altstädter Brückenturm. https://c.pxhere.com/photos/db/c7/prague_czech_republic_city_river_castle_architecture_bridge_charles_bridge-828621.jpg!d – Autor: Roman Boed, Schwarzweiß-Bearbeitung: Bettina Fischer – Goldene Gasse. https://c.pxhere.com/images/47/be/b3f5be33dccef0ffac7c60ca2d25-1444445.jpg!d – Autor: Felix Mittermeier, Schwarzweiß-Bearbeitung: Bettina Fischer

S. 174/175 Prag, Moldau mit Karlsbrücke, https://c.pxhere.com/photos/16/20/karluv_most_charles_bridge_night_vltava_reka_river-230099.jpg!d – Autor: Roman Boed

S. 177 Martin Heidegger (1960). https://commons.wikimedia.org/wiki/File:Heidegger_2_(1960). jpg – Autor: Willy Pragher

S. 179 Martin Heidegger auf dem Feldweg bei Meßkirch, © Martin-Heidegger-Archiv, Meßkirch

S. 181 Martin Heidegger als Spaziergänger. https://lamaletadeportbou.com/articulos/martin-heidegger/

S. 182 Paul Celan. https://commons.wikimedia.org/wiki/File:Paul_Celan_1945.jpg

S. 192 Bild aus DIE RINGE DES SATURN (W. G. Sebald als ‚der Erzähler'). Copyright © 1995, The Estate of W. G. Sebald, verwendet mit Genehmigung von The Wylie Agency (UK) Limited.

S. 193 Labyrinth der Kathedrale von Notre-Dame de Chartres in Stein. https://commons.wikimedia.org/wiki/File:Labyrinth_der_Kathedrale_von_Notre-Dame_de_Chartres_in_Stein.jpg

S. 198 Umschlag der Erstausgabe von W.G. Sebald: Die Ringe des Saturn – Titelblatt der Erstausgabe von Johann Gottfried Seume: Spaziergang nach Syrakus (modifiziert). https://commons.wikimedia.org/wiki/File:Seume_Spaziergang_nach_Syarkus_Erstausgabe.jpg

S. 199 Caspar David Friedrich: Der Wanderer über dem Nebelmeer. https://commons.wikimedia.org/wiki/File:Ueber-die-sammlung-19-jahrhundert-caspar-david-friedrich-wanderer-ueber-dem-nebelmeer.jpg – Wilhelm Busch: Karikatur Arthur Schopenhauer (ca. 1870–1872). Sammlungswerkstatt. https://ausstellungen.deutsche-digitale-bibliothek.de/sammlungswerkstatt/items/show/34

S. 210 Porträt Kitaro Nishida Research Resource Archive, Kyoto University. https://www.rra.museum.kyoto-u.ac.jp/en/avs/#737

S. 213 https://www.istockphoto.com/de/foto/philospher-der-weg-in-kyoto-japan-gm465988192-59522476

S. 214/215 https://www.istockphoto.com/de/foto/philosophs-way-in-kyoto-gm534664279-56816494utm_source=flickr&utm_medium=affiliate&utm_campaign=srp_photos_top&utm_term=Philosopher's+Walk&utm_content=https://www.flickr.com/search/&tref=sponsored https://www.istockphoto.com/de/foto/herbst-ahornstraße-philosophenweg-in-kyoto-japan-gm1449 279736-486527382utm_source=flickr&utm_medium=affiliate&utm_campaign=srp_photos_4&utm_term=Philosop her's+Walk&utm_content=https://www.flickr.com/search/&tref=sponsored

S. 216 Porträt Thích Nhất Hạnh. https://tuoitre.vn/hanh-trinh-hoang-phap-cua-thien-su-thich-nhat-hanh-qua-anh-20220122113551316.htm#content-14

S. 221 Albrecht Dürer: Der heilige Hieronymus im Gehäus (1514). https://commons.wikimedia.org/wiki/File:D%C3%BCrer-Hieronymus-im-Geh%C3%A4us.jpg – Johann Joseph Schmeller: Goethe seinem Schreiber John diktierend (1834). https://www.isc.meiji.ac.jp/~mmandel/recherche/goethe_schmeller.html – Luplau Janssen: Søren Kierkegaard (1902) https://commons.wikimedia.org/wiki/File:Kierkegaard_1902_by_Luplau_Janssen.jpg

Alle weiteren Fotografien: © Bettina Fischer

Dank

Dieses Buch verdankt sich zu einem Gutteil den Leistungen zahlreicher Forscherinnen und Forscher sowie den Institutionen, die deren Ergebnisse zugänglich machen. Dazu gehören auch kostenlos zur Verfügung gestellte Bildvorlagen durch das Martin Heidegger Archiv in Meßkirch. Ein gleiches Entgegenkommen haben wir durch das Museum Göschenhaus – Seume Gedenkstätte – in Grimma erfahren. Deren Leiter Thorsten Bolte hat freundlicher Weise hilfreiche Korrekturen zum Seume-Kapitel beigetragen. Besonderer Dank gilt dem wertvollen Engagement von unseren Freunden Dr. Gerhard Hey, der einzelne Kapitel kommentiert, und vor allem Dr. Joachim Vahland, der sich ausdauernd und anregend mit dem fast vollständigen Manuskript beschäftigt hat. Dankbare Orientierung in Palermo, wie sie nicht im Reiseführer steht, erhielten wir von unserer Gastgeberin Maria, Villa Flora, Mondello. Das Team des Husum Verlags um Ingwert Paulsen ermöglichte, dass dieses Buch in der vorliegenden Gestalt erscheinen konnte.